Exemplaire magasins

JOURNAL
DE
CLÉMENT DE FAUQUEMBERGUE
GREFFIER DU PARLEMENT DE PARIS
1417-1435

TEXTE COMPLET

PUBLIÉ POUR LA SOCIÉTÉ DE L'HISTOIRE DE FRANCE

PAR ALEXANDRE TUETEY

AVEC LA COLLABORATION DE
HENRI LACAILLE

TOME TROISIÈME
1431-1436

A PARIS
LIBRAIRIE RENOUARD
H. LAURENS, SUCCESSEUR
LIBRAIRE DE LA SOCIÉTÉ DE L'HISTOIRE DE FRANCE
RUE DE TOURNON, N° 6

M DCCCC XV

Exercice 1914
4º volume.

JOURNAL

DE

CLÉMENT DE FAUQUEMBERGUE

IMPRIMERIE DAUPELEY-GOUVERNEUR

A NOGENT-LE-ROTROU.

JOURNAL
DE
CLÉMENT DE FAUQUEMBERGUE
GREFFIER DU PARLEMENT DE PARIS

1417-1435

TEXTE COMPLET
PUBLIÉ POUR LA SOCIÉTÉ DE L'HISTOIRE DE FRANCE

Par Alexandre TUETEY

AVEC LA COLLABORATION DE
Henri LACAILLE

TOME TROISIÈME
1431-1436

A PARIS
LIBRAIRIE RENOUARD
H. LAURENS, SUCCESSEUR
LIBRAIRE DE LA SOCIÉTÉ DE L'HISTOIRE DE FRANCE
RUE DE TOURNON, N° 6

M DCCCC XV

EXTRAIT DU RÈGLEMENT.

Art. 14. — Le Conseil désigne les ouvrages à publier, et choisit les personnes les plus capables d'en préparer et d'en suivre la publication.

Il nomme, pour chaque ouvrage à publier, un Commissaire responsable, chargé d'en surveiller l'exécution.

Le nom de l'éditeur sera placé en tête de chaque volume.

Aucun volume ne pourra paraître sous le nom de la Société sans l'autorisation du Conseil, et s'il n'est accompagné d'une déclaration du Commissaire responsable, portant que le travail lui a paru mériter d'être publié.

Le Commissaire responsable soussigné déclare que le tome III du Journal de Clément de Fauquembergue, *préparé par MM. A.* Tuetey *et* Lacaille, *lui a paru digne d'être publié par la* Société de l'Histoire de France.

Fait à Paris, le 20 septembre 1915.

Signé : Germain LEFÈVRE-PONTALIS.

Certifié :

Le Secrétaire de la Société de l'Histoire de France,

NOËL VALOIS.

JOURNAL
DE
CLÉMENT DE FAUQUEMBERGUE

1431.

Samedi, xx° jour de janvier.

Ce jour, la Court a mandé et fait venir en la Chambre de Parlement maistre Jehan de Fleury, notaire du Roy, commis à la recepte des amendes dudit Parlement, pour ce que ceans n'avoit point de parchemin et que le tresorier de la Sainte-Chappelle, et autres qui avoient acoustumé de le delivrer, n'en vouloient ou n'en povoient point baillier par faulte d'argent. Et a la Court dit et enjoint audit de Fleury que de l'argent de ladicte recepte il face paier et delivrer du parchemin, au moins pour enregistrer les plaidoieries[1] et faire les appoinctemens, arrestz et escriptures qu'il convient chascun jour faire oudit Parlement pour delivrer aux parties, et que la Court lui en fera avoir descharge de ce qu'il prestera ou paiera pour ceste cause, et lui fera

---

1. En effet, à la fin du registre des Matinées, clos le 20 mars 1432 (n. st.), se trouve cette mention : *Hic, et sepius his temporibus, defecit pergamenum pro registris Curie.*

rabatre de ladicte recepte. Et attendu que depuis trois
ou quatre ans passez, à très grant difficulté on a peu
ceans avoir delivrance de parchemin seulement pour
escripre les plaidoieries et les arrestz et appoinctemens
dudit Parlement qu'il convenoit delivrer chascun jour
aux parties, et par pluiseurs fois a convenu par neccessité, pour continuer et faire ce que dit est, que les
greffiers de ceans à leurs despens aient acheté et paié
le parchemin, autrement eust convenu faire lesdictes
escriptures et registres en papier ou les delaissier, en
quoy lesdis greffiers ont fait nouvelleté et entreprise
contre l'usage, stile et commune observance de la
Court, mais ladicte neccessité les doit excuser, et n'ont
volenté ne intencion de perseverer en ladicte nouvelleté
ou entreprise, et s'attenderont desormais à ceulx qu'il
appartient de faire delivrance de parchemin ou de
papier pour faire lesdictes escriptures et registres,
ainsi qu'il plaira au Roy.

Conseil, XV (X¹ᵃ 1481), fol. 38 v°.

Mardi, xxxᵉ jour de janvier.

Retournerent de Rouen et entrerent à Paris à
iiij heures après midy le duc de Bedford et la duchesse,
sa femme, seur du duc de Bourgongne, acompaigniez
de gens d'armes qui avoient avec autres gens d'armes
et de trait aidié à conduire seurement grant nombre
de bateaulz[1], chargiez de vivres et provisions pour les

1. Cette cargaison, comprenant cinquante-six bateaux et
douze fonsses, « tous chargez de biens de quoy corps de
homme doit vivre », était attendue avec une telle impatience
par la population parisienne que le clergé organisa, le 12 janvier, une procession à Notre-Dame pour la préservation des

habitans de la ville de Paris et autres obeissans au Roy, lesquelz bateaulx estoient ce jour, comme on disoit, en la riviere de Seyne, d'entre Saint-Denis et Paris.

Conseil, XV (X¹ª 1481), fol. 39 r°.

Samedi, x° jour de fevrier.

Furent assemblez en la Chambre de Parlement les presidens et conseilliers des trois Chambres de Parlement, et après longue deliberacion ont conclu de proroguer et ont prorogué jusques à de lundi et viij° jours le temps de cesser en l'exercice de leurs offices, selon le contenu en leur autre deliberacion, dont cy dessus est faite mencion ou registre du iij°, iiij° et v° jours d'octobre derrain passé, par faulte de paiement de leurs gaiges, dont leur estoient deubz les arrerages de deux ans et plus.

Lundi, xij° jour de fevrier.

Furent assemblez en la Chambre de Parlement messire Phelippe, seigneur de Morvillier, m° Richart de Chancey, presidens, m° Jaques Branlart, m° J. Vivian, presidens en la Chambre des Enquestes, m° Robert Piedefer, president es Requestes du Palais, m° Girart Per-

---

biens arrivant par la Seine. En effet, le convoi en question se mit en route « par le plus fort temps pour estre en riviere qu'on vit oncques faire »; pluies continuelles avec un vent très violent, débordement des rivières, sans préjudice des « Arminalx, qui, de toutes pars, mettoient grans embusches », tels furent les obstacles qui faillirent compromettre l'arrivée de cette flottille, si désirée à Paris, où la situation était lamentable et où, d'après le *Journal d'un bourgeois de Paris* (p. 262), « mouroient les pouvres gens de fain et de pouvreté ».

riere, m° Hue de Dicy, m° G. Cotin, m° Phelippe Le
Begue, m° G. Le Breton, m° Simon de Plumetot,
m° Gaillart, et les autres conseilliers des trois Chambres
dudit Parlement pour deliberer ensemble s'ilz proro-
gueroient oultre le temps de cesser esdictes Chambres,
selon la conclusion par eulx autresfois prise, cy dessus
enregistrée ou registre du iij°, iiij° et v° jours d'octobre derrain passé. Et finablement, pour ce que ilz
avoient desjà prorogué le temps dessusdit par deux
fois pour eviter inconveniens et esclandes et en esperance de obtenir provision convenable sur le paiement
de leurs gaiges pendant le temps desdictes prorogacions, pendant lequel temps ilz n'avoient aperceu
aucun signe ne aucune apparence de obtenir ladicte
provision, a esté conclu par tous lesdis presidens et
conseilliers, *concorditer et unanimiter*, que le temps dessusdit sera prorogué, et l'ont prorogué et proroguent
jusques à Pasques prochainement venant, pour toutes
prorogacions et delais. Et a esté par eulx expressement
declairé de cesser lors en telle maniere, par tous lesdis
presidens et conseilliers et chascun d'eulx esdictes
trois Chambres et en chascune d'icelles, que nul n'y
vendra pour le fait de l'exercice de son office, pour
oïr requestes ou plaidoiries, ne pour jugier procès,
ne pour faire ou pronuncier arrestz, jugemens ou
appoinctemens, *nec per Curiam, nec per Cameram, nec
per presidentes, nec per commissarios*, ne autrement,
jusques à ce que à eulx sera convenablement sur ce
que dit est pourveu. *Et in hoc firmaverunt indissolu-
bile vinculum caritatis et societatis, ut sint socii consola-
cionis et laboris.*

Conseil, XV (X¹ᵃ 1481), fol. 39 v°.

Samedi, xvij° jour de fevrier.

A conseiller l'arrest d'entre Pierre Canape, appellant du prevost de Paris, d'une part, et frere Jehan Le Mannier, prieur de Saint-Denis de la Chartre.

Sur quoy a esté conclut, attendu l'estat et povreté de l'appellant, que premierement maistres Guillaume Le Breton et Simon de Plumetot, conseilliers du Roy, parleront aux parties pour savoir s'ilz les pourront accorder; *aliàs*, lesdiz conseilliers s'informeront se par le stile il souffist de faire les criées en Chastellet ou regard des choses assises ou situées en la banlieue, ou s'il les convient signifier sur les lieux où ycelles choses sont assises; et aussi s'informeront se l'adjornement debatu par ledit appellant a esté deument fait. Et, en oultre, s'il est trouvé par ladicte informacion que ledit adjornement soit bien fait et que par ledit stile il souffise de faire les criées en Chastellet seulement, a esté conclut que ladicte appellacion sera mise au neant sans amende et que encores d'abondant sera faicte oudit Chastellet une criée, qui sera publiée ou signifiée en l'eglise de Gentilly à heure de la grant messe en jour de dimenche. *Actum, si hoc casu adnullabitur id a quo extitit appellatum. Vide infra, xxiij° die marcii.*

Conseil, XV (X¹ᵃ 1481), fol. 40 v°.

Mardi, xxvij° jour de fevrier.

Les parens et amis de feu maistre Geffroy Thoet ont baillié ceans leur requeste par escript à l'encontre du procureur du Roy et de l'evesque de Paris, disans que ledit defunct a esté homme de bonne vie et paisible conversacion, et soubz umbre de ce que on a trouvé ledit Thouet pendu en son hostel, et ne scet on dont vient sa mort, recitent en oultre le contenu en leur requeste afin que le corps soit desterré et mis en terre sainte, et ilz donneront à la chappelle de ceans xx solz pour une fois, et sont povres gens.

L'evesque de Paris dit que maistre Geffroy a esté trouvé mort en sa haulte justice, et que il a esté mis es champs en terre prophane, en ung tonneau plain de chaux, et touche ceste matiere l'evesque, tant à cause de sa juridiction espirituele comme de la temporele, et se doivent adrecier à l'evesque pour avoir licence de l'enterrer, et appartient à l'evesque quant à ce et non autre de y pourveoir, se se sont folement adreciez à la Court, *et prematuré agunt*, si voisent devers l'evesque.

Le procureur du Roy dit que tout devroit venir ceans, et en sera prest jeudi, se l'evesque veult venir, et dit que l'evesque n'a congnoissance de rapt, ne de murtres, ne d'autres pluiseurs cas, dont il s'efforce d'avoir la congnoissance, en troublant les drois du Roy.

Appoinctié que les parties vendront sur tout jeudi.

Matinées, XIV (X¹ᵃ 4796), fol. 269 rº.

Mecredi, vij^e jour de mars.

Ce jour, le chancelier de France party de Paris pour aler devers le Roy, à Rouen.

Samedi, x^e jour de mars.

Furent au Conseil messire Phelippe de Morvillier, m° R. de Chancey, presidens, m° Jaques Branlart, president en la Chambre des Enquestes, et les autres conseilliers de ceans et desdictes Enquestes, à conseillier l'arrest d'entre les drapiers et taillandiers de Paris contre les frepiers, etc., *et non fuit conclusum*[1].

Conseil, XV (X^{1a} 1481), fol. 41 r° et v°.

Mecredi, xiiij° jour de mars.

Ce jour, la Court a commis et commet Jaquet Trucart, boulengier, demourant à Paris, en la rue Saint-Anthoine, au four Saint-Eloy, à faire visitacion du pain parmy la ville de Paris, tant sur les boulengiers de Paris comme sur les boulengiers forains qui apporteront pain à Paris pour vendre, appellé avec lui ung des huissiers de ladicte Court ou ung sergent de Chastellet. Et a esté enjoint audit Trucart qu'il face bons rappors à la Court des faultes qu'il trouvera en ladicte visitacion[2].

Item, à conseiller l'arrest dessusdit d'entre les drapiers et taillandiers de Paris contre les frepiers, *et non fuit omnino conclusum*, mais a esté advisé de commettre premierement aucuns des conseillers de la Court pour soy informer secretement par bonne maniere d'aucunes choses touchans ce procès et rapporter devers la Court, et à ce ont esté commis maistres Guillaume Cotin, J. de Longueil le jeune, et Bertrand Fons, conseilliers du Roy.

Conseil, XV (X^{1a} 1481), fol. 41 v°.

1. Une mention analogue se trouve à la date du 13 mars.
2. Suivant le *Journal d'un bourgeois de Paris*, p. 263, après la venue du régent, le blé rencherit à Paris dans des proportions extraordinaires; le setier, qui valait 40 à 42 sols, monta à 72 sols ou 5 francs, « dont le pain appetissa tant que le pain d'un blanc tres noir et tres mesalé ne pesoit gueres plus de xij onces, et en mangoit bien ungs laboureur iij ou iv par jour ».

Mardi, xx⁰ jour de mars.

Avant les plaidoieries furent au Conseil messire Phelippe de Morvillier..., et les autres conseilliers de Parlement pour oïr le rapport et veoir les relations faictes par Jaquet Trucart, boulengier, commis à la visitacion des boulengiers, comme cy dessus ou registre du xiiij⁰ jour de ce mois. Et pour ce que aucuns des officiers du Roy ou Chastellet de Paris estoient de par le prevost commis et entendoient à la visitacion des boulengiers de la ville de Paris seulement, la Court dist audit Trucart qu'il entendist à la visitacion des boulengiers forains vendans pain en la ville de Paris et es forbours. Et, en oultre, la Court a commis maistres Estienne des Portes, Hugues Le Coq et Jehan Queniat, conseilliers du Roy, pour oïr les rappors dudit Trucart sur le fait de ladicte visitacion, et pour en ordonner ou rapporter devers la Court pour en estre fait et ordené ainsi que de raison, et pour faire ladicte visitacion, se mestier est, appellez avec eulz et chascun d'eulz gens en ce congnoissans, et aussi pour taxer et ordener des salaires dudit Trucart.

Conseil, XV (X¹ᵃ 1481, fol. 42 r⁰.

Mecredi, xxj⁰ jour de mars.

Ce jour, la Court a fait venir ceans maistre Pierre Maugier, auditeur ou Chastellet de Paris, pour respondre sur ce que on disoit que, depuis et contre les defenses de la Court, il avoit receu aucuns depostz et qu'il avoit refusé de restituer certain depost aux religieux de Saint-Martin-des-Champs, sur quoy ledit

Maugier a respondu en soy excusant, disant que depuis lesdictes defenses il n'avoit receu aucuns depostz, et n'avoit point refusé de restituer ledit depost ausdis de Saint-Martin, et a esté et sera tousjours prest de restituer ledit depost où il appartendra, mais qu'il ait descharge telle qu'il appartient. Et neantmoins d'abondant la Court de rechief a fait lesdictes defenses audit Maugier, et a ordené ycelle Court de soy informer se ledit Maugier a fait aucune chose contre lesdictes defenses.

Conseil, XV (X¹ª 1481), fol. 42 v°.

Jeudi, xxvj° jour de mars. *Curia vacat ob solempnitatem Annunciacionis Dominice per Gabrielem archangelum ad Virginem.*

Matinées, XIV (X¹ª 4796), fol. 280 v°.

Mardi, xxvij° jour de mars.

A conseillier l'arrest d'entre les drapiers et taillandiers et le procureur du Roy adjoint avec eulx, d'une part, et les frepiers de la ville de Paris, d'autre part.

Il sera dit que les frepiers ne pourront ouvrer de draps neufs au dessus de douze sols parisis l'aulne, et jusques à ladicte somme et au dessoubz la Court leur permect de ouvrer de draps neufs[1] jusques à ce que autrement en soit ordené et sans despens *hincinde*, et pour obvier aux fraudes qui pourroient estre en ce faictes la Court reserve à y pourveoir, *vocatis vocandis*, ainsi qu'il appartendra par raison.

[1]. Un arrêt du Parlement du 5 juillet 1427 avait interdit aux fripiers de faire des vêtements ou robes en drap neuf (La Mare, *Traité de la Police*, t. IV, p. 203).

Mecredi, xxviij° jour de mars.

Ce jour, ont esté apportées lettres de l'evesque de Theroenne, chancelier, escriptes à Rouen, faisans entre autres choses mencion du paiement d'un mois des arrerages deubz à la Court, pourveu que au mois d'avril prochain ycelle Court serroit, et seroit tenu le Parlement en attendant paiement des autres arrerages; lequel paiement a esté fait pour ung mois en la veille de Pasques et es jours prochainement ensuivans. Et par ce moien, les presidens et conseilliers de ceans ont deliberé, en attendant le paiement du surplus des arrerages à eulz, de continuer en l'exercice de leurs offices jusques au premier jour du mois de may prochainement venant.

Conseil, XV (X^{1a} 1481), fol. 43 r°.

Venredi, xxix° jour de mars. *Curia vacat ob memoriam Passionis nostri Redemptoris.*

Matinées, XIV (X^{1a} 4796), fol. 280 v°.

Dimenche, premier jour d'avril.

Fu celebrée la solempnité de Pasques et de la resurrection Nostre Segneur pour l'an mil ccccxxxi, à compter et commencier au temps d'icelle resurrection, *more gallicano*.

Vendredi, vj° jour d'avril.

Les procureur et advocat du Roy sont venuz en la Chambre de Parlement, disans que on leur doit bien xiiij° livres de leurs gaiges, et ont requiz que on les tiengne pour excusez de plus servir au moins jusques à ce que l'un d'eulz soit retourné de devers le Conseil du Roy estant à Rouen. Et la Court n'a pas acceptée leur dicte requeste, mais les a conseilliez de attendre le retour et la venue de l'evesque de Theroenne, chancelier, que on attend en la fin de ce mois d'avril.

Conseil, XV (X¹ᵃ 1481), fol. 43 v°.

Lundi, ix° jour de ce mois d'avril.

Avant les plaidoieries ont esté assemblez en la Chambre de Parlement pour deliberer sur ce que on disoit que l'argent et finance que le cardinal d'Angleterre devoit faire envoier par deça pour paier les arrerages des gaiges de la Court estoit ou seroit prochainement à Rouen. Et finablement ont deliberé et conclu d'en rescripre premierement à l'evesque de Beauvais et à maistre Andry Marguerie, conseilliers du Roy, estans à Rouen, et après eue leur response ou sceue la certaineté de ce que dit, de envoier à Rouen maistre Bertrand Fons, conseillier du Roy, pour faire poursuite sur le paiement desdis gages et arrerages.

Conseil, XV (X¹ᵃ 1481), fol. 43 v°.

Venredi, xxvij° jour d'avril.

Furent au Conseil m° Phelippe, seigneur de Morvillier, m° R. de Chancey, presidens[1]...

Pour deliberer sur ce que maistre Girart Perriere, conseillier du Roy, doien de l'eglise de Chalon, hier en la Chambre de Parlement, presens les presidens et conseilliers de ceans, avoit requis que maistres Guil-

---

1. Suivent les noms de treize conseillers.

laume Cotin et G. Jaier, conseilliers du Roy, ne feussent
presens au jugement d'un procès demené par devant
lesdis Cotin et Jaier, d'entre les doien et chapitre de
ladicte eglise de Chalon, demandeurs, d'une part, et
maistre Jehan Milet, notaire du Roy, executeur du testament de feu messire Jehan d'Arsonval, jadis evesque
de Chalon[1], defendeur, d'autre part, et pour ce que
lesdis Cotin et Jaier sont bons et sages, bien renommez, sans souspeçon, a esté conclut que yceulz Cotin
et Jaier seront appellez et presens en ladicte Chambre
de Parlement avec les dessusdis presidens et conseilliers au jugement dudit procès, nonobstant la requeste
dudit Perriere, qui n'a dit ne declairé cause de suspicion recevable.

Conseil, XV (X^{1a} 1481), fol. 44 r°.

Samedi, xxviij° jour d'avril.

Ce jour, après l'expedicion des lettres de la Chancelerie, messire Philippe de Morvillier, premier president, est survenu en la Chambre de Parlement et y a
fait venir et assembler, avec les dessus nommez, les
presidens et conseilliers des Enquestes et des Requestes
du Palais, pour deliberer ensemble se ilz continue-

---

1. Jean d'Arsonval, chanoine de Tours, de Chartres et de la
Sainte-Chapelle de Paris, confesseur du duc de Guyenne,
occupa le siège épiscopal de Chalon-sur-Saône du 19 août 1413
au 27 août 1416; il décéda le 27 août 1416 et fut inhumé aux
Chartreux de Paris. Ses testament et codicille, des 23 et
24 août 1416, se trouvent dans le registre des testaments
enregistrés au Parlement de Paris (Arch. nat., X^{1a} 9807,
fol. 429 v°); ses exécuteurs testamentaires furent Jean Aguenin, procureur général du Parlement, et Jean Milet, notaire du
roi, mari d'une nièce de l'évêque.

roient en l'exercice de leurs offices, et s'ilz tenroient
le Parlement, ou s'ilz cesseroient, selon leurs deliberacions, cy-dessus enregistrées ou registre du xij° jour
de fevrier et du xxviij° jour de mars derrain passés.
Et finablement ont conclu de cesser du premier jour
de may prochain venant de plaidoieries et de consul-
tacions ou jugemens de procès, jusques à la Penthecouste prochain venant, et de ladicte Penthecouste de
cesser *omnino* et de clorre toutes les Chambres dudit
Parlement, tant desdictes Enquestes que des Requestes
du Palais, s'ilz n'ont paiement des arrerages de leurs
gaiges, ainsi que autresfois a esté par eulz deliberé et
conclu. Et pour ce signifier au Roy et aux gens de son
Conseil à Rouen, ont deliberé d'y envoier Guillaume
de Buymont, premier huissier dudit Parlement, et de
lui baillier instruction et lettres de creance en ceste
matiere. Et ainsi a été fait.

Conseil, XV (X¹ª 1481), fol. 44 r°.

Le xxx° jour de may M CCCC XXXI.

Par procès de l'Eglise, Jehanne, qui se faisoit appeller la Pucelle, qui avoit esté prise à une saillie de la
ville de Compiengne par les gens de messire Jehan de
Lucembourg, estans avec autres au siege de ladicte
ville, *ut in registro xxv diei mensis maii* M CCCC XXX,
a esté arse et brulée en la cité de Rouen. Et estoit
escript en la mittre qu'elle avoit sur sa teste les mos
qui s'ensuivent : « heretique, relapse, apostate, ydolatre. » Et en ung tableau devant l'eschaffault où ladicte
Jehanne estoit, estoient escrips ces mos : « Jehanne qui
s'est fait nommer la Pucelle, menterresse, pernicieuse,
abuserresse de peuple, divineresse, supersticieuse,

blasphemeresse de Dieu, presumptueuse, malcreant de la foy de Jhesu-Crist, vanterresse, ydolatre, cruelle, dissolue, invocaterresse de deables, apostate, scismatique et heretique. » Et pronuncia la sentence messire Pierre Cauchon, evesque de Beauvais, ou dyocese duquel ladicte Jehanne avoit esté prise, comme dit est. Et appella à faire ledit procès pluiseurs notables gens d'eglise de la duchié de Normendie, graduez en sciences, et pluiseurs theologiens et juristes de l'Université de Paris, ainsi que on dit estre plus à plain contenu oudit procès. *De gestis hujus Johanne, vide supra in registro diei x maii m cccc xxix, xiiij junii et viij septembris m cccc xxix, et supradicte diei xxv maii m cccc xxx*[1]. *Et fertur quod in extremis, postquam fuit relapsa, ad ignem applicata, penituit lacrimabiliter, et in ea apparuerunt signa penitencie. Deus sue anime sit propicius et misericors*[2].

Conseil, XV (X¹ª 1481), fol. 44 v°.

Le xviij° jour de juing.

Furent assemblés en la Chambre de Parlement les presidens et conseilliers des trois Chambres dudit Parlement pour oïr la relacion de Guillaume de Buymont de ce qu'il avoit fait et besongné ou voiage de Rouen, selon l'instruction à lui baillée de par la Court, *ut in registro xxviij diei aprilis novissime lapsi.*

Et après ce que ledit Buymont a recité ses alées et

---

1. Voir *Journal de Clément de Fauquembergue*, t. II, p. 306-307, 312, 322-324, 342-343.
2. Ce récit de la condamnation et de l'exécution de Jeanne d'Arc a été reproduit par J. Quicherat, *Procès de Jeanne d'Arc*, t. IV, p. 459.

venues et les diligences par lui faictes envers le Roy et les gens de son Conseil estans à Rouen, fu respondu audit Buymont que messire Loys de Lucembourg, evesque de Theroenne, chancelier de France, lors estant à Rouen, estoit chargié par le Roy de faire sur ce response à la Court. Et pour ce fu lors deliberé et conclut par lesdis presidens et conseilliers d'envoier par devers ledit Chancelier, nouvellement retourné de Rouen à Paris, maistre Richart de Chancey, president, m° J. Branlart, m° G. Cotin, m° B. Le Viste et autres des conseilliers de la Court, appellé avec eulx ledit Buymont, pour lui dire entre autres choses sur ce que dit est que la Court seroit preste, ainsi et quant il lui plairoit, de oïr la response et ce qu'il estoit chargié de dire de par le Roy, etc.

Conseil, XV (X^{1a} 1481), fol. 44 v°.

Lundi, xxv° jour de juin.

Furent assemblez en la Chambre de Parlement les presidens et les conseilliers des trois Chambres d'icellui Parlement, et y survint messire Loys de Lucembourg, evesque de Theroenne, chancelier de France, pour dire et exposer ce que lui avoit esté dit et baillié par instruction de par le Roy, lui estant lors à Rouen, sur la provision et paiement des gaiges des gens dudit Parlement, dont estoient deubz arrerages de deux ans et demi ou environ. Et, en effect, après ce que ledit Chancelier ot remonstré les grans mises faictes et à faire par le Roy, les charges qu'il a à soubstenir pour occasion des guerres et autrement, la grant diminucion des prouffis et revenues de ce royaume, il dist que le Roy n'avoit mie de present finance pour paier lesdis arrerages entierement, mais selon sa possibilité en feroit paier une partie desdiz arrerages escheus depuis son advenement en cedit royaume de France, et du residu d'iceulx arrerages feroit baillier assignacions ou heritages en recompensacion à la valeur d'iceulz arrerages. Et pour ce qui escherra ou sera deu desdis gaiges ou temps à venir, sera fait desormais paiement de deux mois en deux mois, et que le Roy vouloit bien que de ses revenues qui escherront et seront levées par deça en ce pays de France et à Paris, les conseilliers et officiers soient paiez et les autres charges acquittées. Et après ces paroles ou semblables en effect, le Chancelier se departy de ladicte Chambre, afin que sur ce lesdis presidens et conseilliers eussent advis et deliberacion ensemble et sceussent s'ilz seroient contenz de la provision et paiement dessusdis, et s'ilz vouldroient tenir le Parlement, qui avoit cessé longtemps par faulte dudit paiement. Mais pour ce que ledit Chancelier n'avoit mie declairié expressement de quel temps ne combien on feroit paiement pour le present, ne quelles assignacions on bailleroit du residu de ce qui estoit deu desdis arrerages, fu lors advisé d'envoier premierement par devers ledit Chancelier messire Phelippe, seigneur de Morvillier, premier president, pour avoir de lui declaration de ce que dit est, lequel president ce mesme jour parla audit Chancelier.

Et lendemain, xxvj^e dudit mois de juing, ycellui president, en faisant son rapport et relacion sur ce en la Chambre dudit Parlement, presens à ce tous les autres presidens et conseilliers desdictes trois Chambres, dist entre autres choses que ledit Chancelier lui avoit dit que on paieroit presentement trois mois desdis arrerages escheuz depuis l'advenement du

Roy, et du surplus on les assigneroit sur les prouffis et revenues qui seroient levées pour le Roy à Paris et en ceste partie de France, et que des autres arrerages escheuz devant la venue du Roy on recompenseroit lesdis presidens et conseilliers en heritages ou autrement, selon la possibilité et opportunité que le Roy auroit, mais qu'ilz en feussent contenz, et voulsissent tenir et continuer ledit Parlement. Et après longue et meure deliberacion, ont conclu de faire response audit Chancelier et de lui baillier, en une cedule par moy signée, la conclusion par escript, *premissis regratiacionibus, excusacionibus et recommendacionibus*, contenant ladicte cedule de mot à mot ce qui s'ensuit : « Sur le propos et offres faictes par monseigneur le Chancelier touchant le paiement des gaiges de la Court, ycelle Court a eu advis, et, tout considéré, a deliberé de tenir la conclusion autrefois prise, signifiée au Roy et aux gens de son Conseil en France et en Angleterre, c'est assavoir de non tenir et continuer le Parlement, se paiement n'est fait à ladicte Court des arrerages desdiz gaiges deubz pour ung an et soit baillée bonne seurté d'avoir paiement du residu d'iceulz arrerages, et que désormais, pour le paiement desdis gaiges pour le temps à venir, les gens dudit Parlement soient mis en l'estat des finances et paiez en l'ordre et en la maniere acoustumée d'ancienneté. » Et pour porter et signifier ladicte conclusion à monseigneur le Chancelier furent nommez et esleuz messire Phelippe de Morvillier, m° Richart de Chancey, presidens en Parlement, m° Jaques Branlart, m° J. Vivian, presidens en la Chambre des Enquestes, m° Robert Piedefer, president es Requestes du Palais, m° Guillaume Cotin et m° Barthelemy Le Viste, conseilliers du Roy, et moy en leur compaignie, qui ce jour ay esté avec eulx present en l'ostel dudit Chancelier, quant ladicte conclusion lui a esté signifiée et baillée par escript par ledit premier president, *premissis, premittendis per ipsum eleganter et notabiliter dictis*. Et après mondit seigneur le Chancelier respondi en effect qu'il avoit bien entendu ce qui lui avoit esté dit et qu'il en feroit son rapport au Roy pour y pourveoir à son bon plaisir. Et ce fait, entra en la Chambre, où il avoit fait assembler aucuns du Grant Conseil avec les maistres des Requestes de l'Ostel, et commanda d'apporter du vin pour nous faire boire.

Conseil, XV (X^{1a} 1481), fol. 44 v°, 45 r°.

Lundi, xxij° jour de juillet.

Furent assemblez en la Chambre de Parlement les presidens et conseilliers des trois Chambres dudit Parlement, et ont esleu et nommé m° Richart de Chancey, president, et m° Jaques Branlart, president es Enquestes, pour aler à Rouan, devers le Roy, pour le fait de la Court, qui avoit longtemps vaqué et vaquoit par faulte de paiement des gaiges, dont estoient deubz les arrerages de deux ans et plus. Et pour faire aucunes instructions et advis sur ce furent commis, avec lesdis de Chancey et Branlart, m° Robert Piedefer, president es Requestes du Palais, m° G. Cotin, m° G. Jaier et Bertrand Fons, conseilliers du Roy.

Conseil, XV (X^{1a} 1481), fol. 45 v°.

Mardi, xiiij° jour d'aoust.

Furent assemblez en la Chambre de Parlement les

presidens et conseilliers des trois Chambres de Parlement pour veoir et oyr les instructions et advis fais par les commis cy dessus nommez ou registre du xxij[e] jour de juillet derrain passé. Et culz estans en ladicte Chambre de Parlement furent baillées et leues deux requestes, l'une pour le procureur du Roy en Chastellet, afin de pourveoir sur la ruine des halles de Paris selon l'impetracion dudit procureur du Roy, dont la copie estoit atachée à sadicte requeste; l'autre requeste estoit baillée de par maistre Jehan Piedefer, advocat en Parlement, pour faire examen de tesmoins vielz, valitudinaires et affuturs, en une cause pendant oudit Parlement d'entre luy et autres, demandeurs, d'une part, et Jehan de Sempy, escuier, defendeur, d'autre part[1]. Sur lesquelles requestes n'a esté faicte aucune provision, obstant la vacacion de la Court qui par avant avoit deliberé et conclu pour certaines très justes et très raisonnables causes moult urgens, de cesser *omnino*, en la maniere cy dessus enregistrée ou registre du xij[e] jour de fevrier derrain passé.

Ce jour, fu ordené et conclu par les dessusdis presidens et conseilliers que chascun d'iceulz paieroit et bailleroit deux frans pour la despense de m° R. de Chancey, president, et de m° Ja. Branlart, president es Enquestes, esleus et nommez par la Court pour aler à Rouan devers le Roy dire et exposer aucunes choses touchans l'estat d'icelle Court et des suppostz d'icelle, selon les advis et instructions sur ce faictes.

Conseil, XV (X[1a] 1481), fol. 45 v°.

1. Le procès en question entre Jean Piedefer, Pierre de Landes, à cause de leurs femmes, d'une part, et Jean, seigneur de Sempy, d'autre part, ne fut jugé qu'en 1435, en vertu d'un arrêt qui fut prononcé le 14 août (X[1a] 1481, fol. 89 v°-90).

Mardi, xxviijᵉ jour d'aoust.

Furent assemblez au Conseil en la Chambre de Parlement les presidens et conseilliers des trois Chambres d'icellui Parlement pour parler et deliberer du paicment et du fait de maistres R. de Chancey et Ja. Branlart, esleuz comme dessus et nommez ambassadeurs de par la Court pour aler à Rouan devers le Roy, afin de obtenir paiement ou provision des gaiges de la Court. Et pour ce que ceste matiere touchoit tous lesdis presidens et conseilliers, et qu'ils avoient esté tous à ce appellez par les huissiers de par la Court, et que maistre Jehan de Voton, conseillier du Roy, avoit refusé de venir à ladicte assemblée, non obstans les instructions et commandemens à lui fais de par ladicte Court, par Jaques de Buymont et Ja. Rat, huissiers dudit Parlement, si comme ilz dirent et rapporterent, eulz sur ce requiz et asseremenlez de par ladicte Court de dire verité, fu deliberé et conclu, pour corrigier aucunement ledit de Voton de sa contumace, d'envoier en son hostel, et y envoia ledit Jaquet Rat et Geffroy de Molins, huissiers, pour eulz y tenir en garnison et faire defense audit de Voton qu'il ne partist de sondit hostel sur peine de cent mars d'argent jusques à ce que par la Court autrement en feust ordené.

Et le jeudi prochain ensuivant, xxxᵉ jour dudit mois d'aoust, les dessusdis presidens et conseilliers, estans assemblez en ladicte Chambre de Parlement, ycellui de Voton, humblement recongnoissant sa faulte, après aucunes excusacions telles quelles, *cum fletu et lacrimis*, supplia qu'il pleust à la Court de faire widier ladicte garnison de sondit hostel et lui pardonner sa faulte ou contumace dessusdicte, selon la teneur d'une requeste par escript qu'il se disoit sur ce avoir baillié ou jour precedent à messire Phelippe, seigneur de Morvillier, premier president. Sur quoy la Court, qui a acoustumé de meurement et benignement proceder en ses deliberations, conclut en effect de blasmer *affectu caritatis* ledit de Voton, et le blasma de sadicte faulte, et luy enjoint que dès lors en avant il feust miex adverti et plus deliberé en ses affaires, et se gardast de mesprendre. Et oultre, la Court ordena de faire widier ladicte garnison, qui ce jour fu levée, et widerent lesdis huissiers.

Conseil, XV (X^{1a} 1481), fol. 45 v°.

Lundi, v° jour de novembre.

Furent assemblez en la Chambre de Parlement les presidens et conseilliers des trois Chambres d'icellui Parlement pour deliberer de leurs affaires à la venue et entrée du Roy à Paris. Sur quoy ont conclu de soy arrester à leur deliberacion et conclusion autresfois sur ce par eulz prise, le xiij° jour de juin M CCCC XXX, cy dessus enregistrée, sauf toutes voies et reservé de deliberer sur ce plus à plain, se mestier est, au retour de maistres R. de Chancey, president, et Ja. Branlart, president es Enquestes, envoiez à Rouen devers le Roy de par la Court. Et *interim* on pourra veoir en registres et croniques ce que on trouvera des solempnités et manieres tenues en l'entrée et advenement des Rois à Paris.

Conseil, XV (X^{1a} 1481), fol. 46 r°.

Mecredi, xiiij° jour de novembre.

Furent assemblez en la Grant Chambre de Parlement les presidens et conseilliers des trois Chambres d'icellui Parlement pour oïr la relacion de maistres Richart de Chancey et Jaques Branlart, presidens, envoiez devers le Roy et les gens de son Conseil estant en la ville de Rouen, poursuir provision sur le paiement des gaiges desdis presidens et conseilliers, dont estoient deubz arrerages de deux ans et demi ou environ. Lesquelz de Chancey et Branlart ont dit et rapporté en effect que après pluiseurs poursuites et diligences par eulz continuelment par l'espace de deux mois faictes sur ce que dit est, tant envers le Roy comme envers lesdis gens de son Conseil, ilz n'ont peu obtenir provision effectuele ou response autre que contenu est en la cedule dont la teneur cy après s'ensuit, à eulz baillée par escript pour faire plus certaine response. Laquelle cedule ilz avoient refusé en ycelle forme, pour ce que en la narracion d'icelle n'estoit mie declairié comment ne par quelle forme et soubz quelles manieres et condicions le Chancelier avoit offert le paiement de trois mois. Et pour ce que la cedule sembloit estre à la charge de la Court, ilz requirent que ladicte cedule *in narracione* fust corrigée selon la verité du fait, dont appert assez cy dessus ou registre du xxve jour de juing derrain passé; mais on leur fist response que sur ladicte cedule on n'y corrigeroit riens, si comme ont dit et rapporté lesdis de Chancey et Branlart. De laquelle cedule la teneur s'ensuit[1].

Sur la requeste faite au Roy, nostre seigneur, pour et ou nom de ses conseilliers en sa Court de Parlement à

---

1. En marge du registre, le greffier a mis cet intitulé : *Tenor cedule, verbis plus quàm effectu palliate.*

Paris, par honnorables et prudentes personnes maistre Richart de Chancey et maistre Jaques Branlart, presidens et conseilliers dudit seigneur en ladicte Court, afin d'estre paiez de leurs gaiges pour le temps passé, ycellui seigneur a eu advis avec lez gens de son Grant Conseil. Et, considerés les grans affaires et charges que en diverses manieres a pour le present à supporter et qui continuelment lui surviennent, comme chascun puet assez veoir et congnoistre, ne lui est pas maintenant possible de faire ce qu'ilz requierent et que lui mesmes vouldroit bien. Et nagaires, voulant pourveoir de ses deniers d'Angleterre à sesdiz conseilliers, leur fist offrir par monseigneur le chancelier de France telle somme que lors lui estoit possible eu regard à sesdis affaires, laquelle ilz refuserent, qui depuis a esté emploiée pour ses besoings. Ce non obstant, il a entencion deliberée d'estre bien brief en sa bonne ville de Paris, en laquelle, lui venu, ordonnera raisonnablement et honnorablement pour l'entretenement et continuacion de sa souveraine justice et pourverra à sesdiz conseilliers de paiement si avant que bonnement faire se pourra.

Et in hoc consistit effectus ambassiate predicte.

En laquelle ambassade lesdis presidens en alant, sejournant à Rouen et en retournant à Paris, ont vaqué par l'espace de dix sepmaines à très grant diligence et à très grant instance, continuelment à grans despens et en grant peril en l'alée et ou retour. Pour laquelle despense supporter le Roy ordonna que aux dessusdis ambassadeurs feust delivrée et baillée la somme de ij^c frans, mais on ne leur en delivra que viij^{xx}, et leur furent retranchiez xl frans de ladicte somme de ij^c frans à eulz premierement ordonnée pour supporter et paier une partie de leur despense en ladicte poursuite, qui n'a mie esté moult fructueuse pour ladicte Court. Et neanmoins a eu aggreables les labeurs et diligences desdis ambassadeurs et les en a regraciez, et a supporté en grant pacience les estranges manieres et verbales responses faictes en ceste matiere.

Conseil, XV (X^{1a} 1481), fol. 46 r°.

Jeudi, xve jour de novembre.

Rassemblerent en la Chambre de Parlement les presidens et conseilliers des trois Chambres d'icellui pour deliberer ensemble de ce qu'ilz auroient à faire à la venue du Roy que on attendoit prochainement venir à Paris. Et ont deliberé d'aler et estre au devant du Roy à sa venue, selon leur deliberacion cy dessus enregistrée ou registre du xiij° jour de juing M CCCC XXX, et de faire parer les Chambres dudit Parlement en la maniere acoustumée, et de faire par ung proposant entre autres choses raffreschir, reciter et approuver ce qui a esté dit et proposé au Roy et aux gens de son Conseil lors estans à Rouen, par maistre Richart de Chancey et Ja. Branlart, presidens, à fin de paiement et à fin d'entretenir la Court sans immutacion et sans diminucion, et de recommender leurs personnes au Roy et aux seigneurs de son sang et Grant Conseil, *cum reverencia et humilitate, qua decet*.

Et pour proposer ce que dit est, a esté nommé de pluiseurs d'iceulx maistre Guillaume Cotin, conseillier du Roy, s'il ly plaist à s'en chargier; et pareillement ont esté à ce autres nommez *per alios et a minori parte*; lesquelz nommez, à ce que dit est, se sont excusez et n'ont point accepté ladicte charge. Et ainsi sans prendre sur ce autre conclusion ou deliberacion se departirent lesdis presidens et conseilliers de ladicte Chambre, *quia hora tarda.*

Conseil, XV (X¹ᵃ 1481), fol. 46 v°.

Samedi, xxiiij° jour de novembre.

Furent assemblez au Conseil en la Chambre de Parlement les presidens et conseilliers d'icellui Parlement, et y firent venir les advocas et procureurs pour leur dire et signifier qu'ilz feussent en la compaignie desdis presidens et conseilliers et les autres officiers de la Court à la venue et au devant du Roy, que on attendoit dedens viij jours prochain estre en la ville de Paris, selon ce que avoit esté advisé et deliberé par la Court le xiij° jour [de juing] M CCCC XXX, et ainsi que est enregistré ou registre d'icellui jour.

Et le dimenche, second jour de decembre ensuivant, s'assemblerent en la Chambre dudit Parlement les presidens, conseilliers, greffiers, notaires, huissiers, advocas et procureurs, ainsi que dessus est dit avoit esté advisé et deliberé. Et partirent entre ix et x heures du Palais pour aler ordonnéement deux et deux au devant du Roy, qui estoit le jour precedent venu à Saint-Denis[1], pour lendemain, c'est assavoir en ycellui dimenche, faire son entrée à Paris. Et ycellui encontrerent entre la Chappelle Saint-Denys et le Molin à Vent[2], acompagnié de ducs, contes, barons et grans segneurs d'Angleterre. Et après ce que luy eust esté

---

1. D'après le *Journal d'un bourgeois de Paris* (p. 274), qui nous a laissé un récit très détaillé et très curieux de l'entrée du roi d'Angleterre à Paris, le jeune Henri VI « vint gesir en l'abbaïe de Sainct Denis », le vendredi 30 novembre.

2. Situé entre la Chapelle et la descente vers Saint-Lazare.

dit par la bouche du premier president ce qui avoit esté deliberé d'estre dit en reverence et en humilité, et aprez la response convenable sur ce faicte, retournerent paisiblement, sans presse, au devant du Roy, en l'ordre qu'ilz s'estoient partis, jusques en ladicte Chambre de Parlement.

De ceteris solempnitatibus primi adventus Regis, nil aliud hic describitur ob deffectum pergameni et eclipsim justicie[1].

Conseil, XV (X^{1a} 1481), fol. 46 v°.

In nomine Dei Omnipotentis qui propter injusticiam de gente in gentem regna transfert, incipit registrum conciliorum causarum civilium Parlamenti incepti vicesima prima die mensis decembris, anno millesimo quadringentesimo tricesimo primo ab incarnacione Domini, et anno XVI quo ego, Clemens de Fauquembergue, in utroque jure licenciatus, ecclesie Ambianensis decanus, Regis prothonotarius, dicti Parlamenti grapherius, hujusmodi officium exercui, intermisso judicantis officio. Malui et mutas agitare inglorius artes.

Venredi, xxj° jour de decembre, feste de saint Thomas l'apostre, l'an M CCCC XXXI dessusdit.

Le Roy tint le Parlement, presens le cardinal d'Angleterre, le duc de Bedford, ses oncles, messire Loys

---

1. Tout ce paragraphe, où Clément de Fauquembergue mentionne très sommairement l'entrée du jeune roi d'Angleterre à Paris, à cause de la rareté du parchemin et surtout en raison des déboires éprouvés par le Parlement dans la question de ses gages arriérés, a été reproduit par D. Félibien, *Histoire de la ville de Paris*, t. IV, p. 593.

de Lucembourg, evesque de Theroenne, chancelier, les evesques de Beauvais, de Noion, de Paris, d'Evreux, les contes de Warwich[1], de Staford[2], de Salisbery[3], d'Arondel[4] et de Mortaing[5], messire Raoul Cramoel, premier chambellan, messire Guillaume Portier, le sire de Tiptot[6], le sire de Rochefort, messire Guillaume Philippe, messire Raoul Le Bouteillier[7], chevaliers anglois, messire Simon Morhier, prevost de Paris, messire Jehan de Courcelles[8], messire Morelet de Bethencourt[9], messire Giles de Clamecy[10], messire Jehan de Precy[11], messire Jehan Le Clerc[12], messire Raoul Le Sage[13], chevaliers, m° N. Fraillon, m° Phelippe de Rully, m° Pierre de Marigny, m° Thomas Fassier, m° Hugues Rapiout, maistres des Requestes de l'Ostel, Guillaume Sanguin, prevost des marchans, et les eschevins de la ville et cité de Paris, les advocas et procureurs oudit Parlement et pluiseurs autres.

1. Richard de Beauchamp, comte de Warwick.
2. Humphrey, comte de Stafford, connétable de France.
3. Richard Nevill, comte de Salisbury.
4. Jean Fitz-Alan, comte d'Arundel.
5. Édouard de Beaufort, comte de Mortain, marquis de Dorset, puis duc de Somerset.
6. Jean Tiptoft, sénéchal d'Aquitaine.
7. Raoul Le Bouteiller, bailli de Rouen et de Gisors en 1430.
8. Jean de Courcelles, déjà maintes fois mentionné par Clément de Fauquembergue.
9. Regnault de Bethencourt, dit Morelet, chevalier du guet. Sur lui, voir *Journal d'un bourgeois de Paris*, p. 8, n. 2.
10. Gilles de Clamecy, ancien prévôt de Paris en 1419-1420. Sur lui, voir *Journal d'un bourgeois de Paris*, p. 121, n. 2.
11. Jean de Précy, le trésorier.
12. Jean Le Clerc, l'ancien chancelier de France (1420-1425).
13. Raoul Le Sage, conseiller du roi d'Angleterre et du duc de Bedford, maître des requêtes de l'hôtel.

Et furent leues les ordonnances et fais les seremens acoustumez. Et en oultre fu fait le serement de nouvel ordené estre fait es mains du Roy par les gens de son Grant Conseil et ses autres conseilliers et officiers estans à Paris. Et firent ycellui serement les presidens, conseilliers et tous officiers et autres estans en la Chambre dudit Parlement, qui n'avoient fait ledit serement, duquel la teneur s'ensuit.

Vous jurez et promettez que à nostre souverain segneur Henry par la grace de Dieu, Roy de France et d'Angleterre, cy present, vous obeirez diligemment et loyalment et serez ses loiaulz officiers et vrais subgiez de ses hoirs perpetuelment, comme vray Roy de France, et que jamais a nul autre pour Roy de France ne obeirez ou favoriserez. Item, que vous ne serez en aide, conseil, ou consentement que nostredit souverain segneur, ne ses hoirs de France et d'Angleterre, perdent la vie ou membre, ou soient pris de mauvaise prise, ou qu'ilz seuffrent dommage ou diminucion en leurs personnes de leurs estas, segnouries ou biens quelconques; mais se vous savez ou congnoissiez aucune chose estre faite, pourpensée ou machinée qui leur puist porter dommage ou prejudice, ou à leurs adversaires proufflit, aide, ou confort, ou faveur, comment que ce soit, vous l'empescherez en tant que vous pourrez et saurez, et pour vous mesmes par messages ou lettres le ferez savoir ausdiz rois, ou à leurs principaulz officiers ou autres leurs gens et bienvueillans ausquelz pourrez avoir accez, tout le plus tost qu'il vous sera possible, sans dissimulacion aucune; et entenderez et vous emploierez de tous voz povoirs à la garde, tuicion et defense de sa bonne ville de Paris[1].

1. Voir le texte de ce serment dans le *Journal d'un bourgeois de Paris*, p. 278, note. Il est à noter que Clément de Fauquem-

Et après le serement fait par les dessusdis, le Roy dist en anglois, et fist dire par ledit conte de Warwich que le Roy les garderoit et maintendroit. Et en après fist dire que s'aucuns vouloient faire hommage au Roy, ilz y seroient receuz. Et incontinent se leverent et firent hommage, le conte Stafort de la conté du Perche, le bastard de Saint-Pol et autres de terres et segnouries à eulz données par le Roy.

Conseil, XV (X1a 1481), fol. 48 r°.

Lundi, dernier jour de decembre.

Ce jour, maistre Guillaume Cotin a esté commis par la Court ou lieu de feu maistre Gauchier Jaier au gouvernement du college de Beauvais, dit des Dormans, fondé à Paris, avec ledit de Chancey, president [1].

Conseil, XV (X1a 1481), fol. 48 v°.

bergue ne dit mot des *demandes raisonnables* que le Parlement adressa au roi d'Angleterre et que mentionne l'auteur du *Journal*, demandes qui furent favorablement accueillies.

1. Voir à la date du 10 janvier 1421 la décision du Parlement chargeant J. Aguenin, président, et Philippe de Rully, conseiller, du gouvernement du collège de Beauvais, fondé par le chancelier Jean de Dormans (*Journal de Fauquembergue*, t. II, p. 2).

1432.

Samedi, xxvjᵉ jour de janvier.

La Court a commis et commect ou lieu de maistre Richart de Chancey, president en Parlement, durant son absence, au fait et gouvernement du college des Dormans, maistre Phelippe de Nanterre, conseillier du Roy, pour y vaquer et entendre avec maistre Guillaume Cotin, conseillier du Roy, autrefois à ce commis.

Ce jour, ont esté assemblez en la Chambre de Parlement les presidens et conseilliers d'icelle Chambre et de la Chambre des Enquestes pour deliberer et adviser maniere de jugier et expedier les causes et procès de la Court et les causes des prisonniers. Et pour ce que le Roy ne povoit bonnement acroistre, ne paier plus grant nombre de conseilliers oultre le petit nombre de ceulz qui y sont, yceulz presidens et conseilliers ont deliberé et advisé de soy assembler es jours de venredi et samedi en la Chambre de Parlement pour en envoier une partie d'eulz en la Tournelle criminele à l'expedicion des procès criminelz; et l'autre partie d'eulz demourra en ladicte Chambre de Parlement pour jugier et expedier les autres procès. Et ainsi en ces deux jours cesseront de besoingnier en la Chambre des Enquestes.

Conseil, XV (X.¹ᵃ 1481), fol. 49.

Mardi, xxixᵉ jour de janvier.

Après les plaidoieries, messire Loys de Lucembourg, evesque de Theroenne, chancelier, les evesques de

Beauvais, Noion et Paris, vindrent ceans pour eslire ung president et s'assemblerent en la Tournelle criminele, et procederent au fait de l'élection dudit president par maniere de scrutine, qui ne fu mie ce jour publié, pour ce que ledit Chancelier le volt premierement rapporter au duc de Bedford.

Le dernier jour de janvier, en la Chambre des Enquestes, a esté appoincté que en la cause d'entre les proprietaires de la Hale des basses merceries[1], d'une part, et la communaulté du mestier de peleterie[2], d'autre part, que yceulx proprietaires apporteront et metteront devers la Court leur tiltre par lequel ilz se dient avoir pris ladicte Hale du Roy, les ordonnances sur le fait d'icelle Hale, ensemble les sentences qu'ilz se dient avoir obtenues contre lesdiz peletiers, ou aucuns d'eulz, le xe jour de may mil cccc x, le ij^e de septembre et le xve de novembre m cccc xi. Et pareillement apporteront et mettront devers ladicte Court lesdiz de la communaulté des peletiers les ordenances sur le fait de leur dit mestier de peleterie, ensemble les ordenances sur le fait des Hales autres que de la Hale dessusdicte des basses merceries. Et avec ce lesdictes parties, presens ou appellez maistres Hugues Le Coq, Mahieu Courtois, Pierre Pilory et Phelippe de Nanterre, conseilliers du Roy, et à ce faire commis de par la Court, appellez avec eulx deux maistres maçons et

---

1. Les Halles des hautes et basses merceries se tenaient près du cimetière des Innocents et de la rue de la Lingerie.

2. Il y avait deux communautés distinctes, celle des peletiers-haubaniers, marchands de peaux, et celle des pelletiers fourreurs d'habits, qui cousaient et doublaient les vêtements; ceux-ci reçurent leurs statuts en 1369 et 1395.

deux maistres charpentiers jurez, se transporteront en ledicte Hale, et la verront, et feront visiter et mesurer les estaulz de ladicte Hale, la largeur de chascun d'iceulz estaulz, les tabletes estans en yceulz, la largeur du portail et l'esgout d'icelle Hale, tout du costé devers la ganterie, ensemble l'estal estant en ycelle ganterie à l'endroit dudit portail, et ce fait et rapporté devers la Court, elle fera droit aux parties.

Conseil, XV (X¹ᵃ 1481), fol. 49.

Venredi, viij°, et samedi, ix° jours de fevrier.

Furent au Conseil messire Phelippe de Morvillier, president...¹.

A conseillier l'appoinctement sur la requeste de maistre Jaques Branlart, conseillier du Roy, chevecier de l'eglise de Saint-Merry, d'une part, à l'encontre des marregliers de ladicte eglise.

Appoincté que maistres Guillaume Intrant et J. Luillier, advocas, demourront au conseil dudit Branlart et chapitre de Paris, adjoint avec lui contre lesdis marregliers; et au conseil desdis marregliers seront et demourront m⁰ˢ J. Labbat, R. de la Haie; et des autres advocas de ceans auront tant que bon leur semblera.

Conseil, XV (X¹ᵃ 1481), fol. 49 v°.

Lundi, xj° jour de fevrier.

Furent au Conseil messire Phelippe, seigneur de Morvillier, president, m° Girart Perriere, m° Hugues de Dicy, m° G. Cotin, m° Barthelemy Le Viste et les

---

1. Suivent les noms de seize conseillers.

autres conseilliers de ceans et des Enquestes assemblez pour oïr le contenu des lettres closes adreçans à la Court de par le cardinal de Saint-Angle[1], president, les prelas et autres, assemblez ou saint general conseil de Basle, apportées et presentées à ladicte Court par maistre Pierre Boivin, docteur en theologie[2], contenans credence, données audit lieu de Basle le dernier de novembre derrain passé M CCCC XXXI. Et pour exposer sa credence, disoit ledit Boivin, entre autres choses, qu'il avoit charge de proposer par devant lesdis presidens et conseilliers, et en autres lieux par devant segneurs, prelas, universités, colleges et communaultés, pour exhorter chascun en droit soy de tenir la main et labourer et de poursuir et de solliciter par tout où ilz pourront prouffiter, afin que ledit concil general soit entretenu et ne soit dissolu, soubz umbre de certaines nouvelles lettres que on dit estre emanées de nostre Saint Pere le Pape[3]. Et a ledit Boivin pris son theume *ad Collocences, tertio*

1. Julien Cesarini, d'une famille princière romaine, cardinal de Saint-Ange (*Santo-Angelo de Piscatoria*), nommé, en 1426, par le pape Martin V, avait été chargé par le pape Eugène IV de présider le concile de Bâle; il arriva à Bâle le 9 septembre 1431, adressa, le 19 septembre, une circulaire à tous les évêques pour les inviter à se rendre au concile et renouvela cette invitation le 5 octobre; le 12 novembre, le pape, qui ne voyait pas d'un bon œil la tenue de ce concile, lui conféra pleins pouvoirs pour le dissoudre; malgré tout, le concile s'ouvrit le 14 décembre (Hefelé, *Histoire des conciles*, t. XI, p. 169, 173 et suiv.).

2. Pierre Boivin était-il l'un des délégués de l'Université de Paris? Il ne figure point parmi ceux qui sont cités.

3. Selon toute apparence, il s'agit de la bulle du 18 décembre 1431, qui ordonna la dissolution du concile de Bâle et la convo-

capitulo[1]. *Super omnia hec caritatem habentes*, et a recommendé la vertu de charité sur toutes les autres vertus, *gratis datas et theologicas*, en exhortant la Court afin que, en aiant charité à Dieu et à son prochain, veulle tenir la main et labourer à l'entretenement dudit concil, et à ceste fin exhorter les princes à ce que ledit saint concil ne soit dissolu. Et a remonstré comment ledit saint concil est assemblé et establi ou nom de Dieu par la grâce du Saint-Esprit, par l'ordenance et auctorité du feu pape Martin, derrainement trespassé, et par l'auctorité du present pape Eugene, et que desjà sont audit lieu de Basle assemblez grant nombre de prelas, des ambassadeurs de pluiseurs royaumes et de diverses nacions, de pluiseurs universités, chapitres, colleges et communaultés, et autres pluiseurs y sont mandez, qui ont exposé et exposeront eulz et leurs biens pour estre oudit saint general concil, qui est et sera au plaisir de Dieu moult utile, necessere et moult fructueux, et est principalment institué, establi et ordené pour extirper les heresies qui pullulent en pluiseurs parties de la crestienté, pour la reformacion des meurs du clergié, *in capite et membris*, et pour la paix des princes et segneurs crestiens qui sont en guerre et division en pluiseurs parties de la crestienté, ainsi qu'il a declaré plus à plain. Et, entre autres inconveniens et maulz, à quoy convenablement puet estre pourveu par l'auctorité dudit

---

cation d'un nouveau concile à Bologne dans le délai d'un an et demi.

1. Ce thème est emprunté à l'épitre de saint Paul aux Colossiens, chap. 3, vers. 14. Voici le texte complet : « Super omnia autem hec, charitatem habete, quod est vinculum perfectionis. »

saint concil, a parlé ledit proposant du fait des Boemes et de leurs adherens et complices[1]. En oultre, pour remonstrer qu'il n'y a aucune cause ou occasion de rompre l'assemblée dudit saint concil, a dit que ledit lieu de Basle est bien convenable pour tenir ledit concil, et y a bon aer et sain, habondance de vivres et bon marchié, beaux et bons logis et souffisans, et y a bon et seur accès à chascun, et a ordené le duc d'Auxtriche de tenir et tendra abstinence de guerre jusques à ung an contre le duc de Bourgogne.

Conseil, XV (X1a 1481), fol. 50 r°.

Mecredi, xiij° jour de fevrier.

Ce jour, frere Guillaume de Ferrechat, abbé de Saint-Denis en France[2], a fait en la Court le serement de conseillier du Roy en la forme et maniere acoustumée.

Ce jour, par l'ordenance de la Court, maistre Guillaume Cotin et autres conseilliers du Roy ont esté par devers le Chancelier afin qu'il veulle tenir la main au paiement des gaiges de la Court.

1. L'hérésie ou révolution hussite, qui donna lieu à une croisade de l'Europe, conduite par le cardinal Cesarini, laquelle aboutit à l'échec du 14 mai 1431, se termina par un arrangement conclu à Bâle, à la suite des négociations engagées par l'Église et l'Empire du 20 octobre 1431 au 30 novembre 1433.

2. Guillaume IV de Farrechal, d'origine bourguignonne, d'abord moine de l'abbaye de Saint-Ouen à Rouen, puis abbé de Saint-Wandrille, devint abbé de Saint-Denis en 1430 par permutation avec Jean de Bourbon et occupa le siège abbatial de Saint-Denis jusqu'à sa mort, arrivée le 16 janvier 1440 (n. st.).

Venredi, xv° jour de fevrier.

Ce jour, par l'ordenance de la Court, maistre Guillaume Cotin et autres, jusques au nombre de v ou vj conseilliers du Roy, alerent devers le duc de Bedford, estant en l'ostel des Tournelles, afin d'avoir paiement des gaiges de la Court, ausquelz fu respondu en effect que le duc de Bedford avoit nouvellement receu les lettres du povoir que le Roy lui avoit donné, et depuis n'avoit point veu l'estat des finances, mais ycellui veu, pourverroit audit paiement.

Conseil, XV (X¹ᵃ 1481), fol. 50 r° et v°.

Mecredi, xx° jour de fevrier.

Messire Phelippe, seigneur de Morvillier, premier president, fist assembler en la Chambre de Parlement les presidens et conseilliers des Enquestes avec ceulz de ceans pour leur dire, et leur dit en effect, que le duc de Bedford, regent et gouvernant, presens les gens et seigneurs du Grant Conseil du Roy, devers luy assemblez en son hostel des Tournelles en conseil, avoit declairié et ordené en ensuiant la volenté du Roy que de l'argent et finances de par deça seroient premierement paiez la despense de la Royne, les gens du Grant Conseil et dudit Parlement, et qu'il y avoit bien de quoy[1], et que le surplus d'icelles finances sera emploié ou paiement d'autres gaiges et autres charges au mieulx que faire se pourra. Oultre, disoit ledit president, entre autres choses, que ledit de Bedford lui avoit enjoint de leur dire que eulz et chascun d'eulz

1. En marge de ce paragraphe, dans le registre, se trouve un dessin à l'encre représentant une tirelire.

facent diligence et devoir en l'exercice de leurs offices, ainsi qu'il appartient et est acoustumé, et que, desormais, seront paiez de mois en mois, à commencier le paiement de ce qui leur est deu et escheu depuis le premier jour de janvier derrain passé, et ce qui est deu et escheu du mois de decembre sera mis ou paié avec les autres arrerages deubz et escheuz devant ledit mois de decembre sur les prouffis des admortissemens ou autrement. Oultre disoit que ledit de Bedford pour soy, desdictes finances de par deça, n'a retenu, ne veult retenir aucune chose, mais a voulu et veult tout estre emploié et distribué, comme dit est.

Conseil, XV (X^{1a} 1481), fol. 50 v°.

Mecredi, xx° jour de fevrier.

Vint et arriva à Paris le cardinal de Sainte-Croix [1], legat, envoié par deça pour traictier de l'apaisement

---

1. Nicolas Albergati, prieur des Chartreux de Florence, évêque de Bologne en 1417, légat du Saint-Siège en 1422, nommé, en 1426, par Martin V, cardinal de Sainte-Croix de Jérusalem, fut envoyé comme légat en France pour négocier la paix entre Charles VII et Henri VI, roi d'Angleterre; il réussit à conclure une trêve entre le dauphin de Vienne et le duc de Bourgogne, mais échoua dans le reste de sa mission et retourna au concile de Bâle; il devait reparaître en qualité de légat aux conférences de la paix d'Arras, 23 avril 1435 (voir Germain Lefèvre-Pontalis et Léon Dorez, *Chronique d'Antonio Morosini*, t. III, p. 344-346, 358-362 et notes; Monstrelet, édit. Douët d'Arcq, t. V, p. 26). Sa venue à Paris est signalée par le *Journal d'un bourgeois de Paris*, p. 28. Des lettres du duc de Bedford, du 31 mars 1432, insérées au registre des Ordonnances du Parlement (X^{1a} 8605, fol. 21 v°), firent connaître que la paix avait été offerte au roi de France, le 25 février, par l'intermédiaire du cardinal de Sainte-Croix, et à quelles conditions elle pouvait être signée.

des guerres et divisions de ce royalme. Et vint descendre en l'eglise de Paris, et aprez s'en ala logier en l'ostel Martin de Neauville[1], en la rue Saint-Anthoine, et ses gens et chevaulz es hostelleries et hostels voisins.

Conseil, XV (X^{1a} 1481), fol. 50 v°.

Venredi, xxij° jour de fevrier.

Maistre Jehan Rapiout, advocat[2], et maistre Guillaume Barthelemy[3], procureur du Roy, presens les presidens et conseilliers des deux Chambres de Parlement, ont dit en grant humilité et reverence en effect, comment, environ l'an mil cccc xxi, il pleust au Roy et aux gens de son Grant Conseil de les retenir, et furent retenus ledit Rapiout, advocat, et ledit Barthelemi, procureur general du Roy, chascun d'eulz à iiij° livres de gaiges par chascun an, et dès lors le Roy, pour les plus astraindre et pour les faire entendre et vaquer plus diligemment en ses causes et besoingnes, volt et ordena qu'ilz delaissassent et dès lors delaisserent tous autres gaiges, toutes autres pensions et pratiques, et, combien que depuis, en ensuiant et en obeissant à l'ordenance et au bon plaisir du Roy, ilz eussent, à telle charge et labeur et à telle diligence

---

1. Selon toute apparence, il s'agit de Martin de Neauville, drapier, compromis dans l'émeute cabochienne et banni en décembre 1413.

2. Jean Rapiout avait été reçu avocat du Roi, le 21 février 1422. Voir la note consacrée à ce personnage, t. II de notre *Journal*, p. 38.

3. Guillaume Barthélemy, avocat praticien au Châtelet, avait remplacé Gaucher Jayer à la même date. Voir *ibid.*, p. 39.

que la Court a peu veoir et considerer, exercé leurs
diz offices par l'espace de dix ans acomplis sans
prendre gaiges ou pensions d'autre que du Roy,
neantmoins on avoit delaissié de les paier leurs gaiges
dessusdis par si long temps que le Roy à chascun
d'eulz devoit d'arrerages de leurs diz gaiges xij^c frans
ou environ, et que, pour ce que sans paiement convenable ilz ne povoient bonnement plus avant servir et
soubstenir les charges de leurs offices, ilz avoient
pieça et par pluiseurs fois fait envers le Roy et les
segneurs de son sang et les gens de son Grant Conseil pluiseurs poursuictes et sommacions afin d'avoir
paiement et provision raisonnable, dont n'avoient aperceu aucun effect, ja soit ce que sur ce leur eussent esté
faictes responses en paroles assez gracieuses, et que
pour ce ilz et chascun d'eulz avoient deliberé de venir
et dire en la Court, et ont dit que par defaulte de
paiement et par neccessité qu'ilz ne pourroient bonnement et n'ont de quoy plus avant supporter lesdictes
charges et labeurs en l'exercice desdiz offices, et qu'ilz
s'en sont deschargiez et s'en deschargent, supplians
très humblement que la Court y face pourveoir et
advertir ceulz qu'il appartient pour y pourveoir au
bon plaisir du Roy et des segneurs de son Conseil, et
qu'il plaise à la Court de les tenir en ce pour excusez,
et leurs faultes, se faultes y a, vueille imputer à leur
simplesse, ignorance ou inadvertence plus que à dol
ou à mauvaistié qu'ilz ne cuident avoir fait ne vouldroient faire, et que la Court les vueille tousjours retenir en sa bonne grace et benivolence, ainsi qu'ilz ont
dit plus à plain, moult notablement et sagement en
grant humilité et reverence. Sur quoy a esté respondu

par ladicte Court, en effect, que ycelle Court a bien congneu et congnoist par experience leur grant souffisance et notables merites, et qu'ilz ont bien et grandement servy le Roy à grant diligence en l'exercice desdiz offices, et qu'ilz sont dignes et ont bien deservy d'estre bien paiez et bien remunerez, et seroit grant plaisir à la Court s'ilz estoient bien paiez, tellement qu'ilz peussent perseverer et continuer en l'exercice de leurs offices dessusdiz; mais en la Court n'estoit point de les paier ou faire paier, ainsi que ycelle Court desiroit et que raison estoit, et que, au paiement des gaiges desdis presidens et conseilliers, dont estoient deubz grans arrerages, ycelle Court n'avoit peu et ne povoit bonnement pourveoir, et que pour ce sembloit expedient à la Court, ausdis advocat et procureur de soy retraire devers les gens du Grant Conseil du Roy, exposer pareillement en effect ce que dit est, afin de obtenir par eulx sur ce provision convenable. Et, sur ce, se offry la Court pour eulx soy employer selon l'oportunité, ainsy que seroit advisé pour le miex au bon plaisir du Roy et des gens de son Conseil.

Conseil, XV (X^{1a} 1481), fol. 50 v°.

Jeudi, xxviij° jour de fevrier.

Maistre Guillaume Le Duc a esté receu president en la Chambre de Parlement et a fait le serement acoustumé.

Conseil, XV (X^{1a} 1481), fol. 51 v°.

Venredi, xxix° jour de fevrier.

Furent au Conseil m° Phelippe de Morvillier, m° Guillaume Le Duc, presidens, m° J. Braulart, m° J. Vivian, presidens en la Chambre des Enquestes ..., et les autres conseilliers de ceans et des Enquestes, à conseillier l'arrest d'entre les propriétaires des basses merceries, d'une part, et la communaulté des peletiers de Paris, d'autre part, veu le procès en la Chambre des Enquestes, *fuit conclusum in Camera Inquestarum.*

Mardi, xj° jour de mars.

Maistres Guillaume Le Duc, president, J. Vivian, G. Cotin et Phelippe de Nanterre, et les trois d'iceulz, conseilliers du Roy, ont esté commis en la cause d'entre les doien et chapitre de Chalon, d'une part, contre maistre Jehan Milet et les aians cause de feu messire Jehan d'Arsonval, evesque de Chalon.

Item, à conseillier l'arrest ou appointement sur la requeste des religieux, abbé et couvent de Saint-Denis contre le procureur du Roy, faicte en jugement et baillée par escript pour avoir delivrance de joyaulz et reliquaires estans ceans en depost, il sera dit que lesdiz reliquaires et joyaulz seront renduz et delivrez, et les delivre la Court ausdiz religieux, abbé et couvent, et demourra l'inventaire d'iceulz devers la Court, avec la quictance d'iceulz religieux, dont aura autant le procureur du Roy, se bon lui semble.

Conseil, XV (X^{1a} 1481), fol. 51 v°.

Samedi, xv° jour de mars.

Ont esté assemblez au Conseil, en la Chambre de Parlement, les presidens et conseilliers de ceans et des Enquestes pour occasion des causes et procès meuz et esperez à mouvoir ceans pour benefices qui ont vaqué depuis le temps d'une nouvelle alternative du temps du pape qui est à present, dont aucuns contendent ceans par vertu de la collation des ordinaires contre les impetrans apostoliques, et pour ce que le Roy n'a point accepté encores ladicte alternative, qui n'a point esté publiée, et n'a sur ce fait le Roy aucune ordenance, la Court a deliberé d'envoier et a envoié maistres Barthelemy Le Viste et de P. de Pilory, conseilliers du Roy, par devers le Chancelier, afin qu'il lui plaise soliciter et faire que en ce soit par ceulz et ainsi qu'il appartient deliberé et pourveu, sur quoy le Chancelier a respondu ausdiz Le Viste et Pilory que en la sepmaine prochaine avenir il fera sur ce que dit est assembler les gens du Conseil du Roy.

Ce jour, par l'ordenance du duc de Bedford et des gens du Grant Conseil du Roy, a esté publiée et apportée en la Chambre de Parlement une cedule contenant ce qui s'ensuit, *absque signo aut sigillo*.

Relacione facta per reverendissimum in Christo patrem cardinalem Sancte Crucis, quod adversarius domini nostri Francorum et Anglie regis nolebat pro convencione villam Cameracensem nec aliam quamcumque villam citra fluvium Secane acceptare, pro hujusmodi convencione Altissiodorensem aut Nivernensem eligendo, et in alteram earumdem villarum, si dictus dominus noster rex eam acceptare vellet, suos ambassiatores transmittere offerendo, dominus gubernans et regens regnum Francie, dux Bedfordie, qui cognoscit dictas villas Autissiodorensem et Nivernensem multum remotas et distantes a partibus dicto domino Regi subjectis et obedientibus, et quampluribus aliis de causis, notoriis et apertissimis, non fore propicias, tute accessibiles, nec fructuosas, pro convencione antedicta non vellet eas eligere nec acceptare, Quinymo pro tuto accessu et securitate ambassiatorum utriusque partis qui pro dicta convencione poterunt deputari, videtur eidem domino gubernanti et regenti quòd villa de Monsterolio in Fulcoyone, in obediencia dicti domini Regis existens, et villa Senonensis, seu villa de Brayo supra Secanam, quas possidet pars adversa, essent ad hoc propicie et oportune. Et multò magis, ut videtur ipsi domino gubernanti et regenti Francie, forent propter hoc condecentes et propicie villa de Corbolio, pro parte Regis, et villa de Meleduno, pro parte adversa, actenta villa de Braya Comitis Roberti propinqua satis et in equali distancia alterius dictarum villarum Meleduni et de Corbolio, in quaquidem villa de Braya Comitis Roberti dictus cardinalis, si sibi expediens videatur, et alium locum ad hoc magis propicium et utilem pro materia non prevideat, stare valebit pro ipsa convencione tenenda, prima die maii proxime venturi et recepcione ambassiatorum utriusque partis, dum tamen presens electio placeat regie Majestati, super quo se offert dictus dominus gubernans et regens ad dictam regiam Majestatem rescribere festinanter, indubitanter sperans quòd electio ipsa erit sibi grata et accepta, et sub spe hujusmodi poterit interim dictus dominus cardinalis ad partem adversam ad sciendum super hoc intencionem suam transmittere, si sibi expediens et fructuosum videatur[1].

Et in suprascripta cedula subscribebantur verba sequentia.

1. Malgré les objections soulevées par le duc de Bedford, ce fut la ville d'Auxerre, lieu de rendez-vous déjà convenu, qui fut désignée — sans effet d'ailleurs — pour siège de la conférence qui devait s'ouvrir le 8 juillet, afin de traiter de la paix générale du royaume (*Morosini*, t. III, p. 362, n. 2 et 4). Dans une lettre du duc de Bourgogne du 8 mai 1432, il est fait allusion à la correspondance échangée à ce sujet entre le cardinal de Sainte-Croix et le duc de Bedford. Voir Dom Plancher, *Histoire de Bourgogne*, t. IV, p. cxxiii.

Ista responsio facta fuit per dominum gubernantem et regentem regnum Francie, ducem Bedfordie, dicto domino cardinali, Parisius, in Sacra Capella Palacii regalis, die xxv⁽ᵗᵃ⁾ februarii, anno Domini millesimo quadringentesimo tricesimo primo.

Conseil, XV (X¹ᵃ 1481), fol. 52.

Mardi, xviij⁰ jour de mars.

La Court, en ensuiant son arrest, donné le premier jour de ce mois entre les doien et chapitre de l'eglise de Chalon, demandeurs, d'une part, et maistre Jehan Milet, executeur, et maistre Jaques Touillart, surrogué au fait de l'execucion du testament de feu messire Jehan d'Arsonval, jadis evesque de Chalon, defendeurs, d'autre part, a commis et commet maistre Guillaume Le Duc, president, en l'absence de maistre Richart de Chancey, president, absent de Paris[1], et ou lieu de feu maistre Gauchier Jayer, maistres Jehan Vivian et Phelippe de Nanterre, conseilliers du Roy, pour proceder eulz trois ou les deux d'iceulz avec maistre Guillaume Cotin, commissaire en ceste partie, selon la forme et teneur dudit arrest.

Ce jour, maistre Nicole Lamy[2], licencié en theolo-

1. Richard de Chancey (et non Chaucey, comme ce nom se trouve orthographié précédemment) figure parmi les plénipotentiaires bourguignons, désignés, le 8 mai, par Philippe le Bon, à l'effet de prendre part aux conférences qui devaient s'ouvrir le 8 juillet à Auxerre pour traiter de la paix générale du royaume de France (Dom Plancher, *Histoire de Bourgogne*, t. IV, p. cxxiii). Un mandement de Henri VI, roi d'Angleterre, déclare que Richard de Chancey était chargé d'une mission spéciale auprès du parlement de Dôle (X¹ᵃ 8605, fol. 21).

2. Nicolas Lami, humaniste distingué, recteur de l'Université de Paris en décembre 1426 et octobre 1429, fut envoyé

gie, apporta et presenta à la Court lettres de credence de par le saint concil general assemblé en la ville de Basle. Et pour exposer sa creance prit son theume : *Ecclesiastici, tertio*[1]. *Dedecus filii, pater sine honore;* et a appliqué son theume à la matière que avoit ceans declairié, le xj° jour de fevrier derrain passé, maistre Pierre Boivin, maistre en theologie, ambassadeur dudit concil, en remonstrant la grant utilité et neccessité urgent d'entretenir ledit concil, et, au contraire, les grans maulx, esclandes et inconveniens irreparables ou detriment de la foy crestienne, à la très grant honte et infamie du Pape, se, soubz umbre d'une bulle surreptice[2], mal advertie nagaires par sugestion dyabolique, emanée du pape Eugene, ledit saint concil estoit dissipé, interrumpu et dissolu. Et en pourroit le Pape encourir infamie et deserviroit d'estre privé de tout honneur, qui redonderoit ou deshonneur, *et in dedecus filiorum Ecclesie*. Et a, entre autres choses, remonstré les causes principales que entend traictier et poursuir ledit concil, c'est assavoir : pour remedier et pour-

par cette Université au concile de Bâle où il remplit l'office de promoteur. M. J. Quicherat, dans son *Procès de Jeanne d'Arc*, t. IV, p. 504, a recueilli le témoignage peu favorable pour la Pucelle exprimé par ce théologien, qui la considérait comme une magicienne; on voit, par un procès qu'il soutint contre l'abbé de Sainte-Geneviève, qu'il exerça les fonctions d'examinateur pour les candidats aux grades universitaires dans la nation de Picardie (voir H. Denifle, *Chartularium Universitatis Parisiensis*, t. IV, p. 472).

1. Ce thème est emprunté au livre 3 de l'*Ecclésiastique*, vers. 13, qui dit : *Gloria enim hominis ex honore patris, et dedecus filii, pater sine honore.*

2. Il s'agit de la bulle *quoniam alto*, du 18 décembre 1431 (voir Hefelé, *Histoire des conciles*, t. XI, p. 191).

veoir à la notoire dampnable entreprise des Boemiens et de leurs adherens, et pour extirper leurs heresies qui pullullent en plusieurs regions de la crestienté ; *item*, pour reformer les meurs du clergié et gens ecclesiastiques ; et aussi pour entendre à l'apaisement des princes crestiens. En oultre, a remonstré comment, oudit lieu de Basle, sont desjà assemblez grant nombre de prelas, des gens d'eglises, ambassadeurs de pluiseurs princes de divers royaulmes crestiens, et pluiseurs autres y sont mandez que on y attend de jour en jour. Et a dit et declairié l'evesque[1] qui a apporté ladicte bulle pour publier audit lieu de Basle, quant il a veue la grant et notable assemblée qui desjà estoit oudit saint concil, que le Pape avoit esté deceu et que on lui avoit rapporté qu'il n'y avoit que ung pou ou neant de gens oudit concil, et ne savoit mie bien l'estat de la notable et grant assemblée qui y estoit. Et pour ce avoit dit et disoit ycellui evesque qu'il cuideroit faire sacrifice au dyable, s'il publioit ladicte bulle de la dissolucion dudit saint concil general. En oultre, a remonstré ledit proposant, entre autres choses, l'orgueilleuse, heretique et dampnable entreprise desdis Boemiens et de leurs adherens qui par puissance d'armes ont reduit et reduisent continuelment à leur aliance princes, villes, cités et communaultés, et ceulx qui se demonstrent à eulx desobeissans et ne veullent assister à leur dampnable heretique entreprise, ilz les destruisent ; et se sont depuis nagaires eslevez en plus hault orgueil et en plus

---

1. Daniel de Rampi, évêque de Parenzo (près de Trieste), nonce pontifical.

grant pertinacité, parce que, devant eulz, ont tourné le dos aucuns princes, nobles, et autres gens armés des Alemaignes, jusques au nombre de cent mil, qui ne les ont ozé attendre ne combatre, qui n'estoient mie plus de cinquante mil *in duplo minori numero*. Et que depuis pluiseurs villes et cités se sont aliéez ou apatissées ou composées avec eulz. Et seroit toute esperance faillie, se ledit saint concil estoit dissipé. Disoit, oultre, que le frere du roy de Pouloingne[1], qui s'estoit avec eulz alyé pour faire guerre et resister à son frere, s'estoit soubmiz et le Roy pareillement à l'ordenance dudit saint concil. Et pour ces causes et autres, plus à plain notablement dites et declairées par ledit maistre Nicole Lamy, requeroit, exhortoit et admonestoit la Court, presidens et conseilliers, comme vrais crestiens et filz de l'Eglise, de soy employer en ceste matiere à leurs povoirs, en l'onneur de Dieu, à l'entretenement dudit saint concil, et de faire soliciter le Roy et les prelas et ceulz qu'il appartendra, selon l'oportunité que verront, afin qu'ilz envoient audit saint concil et tiengnent la main de leur povoir à ce qu'il ne soit ainsi par sugestions dyaboliques interrompu ou dissolu. Oultre disoit, que s'il plaisoit à la Court de envoier aucuns ses ambassadeurs oudit concil, que ce pourroit estre grant bien et pourroit moult prouffiter, et feroit grant plaisir à ceulz qui sont et seront assemblez oudit saint concil general, ainsi que a dit plus à plain ledit maistre Nicole. Auquel la Court, après les regraciations et congratulacions en telz cas acoustumées, a dit et respondu qu'elle, de son povoir

1. Ladislas, de la dynastie des Jagellons, deuxième du nom.

très volentiers et de bon cuer, se emploiera à ce que dit est, et que, pour plus particulierement et plainement deliberer, se rassemblera sur ce; et *interim* communiqueront de ceste matiere avec aucuns du Grant Conseil du Roy, qui a eu de ceste matiere semblables lettres de par ledit saint concil. Et y fera tousjours ycelle Court le miex que pourra à l'onneur de Dieu et de la Sainte Eglise.

Conseil, XV (X¹ᵃ 1481), fol. 52 v°.

Samedi, xxij° jour de mars.

A conseillier l'arrest d'entre les chappellains de la communaulté et clers de matines de l'eglise de Paris, demandeurs, d'une part, et l'evesque de Paris, defendeur, sur le plaidoié.

Il sera dit que la Court a moderé et modere les arrerages desdis iij° grans pains blans, dont chascun pain doit peser xxxiiij onces cuit, desdictes vj° quartes de vin et desdictes lx livres parisis de rente demandez par lesdiz demandeurs audit defendeur et escheuz jusques à present, c'est assavoir : lesdis iij° pains à ij° pains, lesdictes vj° quartes à iiij° quartes, lesdictes lx livres à xl livres parisis pour chascun an; et taxe la Court et aprecie chascun desdiz ij° pains par an à v deniers, et chascune desdictes iiij° quartes de vin par an à dix deniers parisis. Et pour le temps avenir de cy en avant jusques à ce que autrement par la Court en soit ordené, paiera ledit evesque par maniere de recreance selon l'arrest de ceans ausdis demandeurs iiij° pains, chascun pain pesant xviiij onces cuit seulement, et iiij° quartes de vin bon et souffisant, ainsi que declarié est oudit arrest, et xl livres par chascun an aux termes et par les porcions qui s'ensuivent, c'est assavoir, au jour ou terme de Noël cent pains et cent et cinquante quartes de vin, au jour de la Purification Nostre-Dame cinquante pains et cinquante quartes de vin et xl livres parisis en argent comptant, au jour de Pasques cent pains et cent et cinquante quartes de vin, et au jour de l'Assumpcion Nostre-Dame l pains et l quartes de vin. Et pour lesdictes sommes et quantités ainsi moderées et taxées que dessus est dit, sera baillée ausdis demandeurs executoire precise dudit arrest contre ledit evesque et sans prejudice d'icellui arrest et du procès desdictes parties, et aussi sans despens de ceste instance et pour cause[1].

Item, à conseillier l'arrest d'entre les parens et amis de feu maistre Geoffroy Clouet[2] à l'encontre du procureur du Roy et de l'evesque de Paris, sur le plaidoié du penultime jour de fevrier mil cccc xxx, veue l'informacion et joincte au procès :

Il sera dit que le corps dudit feu Clouet sera rendu à l'evesque de Paris, à cause de sadicte juridiction ecclesiastique, pour en faire ce qu'il appartendra.

Conseil, XV (X¹ª 1481), fol. 53 rº.

Mecredi, xxvj° jour de mars.

Le duc de Bedford, le chancelier de France, les deux presidens de ceans, c'est assavoir, messire Phelippe de Morvillier, mᵉ J. Le Duc et autres du Grant Conseil du Roy partirent de Paris pour aler par eaue

1. En marge, le greffier a mis cette note : *Ista conclusio ex ordinacione Curie corrigitur, ut in registro, Vⁿ die aprilis.*
2. Aux plaidoiries, Geoffroy Clouet se trouve dénommé Thoet (voir à la date du 27 fevrier 1436).

en la ville de Corbueil et pour assembler et conferer en ycelle ville avec le cardinal de Sainte-Crois sur la matiere dont cy dessus est faicte mention en une cedule, enregistrée ou registre du xv° jour de ce mois.

Et lendemain, retournerent à Paris les dessus nommez du Conseil du Roy.

Conseil, XV (X¹ᵃ 1481), fol. 53 v°.

Samedi, v° jour d'avril.

Furent assemblez en la Chambre de Parlement les presidens et conseilliers des Enquestes avec ceulz de ceans pour avoir advis et deliberacion ensemble sur la poursuite du paiement de leurs gaiges, dont n'avoient eu paiement que d'un mois de ce Parlement. Et pour ce que depuis viij jours aucuns des conseilliers de ceans, par l'ordenance de la Court, avoient poursuy messire Jehan de Precy, tresorier, et n'avoient obtenu quelque provision, pour ce que le duc de Bedford lui avoit fait defense, si comme il disoit, de non baillier descharges ou faire distribuer finances à quelques personnes, s'il n'avoit son signet, a esté aujourd'uy conclu par la Court d'envoier maistres Phelippe Le Begue, Henry de Bievre et J. de Voton par devers le Chancelier, et aprez par devers le duc de Bedford, regent et gouvernant, afin d'avoir paiement desdis gaiges.

Item, à conseillier l'arrest dessusdit d'entre les chappellains et clers de matines de l'eglise de Paris, demandeurs, d'une part, et l'evesque de Paris, defendeur, d'aultre part, sur le plaidoié :

Il sera dit que la Court a moderé et modere les arrerages du temps passé desdiz iij^c grans pains blans, dont chascun pain doit peser xxxxiij onces cuyt, et desdictes vj^c quartes de vin et desdictes lx livres parisis de rente escheuz jusques à present, à la somme de ix^{xx} ix livres vij s. ij d. parisis. Et pour le temps avenir, par maniere de provision, jusques à ce que autrement en soit ordené par ladicte Court, paiera ledit evesque par maniere de recreance selon l'arrest de ceans ausdis demandeurs iij^c pains, chascun pain pesant xxiiij onces cuit seulement, et iiij^c quartes de vin bon et souffisant, ainsi que declarié est oudit arrest, et xl livres parisis chascun an aux termes et par les porcions qui s'ensuivent, c'est assavoir : au jour de Noël cent pains et cent cinquante quartes de vin; au jour de la Purification Nostre-Dame l pains et l quartes de vin et xl livres parisis en argent comptant; au jour de Pasques cent pains et cent et l quartes de vin ; au jour de l'Assumpcion Nostre-Dame l pains et l quartes de vin. Et pour lesdictes sommes et quantités ainsi moderées et taxées que dessus est dit sera baillée ausdiz demandeurs executoire precise dudit arrest contre ledit evesque, sans prejudice d'icellui arrest et desdictes parties et aussi sans despens de ceste instance, et pour cause. Et ce pendant pourra ledit evesque informer la Court, *vocatis vocandis*, de la diminucion de la revenue de sondit eveschié, et lesdiz chappellains et clers de matines de ce qu'ilz ont proposé au contraire, se bon leur semble, afin que ce fait et rapporté par devers la Court, la Court puist faire plus ample ou maindre provision, ainsi qu'il appartendra par raison. *Attende quod hec conclusio ex ordinacione Curie hic fuit registrata alio modo quàm supra, in registro xxij diei marcii*[1].

Conseil, XV (X^{1a} 1481), fol. 54 r°.

Lundi, vij° jour d'avril.

Furent assemblez au Conseil, en la Chambre de Parlement, les presidens et conseilliers d'icelle Chambre et de la Chambre des Enquestes pour deliberer sur ce qui avoit esté proposé et requis ceans par maistre Johan Boivin, le xj° jour de fevrier, et maistre Nicole Lamy, le xviij° jour de mars derrain passé, de par le saint concil assemblé en la ville de Basle, ainsi que contenu est ou registre cy dessus desdis jours. Sur quoy a esté conclu que la Court envoiera devers le duc de Bedford, regent et gouvernant, afin que de son povoir il lui plaise soy emploier à l'entretenement dudit saint concil et faire tant que de par le Roy y soient envoiez ambassadeurs, et aussi qu'il lui plaise d'en rescripre aux princes et aux prelas, ainsi que bon lui semblera. Et, ce jour, furent envoiez de par la Court devers ledit de Bedford, pour lui parler de ce que dit est, maistres Phelippe Le Besgue, Symon de Plumetot et J. de Voton, conseilliers du Roy.

Conseil, XV (X^{1a} 1481), fol. 54 v°.

Samedi, xij° jour d'avril.

Ont esté assemblez en la Chambre de Parlement les presidens et conseilliers d'icellui Parlement pour avoir advis ensemble sur la poursuite du paiement de leurs gaiges, dont estoient deubz grans arrerages des Parle-

---

1. Cette mention à la fin de l'arrêt est du greffier.

mens derrain passés et aussi de cest present Parlement, dont n'avoient eu paiement que d'un mois seulement, et toutesvoies le Roy, au commencement de cedit present Parlement, et depuis le duc de Bedford, regent et gouvernant, avoient dit et fait dire que les gaiges de la Court seroient paiez sans nulle faulte de mois en mois. Pour quoy ont conclu lesdis presidens et conseilliers de dire, et depuis ont fait dire audit de Bedford, regent, que le Roy, estant au Palais, fist dire et promettre à la Court que on paieroit lesdis gaiges de mois en mois et que semblablement l'avoit promis ledit de Bedford depuis sa regence, et neantmoins on n'avoit depuis fait paiement que d'un mois.

Et, oultre, sera dit et signifié audit de Bedford, regent et gouvernant, que se dedens mardi prochain la Court n'a paiement d'un autre mois et seurté d'estre paiée desormais de mois en mois, elle cessera du tout, et ne venront point ceans mecredi ne les jours ensuians. Et, assez tost aprez ceste conclusion, alerent aucuns conseilliers de ceans de par la Court par devers sire Jehan de Precy, tresorier, qui leur dit qu'il n'y avoit mie argent prest pour faire promptement ledit paiement d'un mois; mais il tenoit que dedens Pasques on paieroit bien les gaiges d'un mois. Et pour ce, oye la relacion desdiz conseilliers, la conclusion de cesser le mecredi dessusdit fust suspendue jusques au venredi ensuiant.

Et, neantmoins, retournerent en la Court lesdis presidens et conseilliers en ycellui venredi, le samedi et le lundi ensuians, pour besoingner comme par avant, en esperance d'avoir paiement du mois, dont riens ne fust paié, combien que ladicte conclusion eust esté signifiée de par la Court par aucuns des conseilliers audit de Bedford, regent, au Chancelier et audit tresorier.

Et pour ce rassemblerent, le mardi ensuiant, xv° jour de ce mois, les presidens et conseilliers des trois Chambres de Parlement pour adviser sur leurdit paiement. Et, finablement, conclurent que lendemain ne seroient point pronunciez les arrestz bailliez au premier president pour visiter et pronuncier, se ledit paiement n'estoit paravant fait, et que, le jeudi d'après Pasques et jours ensuians, ilz retourneront ceans pour deliberer plus plainement et prendre conclusion fermée sur ceste matiere.

Conseil, XV (X¹ᵃ 1481), fol. 54 vº.

Dimenche, xx° jour d'avril.

Furent Pasques de l'an M CCCC XXXII. *Mutacio anni M cccc xxxij.*

Jeudi, xxiiij° jour d'avril.

Furent assemblez ceans les presidens et conseilliers des trois Chambres de Parlement pour adviser et deliberer sur le paiement de leurs gaiges, dont leur estoient deubz grans arrerages, comme dit est cy [dessus] ou registre du xij° jour de ce mois et des jours precedens. En la presence desquelz messire Phelippe de Morvillier, premier president, dist et rapporta que, le jour precedent, il avoit parlé au duc de Bedford, regent et gouvernant, dudit paiement et qu'il lui avoit respondu qu'il avoit ordonné et vouloit que des finances de France feust fait paiement de la despense de la Royne, des gaiges des gens du Grant Conseil et de la Court de Parlement. Pour quoy la Court fist venir en la Chambre de Parlement sire Jehan de Precy, tresorier, pour luy dire ce que dit est et pour savoir quelle ordenance et quelle provision estoit faicte sur le paiement desdis gaiges, et s'il avoit argent pour les paier. Et, en effect, ledit tresorier respondi que le duc de Bedford ordonnoit et disoit ainsi qu'il lui plaisoit de la distribucion des finances, et aprez en faisoit autrement; et que ycellui tresorier n'avoit de quoy faire paier lesdis gaiges et ne veoit point que, à tenir les manieres que on tenoit, lesdis gaiges de la Court peussent estre paiez de mois en mois, ainsi que dit est et ordonné avoit esté par cy devant; mais disoit qu'il bailleroit bien assignacion du paiement d'un mois sur Alphons Le Mire, receveur des aides à Amiens, lequel receveur, estant en ladicte Chambre de Parlement, offroit de soy obligier à paier la Court d'un mois dedens le xv° jour de may prochain venant.

Mais, pour ce que, par l'assignacion et l'obligacion dessusdictes, n'estoit mie convenablement ne seurement pourveu au paiement de la Court, veues les manieres que on tenoit en la distribucion desdictes finances, la Court a deliberé et conclu d'envoier et envoia incontinent par devers ledit regent maistres J. de Voton, m° G. Le Breton, m° Phelippe Le Begue, m° Sy. de Plumetot, m° Lucian du Croquet, m° E. Gherbode pour le regracier de la response par lui faicte audit premier president, et de l'affection qu'il a à la Court, en lui suppliant qu'il veulle mettre à effect ses paroles et sadicte responce, autrement que on ne pourroit entretenir ne continuer ladicte Court, et qu'ilz cesseroient et ne serviroient plus.

Et, ce jour, les dessus nommez parlerent et dirent au regent la deliberacion dessusdicte, à quoy ledit regent respondi, en effect, qu'il y pourverroit et y feroit le miex qu'il porroit.

Conseil, XV (X¹ᵃ 1481), fol. 55.

Venredi, xxvᵉ jour d'avril.

Furent au Conseil les presidens et conseilliers des trois Chambres pour avoir advis et deliberacion sur la poursuite du paiement de leurs gaiges, oye la relacion de maistre Jehan de Voton et les autres conseilliers de ceans qui alerent hier devers le duc de Bedford, ainsi que contenu est ou registre du jour precedent. Et, pour deliberer plus seurement et plus certainement, ont envoié maistre Jehan de l'Espine, greffier criminel, par devers sire Jehan de Precy, tresorier, pour savoir se depuis hier avoit esté autrement pourveu audit paiement; qui a respondu audit de l'Espine que non, et que s'il plaisoit à la Court, il viendroit demain en la Chambre de Parlement pour parler à eulz, ainsi que a rapporté ledit de l'Espine. Et oye sa relacion, ont conclu de faire demain venir ledit de Precy en ladicte Chambre de Parlement pour oïr ce qu'il vouldra dire.

Et lendemain, vindrent en la Chambre de Parlement ledit tresorier et le receveur d'Amiens, qui dirent qu'ilz n'avoient point d'argent prest à Paris, mais que dedens le xvᵉ jour de may ilz en auroient pour paier les gaiges du mois de fevrier; et ce pendant ledit tresorier offroit de prester et emploier ou paiement des plus indigens la somme de cent salus qu'il avoit par devers lui; laquelle response et offre ne fu point acceptée par la Court.

Conseil, XV (X¹ⁿ 1481), fol. 55 v°.

Samedi, iij° jour de may.

Ce jour, messire Jehan de Villiers, chevalier, segneur de l'Isle-Adam, a presenté en la Chambre de Parlement ses lettres de l'office de mareschal de France et a fait le serement acoustumé[1].

Et le lundi, v° jour, furent lesdictes lettres publiées en la Court à l'eure des plaidoieries.

Conseil, XV (X¹ⁿ 1481), fol. 55 v°.

Mecredy, vij° jour de may.

Furent au Conseil les presidens et conseilliers de ceans et des Enquestes à conseillier l'arrest d'entre messire Simon Morhier, chevalier, d'une part, et le procureur du Roy, d'autre part, sur le plaidoié du lundi xxviij° jour de avril derrain passé :

Il sera dit que ledit de Marigny s'obligera devant deux notaires de Chastellet de paier au Roy vjˣˣ livres parisis pour l'amende des erreurs proposez par ledit messire Simon Morhier, chevalier, prevost de Paris, contre certain arrest de ceans donné entre lui et Jehan Spifame, ou cas qu'il sera trouvé non avoir erreur oudit arrest, et mettera ledit de Marigny devers la Court.

Lundi, xij° jour de may.

Ce jour, maistres Phelippe Le Begue et J. Bodeaux,

---

1. Jean de Villiers, seigneur de l'Isle-Adam, promu maré-

conseilliers du Roy, alerent de par la Court devers sire Jehan de Precy, tresorier, afin qu'il voulsist pourveoir au paiement des gaiges du mois de mars derrain passé. Et pour ce que par la response dudit de Precy n'estoit esperance ne apparence d'avoir prochain paiement, la Court ordonna que les dessus-dis Le Begue et Bodeaux retourneroient lendemain devers ledit de Precy.

Conseil, XV (X^{1a} 1481), fol. 56 r°.

Samedi, vij° jour de juing.

La Court acompaigna les processions de la Sainte-Chappelle à l'eglise de Sainte-Katherine pour prier Dieu pour le salut et prosperité du royalme et de la ville de Paris.

Venredi, xx° jour de juing.

Furent au Conseil messire Phelippe de Morvillier, premier president...[1]. A conseillier l'arrest d'entre les affineurs et departeurs d'or et d'argent de la ville de Paris, d'une part, et le procureur du Roy, d'autre part, sur le plaidoié du xxviij° jour d'avril mil CCCC XXXII : *Vide infra, vij° julii.*

Il sera dit que l'arrest ou ordenance de la Court de ceans de affiner à la Monnoie du Roy et non ailleurs tendra, et, en cas de neccessité que l'affinoire du Roy seroit empeschée pour le fait du Roy ou autrement, les generaulz maistres des Monnoies y pourront pourveoir en gardant au surplus le contenu oudit arrest,

---

chal de France en 1418, avait été dépossédé de sa charge après son arrestation en 1421 (voir t. II de notre *Journal*, p. 17-18).

1. Suivent les noms de treize conseillers.

c'est assavoir que à affiner ait ung homme tousjours present de par le Roy, selon ledit arrest.

Venredi, xxvij° jour de juing.

Furent au Conseil les dessus nommez de ceans.

Item, à conseillier l'arrest d'entre Thomas Overton, prisonnier, d'une part, et messire Jehan Fastolf, chevalier, d'autre part, sur le plaidoié du xxiij° jour de juing mil CCCC XXXII :

Il sera dit que ledit Overton sera eslargi et l'eslargist la Court par la ville de Paris jusques à ce que autrement en sera ordené, à la caucion de lui mesme et de ses biens quelconques et sur peinne de perdre sa cause et d'estre banny des royaumes de France et d'Angleterre, et si lui interdit ladicte Court l'alienacion de ses immeubles jusques à ce que autrement en soit ordené.

Et *attende* que Overton a promis tenir ce present appoinctement et non venir à l'encontre et obeir à la Court[1].

Conseil, XV (X¹ᵃ 1481), fol. 57 r°.

Samedi, xij° jour de juillet.

Furent au Conseil m° Phelippe de Morvillier, president...[2].

A conseillier l'arrest d'entre Jehan de Lintelles, appellant des gens des Comptes, d'une part, et le

---

1. D'après les plaidoiries du 23 juin, Thomas Overton, écuyer, avait exercé l'office de receveur général pour le compte de Jean Fastolf, mais s'était refusé à rendre les comptes et papiers de sa gestion, qu'il avait emportés à Falaise ; il était redevable, paraît-il, de plus de 20,000 francs (X¹ᵃ 4798, fol. 1).

2. Suivent les noms de treize conseillers.

procureur du Roy, intimé, d'autre part, sur le plaidoié du v° jour de fevrier mil cccc xxxi :

Il sera dit que la Court met au neant, sans amende, ladicte appellacion et ce dont a esté appellé, et yra ledit de Lintelles, dedens le premier jour de septembre prochainement venant, rendre son compte par devant lesdictes gens des Comptes, et sera contraint à ce faire par prinse de corps et de biens, et pour ses desobeissances la Court le condempne en xx livres parisis d'amende envers le Roy.

Cy dessus a esté obmis par faulte de parchemin le registre de l'arrest d'entre maistre Simon Alegrin, appellant, d'une part, et Guillaume Le Muet, changeur du Tresor, intimé, d'autre part.

Venredi, xviij° jour de jullet.

M° Phelippe de Morvillier, premier president, et aucuns autres des conseilliers de ceans alerent en la Chambre du Conseil leiz la Chambre des Comptes pour conseillier et jugier l'arrest d'entre Thomas Orleant, appellant des gens des Comptes, d'une part, et Jehan du Croix, Guillaume Cename et autres marchans de Paris, d'autre part, et veu le procès par l'evesque de Noion, president es Comptes, et ledit de Morvillier, m° G. Perriere, m° G. Le Breton, m° G. Cotin, m° Phelippe Le Begue, Sy. de Plumetot, m° E. des Portes, conseilliers du Roy en Parlement, m° Marc de Foras, m° de Laillier, m° Giles Veau, Jehan Guerin, maistres desdis Comptes, a esté conclu, *ut sequitur* :

Conclu a esté que lesdiz du Croix, Cename et leurs consors feront adjorner à jour competent par devant lesdiz segneurs Michiel Tibert et Marcel Testard, eschevins de Paris[1], en novembre mil CCCC XVIII, et aussi la vefve, heritiers ou aians cause de feu Noël Marchant, lors prevost des marchans de ladicte ville de Paris[2], la vefve, heritiers ou aians cause de feu Pierre Le Voier, lors eschevin de la ville de Paris, les aians cause de Robert Louvet, aussi lors clerc de la marchandise de Paris[3], pour debatre, se bon leur semble, la closture du compte dudit Thomas Orlant ou regard de la somme de vj^c x livres tournois deue ausdiz du Croix et ses consors à cause de prest et dont ilz l'ont demande, et se sont opposez à ladicte closture de compte ou autrement, et faire et dire en oultre ce que vouldront et que raison donra, et parties oyes et joint ce que dit et fait sera, sera fait droit sur ycellui procès, tant en la cause d'appel dudit Thomas que ou regard desdiz marchans, ainsi qu'il appartendra.

Conseil, XV (X^{1a} 1481), fol. 58 v°.

Venredi, viij° jour d'aoust.

Furent assemblez en la Chambre de Parlement les presidens et conseilliers de ceans et des Enquestes pour deliberer sur le contenu en une requeste baillée

---

1. Michel Thibert, boucher, place aux Veaux, Marcellet Testard, qui devint trésorier d'Isabeau de Bavière, Jean Louviers, le jeune, ancien échevin, et Pierre Le Voyer avaient remplacé, le 10 juin 1418, Étienne de Bonpuits, Jean Dupré, Henri Mauloué et Simon Taranne, en fuite. Marcel Testard rentra dans l'échevinage le 30 juillet 1430.

2. Noël Marchand avait succédé, le 6 juin, à Guillaume Cirasse, mais ne resta pas longtemps en fonctions; le 26 décembre 1420, il fut procédé à l'élection de son successeur, Noël Marchand étant décédé depuis peu, est-il dit.

3. Robert Louvet fut dépossédé de son office par les Anglais

ceans par escript de par Robin du Coste, dit Costion, demourant à Evreux, et Guillaume de la Mare, dudit lieu d'Evreux, sur ce qu'ilz disoient que de leur consentement, oy le procureur du Roy, la Court avoit receu certain accord fait entre ledit du Coste, d'une part, et ledit de la Mare, d'autre part, à cause de l'une des sergenteries dudit lieu d'Evreux, selon le contenu en la cedule baillée par lesdictes parties, dont lettre avoit esté faicte et signée de par la Court en la forme et maniere acoustumée; laquelle lettre le Chancelier avoit refusé de seeller soubz umbre de ce que on disoit qu'il avoit par avant refusé de seeller le congié d'accorder en ceste matiere, et pour ce requeroient lesdis de la Mare et Costion que la Court leur voulsist sur ce pourveoir. Et combien que la Court ait bien acoustumé et ait auctorité de donner licence et congié d'accorder, selon la forme et teneur usitée notoirement et enregistrée ceans, et de ce donner et octroier ses lettres en forme de placet, etc., et puist ycelle Court adnuller appellations et procès sans amende, et ne soit en riens subgete au Chancelier ne à autre justice, neantmoins, pour entretenir paix et concorde en ce mal temps de guerre, a esté conclu par lesdis presidens et conseilliers d'envoier par devers ledit Chancelier maistres Jaques Branlart, president esdictes Enquestes, et J. de Voton, conseillier du Roy, pour lui remonstrer gracieusement ce que dit est, et comment la Court, par bonne deliberacion et pour justes et raisonnables causes, oy le procureur du Roy, veue

et ne redevint clerc de la marchandise qu'après leur expulsion; on le trouve mentionné en cette qualité en 1441 (cf. Longnon, *Paris pendant la domination anglaise*, p. 22).

la nature du procès, avoit receu ledit accord, afin qu'il le face seeller et expedier, comme raison est.

Conseil, XV (X¹ª 1481), fol. 59 v°.

Lundi, xj° jour d'aoust.

Hac die, celebratur in ecclesia Parisiensi solempnitas Susceptionis sancte ac preciose corone Domini.

Matinées, XV (X¹ª 4797), fol. 24 v°.

Mardi, xix° jour d'aoust.

Le duc de Bedford, regent, qui avoit tenu siege de gens d'armes devant la ville de Laigny par l'espace de trois mois ou environ, leva sondit siege et retourna à Paris [1].

Mecredi, xxvij° jour d'aoust.

Furent au Conseil m° Phelippe, segneur de Morvillier, president...[2].

A conseillier l'arrest ou appoinctement d'entre les proprietaires des basses merceries es Hales de Paris, d'une part, et les peletiers de Paris, oye la relacion des commissaires à executer l'arrest nagaires pronuncié et donné entre lesdictes parties :

Il sera dit que tous les peletiers qui s'entremettent

---

1. Clément de Fauquembergue est très sobre de détails sur la levée du siège de Lagny; la brève mention qu'il lui a consacrée a été reproduite en note au bas du passage du *Journal d'un bourgeois de Paris*, p. 286, où cet événement est longuement raconté; les Anglais, paraît-il, se retirèrent avec une telle précipitation « qu'ils laissèrent leurs canons et leurs viandes toutes prestes à manger et grant foison de queues de vin ».

2. Suivent les noms de quinze conseillers.

de fait de marchandise de peleterie à Paris, et qui par ledit arrest sont tenus d'aler exposer en vente esdictes basses merceries leurs denrées au jour de samedi, getteront au lotz de nouvel, bien et deument et sans fraude, pour le paiement du terme de saint Jehan derrain passé et aussi pour le terme de Noël prochain venant, et de lors en avant deux fois l'an, selon la teneur dudit arrest. Et oultre ladicte Court ordonne par maniere de provision et jusques à ce que par elle en soit autrement ordené que lesdis peletiers marchans ne pourront estre plus de trois à ung desdiz estaulz desdictes basses merceries, et qui vouldra estre en maindre nombre à ung chascun d'iceulz estaulz, estre y pourra en paiant le taux ordené par ledit arrest.

Conseil, XV (X^{1a} 1481), fol. 60 r°.

Mardi, second jour de septembre.

Ce jour, maistres Phelippe Le Begue et Jehan de Voton, conseilliers du Roy, en continuant la poursuite qu'ilz avoient fait par pluiseurs journées de par la Court devers le duc de Bedford, regent, pour avoir paiement des gaiges d'icelle Court pour cest present Parlement, dont on n'avoit fait paiement que pour trois mois, retournerent derechief devers ledit regent qui estoit en l'ostel des Tournelles, ou jardin devant le colombier, et parlerent à lui à bon loisir, en lui remonstrant entre autres choses les promesses du Roy et de lui sur ledit paiement qui n'avoient mie esté acomplies, requerans provision de paiement. A quoy ledit de Bedford fit response comme par avant qu'il y feroit pourveoir.

Mecredi, troizieme jour de septembre.

Furent au Conseil les presidens et conseilliers lays de Parlement pour conseillier l'arrest d'entre maistre Guillaume Cornays et sa femme, demandeurs, d'une part, et Jehan Le Mareschal et sa femme, defendeurs, *ut in registro magistri Johannis de Spina, grapherii criminalis.* Et survindrent audit Conseil maistre Thomas Fassier, maistre des Requestes de l'Ostel, messire Simon Morhier, prevost de Paris, maistre Jehan Larchier, son lieutenant criminel, pour avoir advis et deliberacion sur le contenu en certaines informacions touchans l'abesse et aucunes des religieuses de Saint-Anthoine et autres, que on disoit estre consentans et coulpables d'aucunes conspiracions contre la ville de Paris[1]. Et, ce jour, ladicte abbesse fu prise et mise de fait hors de la franchise de son eglise et amenée au Chastellet de Paris prisonniere par ledit prevost, sondit lieutenant, et autres examinateurs et sergens dudit Chastellet[2].

Conseil, XV (X¹ᵃ 1481), fol. 60 v°-61 r°.

1. Le fait mentionné par Clément de Fauquembergue, qui se borne à renvoyer au registre criminel de Jean de l'Épine, malheureusement perdu, est également signalé par l'auteur du *Journal d'un bourgeois de Paris*, p. 287; d'après son récit, l'abbesse de Saint-Antoine et aucunes de ses religieuses avaient projeté, avec la connivence du neveu de l'abbesse, de faire entrer par la porte Saint-Antoine les partisans de Charles VII. Émerance de Calonne ne tarda guère à être mise en liberté et rentra dans son abbaye. Après la reprise de Paris par le roi de France, on fut obligé, en 1439, de procéder à une enquête sur sa gestion (voir la note consacrée à cette abbesse, *Journal d'un bourgeois de Paris*, p. 287, note 2).

2. Ce paragraphe a été reproduit par D. Félibien, *Histoire de la ville de Paris*, pièces justificatives, t. IV, p. 594.

Venredi, vᵉ jour de septembre.

Ce jour, le recteur et les deputez de l'Université vindrent en la Chambre de Parlement et firent en brief proposer et dire en effect, par la bouche de maistre Jehan Moutardier[1], maistre en theologie, que l'Université avoit entendu que on avoit seellé et publié à Paris certaines royaulz ordenances touchans les aquisicions et amortissemens des rentes et heritages de l'Eglise[2], lesquelles on devoit mieulx appeler desordenances que ordenances, et que en ycelles avoit ung article assez consonant et conforme à une proposicion dampnée ou concil general derrainement tenu à Cons-

---

1. Jean Le Moutardier, d'origine normande, maître ès arts et en théologie, chanoine de Narbonne, souvent cité parmi les professeurs, occupa le poste de recteur de l'Université en août 1423; l'année suivante, il fut envoyé au concile général de Sienne; le 23 avril 1432, il échangea son canonicat de Narbonne contre la prébende de Pierre d'Oger, chanoine de Notre-Dame, et fut chargé de la librairie du chapitre. En 1435, il assista aux conférences pour la paix d'Arras, à la fois comme délégué de l'Université de Paris et du chapitre, et prit la parole, le 3 septembre, sur le thème : *Pax tibi et pax adjutoribus tuis* (cf. Monstrelet, édit. Douët d'Arcq, t. V, p. 135); il décéda peu après, car on le voit remplacé le 24 octobre 1435 par Jean du Drac (Arch. nat., LL 113, fol. 289); son neveu rendit les clefs de la librairie de Notre-Dame, le 15 novembre suivant (cf. Francklin, *Les anciennes bibliothèques de Paris*, t. I, p. 52).

2. Cette protestation de l'Université visait les lettres de Henri VI, roi de France et d'Angleterre, du 31 juillet 1428, concernant le rachat des rentes constituées sur les maisons de Paris, et plus particulièrement l'article 1ᵉʳ de cette ordonnance, qui donnait la faculté du rachat de ces rentes, au denier douze, aux propriétaires, quels qu'ils fussent, soit églises, collèges ou autres. Voir à ce sujet H. Denifle et E. Chatelain, *Chartularium Universitatis Parisiensis*, t. IV, p. 543.

tances, et repugnans à la loy divine, et recitoit ce qui est escript *omelia xiiij*ᵃ *super Leviticum*, pour ce requeroient à la Court de par ladicte Université que la Court es procès et causes touchans lesdis amortissemens voulsist avoir regard à ce que dit est et en advertir le prevost et les juges du Chastellet; sur quoy la Court, en effect, respondi que la Court auroit tel regard à ce que dit est et feroit ce qu'il appartendroit[1].

Samedi, vj° jour de septembre.

Furent pronunciez les arrests par messire Phelippe de Morvillier, premier president.

Ce jour, après la pronunciacion desdis arrests, fu publiée certaine ordenance sur la derreniere alternative, et, après la lecture d'icelle ordenance, le procureur du Roy dist que autrefois il s'estoit opposé à la publicacion de l'autre alternative et avoit fait certaines protestations qui estoient ceans enregistrées, dont ladicte ordenance ne fait point de mencion, si requiert à veoir ladicte ordenance pour en venir dire à la Court ce qu'il appartendra. En oultre, maistre Jehan Challiau, ou nom ou comme soy disant procureur de l'eglise de France, a dit, en effect, que l'eglise de France ou ceulz qui la representoient ou concile general de Constances avoient appellé des alternatives, reservacions et constitutions faictes et à faire ou prejudice des libertés, drois et franchises de l'Eglise et personnes ecclesiastiques de France, et pour ce ledit Challiau, ou nom que dessus, signifioit et intimoit ladicte appellacion à la

---

1. Ce paragraphe se trouve imprimé dans Du Boulay, *Historia Universitatis Parisiensis*, t. V, p. 419.

Court et requeroit que la Court ne voulsist attempter ou innover aucune chose à l'encontre ne ou prejudice d'icelle appellation. Et oultre disoit qu'il s'opposoit à ladicte ordenance et à ladicte alternative. Sur quoy a esté appoincté par la Court que ledit Chaliau mettera devers la Court sa procuration et ladicte appellation, et baillera par escript sa requeste, et sera tout monstré au procureur du Roy. Et aussi verra le procureur du Roy lesdictes lettres royaulz faisans mencion de ladicte alternative, et en vendra dire à la Court ce que bon lui semblera, et la Court fera ce qu'il appartendra.

Ce jour, sur la requeste baillée par escript à la Court par maistre Guillaume Cotin, conseillier du Roy, pour avoir main levée de la prevosté de Suevre[1], en l'eglise Saint-Martin de Tours, dont estoit procès ceans entre ledit Cotin, d'une part, et feu m° J. d'Aigny, nagaires trespassé, d'autre part, la Court, informée et acertenée du trespas d'icellui feu d'Aigny, a levé ladicte mainmise et tout empeschement mis en ladicte prevosté au prouffit dudit Cotin pour le temps avenir.

Conseil, XV (X¹ª 1481), fol. 61.

Samedi, xiij° jour de septembre.

Furent assemblez en la Chambre de Parlement les presidens et conseilliers des trois Chambres de Parlement pour avoir advis et deliberacion sur le paiement de leurs gaiges, dont leur estoient deubz grans arrerages, non obstans sommacions et promesses reiterées par pluiseurs fois faictes sans grant effect.

---

1. La prévôté de Suèvres (Loir-et-Cher, cant. de Mer) dépendait en effet de la collégiale de Saint-Martin de Tours.

Et, finablement, pour ce que lors tous les presidens et conseilliers de la Court n'estoient mie presens, fu conclu que tous seroient mandez à ung jour ensuiant pour estre en ladicte Chambre de Parlement pour deliberer plus à plain et prendre conclusion en ceste matiere, du consentement ou en la presence de tous eulz, et cependant que on feroit diligence d'avoir la clause des lettres rapportées d'Angleterre par maistre Guillaume Erart[1] touchant ledit paiement, et que maistre Guillaume Le Duc seroit requiz de faire relacion de ce qu'il avoit trouvé en Angleterre du paiement desdis gages.

Mardi, xvj° jour de septembre.

Furent assemblez en la Chambre de Parlement pluiseurs des conseilliers des trois Chambres de Parlement pour avoir advis et deliberacion ensemble sur le paiement de leurs gaiges, dont avoient fait pluiseurs diligences et poursuites qui n'avoient gaires pourfité. Et, finablement, conclurent de renvoier encores devers monseigneur le regent ceulz qui avoient par avant esté commis de aler devers lui; et oultre que m° Phelippe de Nanterre, conseillier du Roy, yroit encores par devers les presidens de ceans pour les faire venir et assembler ceans pour deliberer plus plainement à loisir sur ledit paiement.

1. Probablement Guillaume Érard, maître ès arts, docteur en théologie, chanoine de Langres, qui fut recteur de l'Université de Paris en 1421, dont on connaît le rôle dans le procès de condamnation de Jeanne d'Arc et qui resta attaché au parti anglais. Voir J. Quicherat, *Procès de condamnation et de réhabilitation de Jeanne d'Arc*, passim.

Mecredi, xvij° jour de septembre.

S'assemblerent en la Chambre de Parlement tous les presidens et conseilliers des trois Chambres dudit Parlement, estans et residens à Paris, pour avoir advis et deliberacion, *super dubia cotidiana querimonia*, du paiement de leurs gaiges, dont estoient deubz pluiseurs arrerages du dernier et autres Parlemens passez, du paiement desquelz avoient par cy devant faictes pluiseurs poursuites et sommacions envers le Roy, envers le regent et les gens du Grant Conseil du Roy par pluiseurs fois reiterées, qui avoient sur ce donné responses et fait promesses qui n'avoient point esté acomplies. Et, finablement, tous les dessusdis presidens et conseilliers *unanimiter* conclurent en effect qu'ilz ne serviroient plus en l'exercice de leurs offices, s'ilz n'estoient paiez desdiz arrerages, au moins des arrerages de leurs gaiges dudit dernier Parlement passé, et s'ilz n'avoient provision convenable d'estre paiez ou Parlement à venir. Et, pour signifier ceste deliberacion et conclusion à monseigneur le regent, furent premierement par aucuns esleuz et nommez messire Phelippe de Morvillier, premier president, qui refusa ceste charge et ne le volt accepter; après, par autres, fu nommé maistre Guillaume Cotin, qui s'en excusa et refusa semblablement ycelle charge; et, finablement, fu à ce que dit est nommé maistre Jaques Braulart par pluiseurs desdis presidens et conseilliers qui le requirent et prierent que, appellez avec lui aucuns autres desdis conseilliers, c'est assavoir : m° H. de Dicy, m° H. Le Coq, m° J. de Saint-Romain, m° G. Emery, m° Lucian du Croquet, m° Phelippe

[1432]

Le Begue, m° J. de Voton, m° J. Queniat et m° J. des Portes, avec les autres conseilliers de Parlement qui, derrenement, avoient fait les poursuites dudit paiement, il voulsist aler devers monseigneur le regent et les gens du Grant Conseil du Roy pour leur signifier ladicte conclusion de la Court et leur remonstrer en brief les poursuites et sommacions dessusdictes, reiterées par pluiseurs fois, et les promesses sur ce faictes qui n'ont point esté acomplies, en excusant la Court selon leur bonne discrecion. Mais ledit Branlart et tous les autres se departirent de ladicte Chambre de Parlement sans accepter ladicte charge.

Conseil, XV (X¹ᵃ 1481), fol. 61 v°.

Lundi, x° jour de novembre.

Furent assemblez en la Chambre de Parlement tous les presidens et conseilliers des Chambres dudit Parlement, v ou vj exceptez qui n'y estoient point, et pour leur absence fu conclu de retourner et de soy rassembler en ladicte Chambre à deux heures après midi, ce mesme jour, et de y faire appeller ceulz qui n'y estoient point venuz. Et fu enjoint à Geffroy des Molins, huissier, de dire à messire Phelippe de Morvillier, premier president, qu'il fust à l'eure dessusdicte en ladicte Chambre de Parlement avec les autres presidens et conseilliers d'icellui Parlement. Et atant se departirent les dessus nommez de ladicte Chambre de Parlement pour aler es processions generales de toutes les eglises, chapitres et colleges de Paris, exemps et non exemps, ordonnées ycelles pour prier Dieu especialement pour la santé et prosperité de madame la duchesse de Bedford[1], qui estoit griefment malade en l'ostel de Bourbon à Paris[2].

Et, ce jour, ledit de Molins signifia ce que dit est audit president, *qui non comparuit.*

Ce x° jour desssudit, à deux heures après midy, se rassemblerent en la Chambre de Parlement m° G. Le Duc, president oudit Parlement, m° Ja. Branlart, m° J. Vivian, presidens es Enquestes, m° R. Piedefer, president es Requestes du Palais, m° G. Perriere...[3] pour avoir advis et deliberacion sur le delay ou defaulte du paiement de leurs gaiges, dont leur estoient deubz grans arrerages. Et, après longue et meure deliberacion, conclurent de tenir la deliberacion et conclusion cy dessus enregistrée, le xvij° jour de septembre derrain passé, c'est assavoir qu'ilz ne serviront plus en l'exercice de leurs offices s'ilz ne sont paiez desdis arrerages, au moins du Parlement derrain passé, et s'ilz n'ont provision convenable du paiement de leurs gaiges du Parlement à venir. Et, pour signifier ceste conclusion à messire Phelippe de Morvillier, premier president, a esté nommé et esleu par aucuns m° Phelippe de Nanterre, conseillier du Roy; et autres ont à ce nommé le greffier. Et atant se departirent de ladicte Chambre de Parlement, *et jam hora tarda erat.*

1. Ce fut à la prière de la duchesse de Bedford que le clergé de Notre-Dame alla chercher processionnellement la châsse de Sainte-Geneviève et célébra une messe solennelle à son intention (Arch. nat., LL 216, fol. 318).

2. L'hôtel de Bourbon, qui occupait l'îlot entre le quai de l'École, les rues des Poulies et d'Autriche, avait été donné, le 20 décembre 1426, par le duc de Bourbon au duc de Bedford.

3. Suivent les noms de vingt conseillers.

Et lendemain je signifiay ladicte deliberacion et conclusion audit premier president, qui respondi en effect que monseigneur le regent avoit ordonné de tenir ou faire tenir le Parlement lendemain de la feste saint Martin, et seroit tenu, et qu'il y venroit qui vouldroit et que nul n'y seroit contraint.

Conseil, XV (X¹ᵃ 1481), fol. 62.

Illius nomine invocato qui propter injusticiam de gente in gentem regna transfert, que sine justicia non sunt nisi latrocinia magna, incipit registrum conciliorum causarum civilium Parlamenti, incepti xij⁴ die novembris, anno millesimo quadringentesimo tricesimo secundo ab incarnacione Domini, et anno decimo septimo quo ego Clemens de Fauquembergue, in utroque jure licentiatus, decanus ecclesie Ambianensis, Regis prothonotarius, dicti Parlamenti grapherius, hujusmodi officium exercui, intermisso judicantis officio. Malui et mutas agitare inglorius artes.

Mecredi, xij° jour de novembre l'an dessusdit.

Messire Loys de Lucembourg, evesque de Theroenne, chancelier de France, tint le Parlement, presens messire Phelippe de Morvillier, chevalier, maistre Guillaume Le Duc, presidens, messire Pierre Cauchon, evesque de Lisieux, nagaires evesque de Beauvais, messire Jehan Le Clerc, chevalier, nagaires chancelier, l'abbé de Saint-Denis, m° Nicolas Fraillon, m° Phelippe de Rully, m° Hugues Rapiout, m° Thomas Fassier, maistres des Requestes de l'Ostel, m° G. Cotin, m° Gaillart Petit Sayne, m° G. de Celsoy, m° Thomas de la Marche, m° J. de Saint-Rommain, m° J. de Longueil, m° Robert Agode, m° P. Pilory, m° G. Bodeaux, conseilliers du Roy, m° P. de la Rose, graphier des presentacions, et m° Dreux des Portes, notaires, et pluseurs autres[1]. Et furent leues les ordonnances et receuz les seremens en la maniere acoustumée.

Venredi, xiv° jour de novembre.

Le duc de Bedford, regent et gouvernant le royaume de France, a fait signifier à la Court que, environ deux heures après myenuit, feu très noble dame Anne de Bourgongne[2], sa femme, estoit alée de vie à trespas ; et que, pour ce qu'il ne lui estoit point apparu de testament et ne savoit encores qui se porteroit son heritier, il vouloit et consentoit que tout ce qui seroit à faire touchant le fait de ladicte deffuncte, sa femme, feust fait par l'auctorité de la Court de Parlement et par justice. Et de son consentement ont esté commis

1. A cette liste, le registre des Matinées (X¹ª 4797, fol. 39 v°) ajoute les noms de Gilles de Molins, J. de Fleury et Jacques de Luvain, notaires du Roi.

2. Anne de Bourgogne, duchesse de Bedford, était très populaire, visitant elle-même les pauvres malades de l'Hôtel-Dieu et leur laissant des marques de sa libéralité ; aussi sa fin prématurée (elle n'avait que vingt-huit ans) causa de vifs regrets. L'auteur du *Journal d'un bourgeois de Paris* (p. 289), qui enregistre son décès, en fait le plus bel éloge, car il dit qu'elle était « la plus plaisant de toutes dames qui adong furent en France, car elle estoit bonne et belle, et de bel aage, et estoit bien amée du peuple de Paris ». Anne de Bourgogne fut inhumée, le samedi 15 novembre, aux Célestins, où lui fut élevé un tombeau en marbre noir, surmonté d'une statue en marbre blanc. Sa sépulture, avec son épitaphe, fut retrouvée lors des fouilles faites aux Célestins en 1847 et ses restes mortels furent transportés à Dijon. Cf. le *Journal d'un bourgeois de Paris*, p. 290, 304, notes.

de par la Court sire Regnault Doriac, conseiller du Roy en sa Chambre des Comptes, et Pierre Le Verrat, escuier, pour faire et entendre au fait des enterrement, obseques et funerailles d'icelle defuncte[1].

Lundi, xvij° jour de novembre.

Furent commis à faire l'inventaire des biens demourez du decès de ladicte defuncte dame Anne de Bourgongne, duchesse de Bedford, maistre Hugue Le Coq, conseillier du Roy, et maistre Jehan de l'Espine, greffier criminel.

Venredi, xxviij° jour de novembre.

Furent au Conseil messire Phelippe, seigneur de Morvillier, premier president, m° Phelippe de Rully, maistre des Requestes de l'Ostel du Roy, m° Ja. Branlart, m° J. Vivian, presidens es Enquestes, m° Robert Piedefer, president es Requestes du Palais…[2]. Et y survindrent messire Loys de Lucembourg, evesque de Theroenne, chancelier, et messire Pierre Cauchon, evesque de Lisiex, nagaires evesque de Beauvais. En la presence desquelz ledit Chancelier exposa et dit en effect que le Roy et les gens de son Conseil avoient toujours desiré et desiroient l'entretenement de la Court et de sa souveraine justice de Parlement, et de faire paier les gaiges de ses conseillers et officiers d'icelle Court, mais que, pour la diminucion des finances et revenues du Roy et pour autres grans charges qu'il avoit à soubstenir à cause des guerres et autrement,

---

1. Ce paragraphe a été reproduit par D. Félibien, *Histoire de la ville de Paris*, pièces justificatives, t. IV, p. 594.

2. Suivent les noms de dix-neuf conseillers.

il ne povoit bonnement paier tant de conseilliers et
officiers comme on avoit ou temps passé, et que le
Roy ne pourroit bonnement paier que jusques au
nombre de xxij conseilliers avec les presidens dudit
Parlement pour ceste année, non compris oudit
nombre lesdiz m[es] Gaillard et de Celsoy, et aussi ledit
Piedefer, qui seroient paiez ainsi que les xxij dessusdis. Et que, neantmoins, tous les autres conseilliers
dudit Parlement, oultre le nombre dessusdit, pourront venir et estre oudit Parlement et exercer leurs
offices, ainsi que ont acoustumé; et quant le Roy aura
faculté plus grant, il leur fera le miex qu'il pourra.
Disoit oultre le Chancelier que sur le fait de ladicte
Court le Roy ou les gens de son Conseil avoient advisé
que tous les dessusdis conseilliers ensemble jugeroient
les procès et que l'on plaideroit et tendroit les plaidoieries les jours de lundi et jeudi, ou autres deux
jours, et que es jours desdictes plaidoieries aucuns
desdis conseilliers s'assembleront en la Chambre des
Enquestes et pourront visiter les procès et verifier les
extrais d'iceulz procès, et après seront rapportez
yceulz procès et extrais en la Chambre de Parlement
pour estre jugiez par tous lesdiz conseilliers ensemble.

Oultre disoit ledit Chancelier que se la Court advi-
soit autre plus convenable maniere de faire, le Roy et
lesdictes gens de son Grant Conseil y entenderoient
volentiers. Et aussi disoit ausdiz conseilliers que de
leurs gaiges leur seroit fait paiement au miex que faire se
pourroit selon la valeur desdictes finances et revenues
du Roy eu regard aux autres charges, et que, à ceste
fin, le Roy ou les gens de son Conseil avoient voulu
et vouloient que de par ladicte Court feussent commis

deux d'icelle Court pour veoir avec autres du Grant Conseil ou de par eulz l'estat desdictes finances. Et, après les paroles dessusdictes ou autres semblables en effect, le Chancelier bailla à la Court une cedule en papier qu'il fist lire en la presence de tous les dessus nommez, contenant la forme qui s'ensuit : « *Clerici de Parlamento :* magistri G. Perriere, G. Cotin, B. Le Viste, Sy. de Plumetot, Ja. Branlart, Jo. Vivian, G. Le Breton, Jo. Lamelin : *Laici :* G. Petit Sayne, G. de Celsoy, H. Le Coq, J. de Voton, G. Baiart, M. Courtois, Jo. de la Porte, T. de la Marche, P. Pilory, Jo. Queniat, Ph. de Nanterre, Jo. Bodeaux, Jo. de Saint-Romain, Robert Agode. » — Et après la lecture de ladicte cedule, le Chancelier et l'evesque de Lisieux se partirent de ladicte Chambre de Parlement, delaissiez les autres dessus nommez presidens et conseilliers dudit Parlement, pour deliberer sur ce que dit est. Lesquelz, après longue et meure deliberacion, conclurent de faire sur ce que dit est response et dire au Chancelier, *cum decenti reverencia et humilitate ac graciarum actionibus debitis*, comment la Court, bien deliberée, pour certaines justes causes et raisonnables, avoit esleu et prins conclusion de non servir *quo usque*, etc. (sic), ainsi que cy dessus est enregistré ou registre du xvij^e jour de septembre derrain passé, et que la Court n'a point intention d'enfraindre ladicte conclusion, s'elle n'a sur ce provision convenable, et que, provision eue sur ladicte conclusion, la Court fera en après ce qu'il appartendra.

Et, pour signifier et dire cette deliberacion au Chancelier, ont nommé ledit premier president et l'en ont requis tous les assistens, et que avec lui il en appellast pour l'acompagnier trois ou quatre d'eulx, telz qu'il lui plairoit. Et appella et nomma pour ce m° J. Vivian, m° R. Piedefer, m° J. de Voton et m° Phelippe de Nanterre, conseilliers du Roy.

Et, ce jour, en leur presence, ledit premier president signifia au Chancelier ladicte deliberacion de la Court, ainsi et en la maniere que avoit esté deliberé et conclu par ycelle Court.

Et, lendemain, ledit premier president fist rassembler en ladicte Chambre de Parlement les dessus nommez presidens et conseilliers pour avoir plus avant deliberacion sur ce que dit est, oye la relacion de ce qui avoit esté dit de par la Court audit Chancelier et ce qu'il avoit respondu. Lequel, en faisant response, après pluiseurs paroles et offres gracieuses, avoit dit, en effect, qu'il ne veoit ne savoit comment on pourroit presentement paier ou contenter la Court de paiement, veu l'estat des finances, en requerant que la Court voulsist deputer ou commettre deux d'icelle Court pour veoir avec autres l'estat desdictes finances, en soy offrant de tenir à son povoir la main au paiement de ladicte Court, ainsi comme fu dit et rapporté plus plainement et notablement à la Court par ledit premier president, presens les autres dessus nommez presidens et conseilliers. Lesquelz, oye la relacion dudit premier president, après longue et meure deliberacion, conclurent de dire ou faire dire que ce n'est point leur fait d'entendre au fait des finances, et ne s'y congnoissent et n'y a homme de la Court qui s'en voulsist entremettre; et s'attendent au Roy, à monseigneur le regent et ausdictes gens du Grant Conseil et à ceulz qu'il appartient du gouvernement et de la distribucion desdictes finances et aussi de leur paiement; et supplient que on leur pourvoie, et qu'ilz ne pourroient servir et ne serviront plus jusques à ce qu'ilz aient provision sur ladicte conclusion autrefois par eulz prise. Et pour signifier audit Chancelier ceste deliberacion, ont nommé et requis ledit premier president, appellez avec lui les iiij dessus nommez ou autres et en tel nombre de ladicte Court qu'il vouldroit avec lui appeller.

Et le mecredi, troizieme jour [de] decembre, ledit premier president, en la presence des autres presidens et conseilliers de la Court assemblez en la Chambre de Parlement, fist sa relacion comment lui et autres en sa compaignie, par l'ordenance de la Court, avoient signifié au Chancelier ladicte deliberacion, ainsi que avoit été advisé par la Court, et comment le Chancelier avoit sur ce respondu en effect qu'il feroit savoir ladicte deliberacion au duc de Bedford, regent, estant lors en la ville de Mante[1]. Oye laquelle relacion, les presidens et conseilliers, après aucunes deliberacions, s'arresterent en leur conclusion par cy devant par eulz esleue, et se departirent de la Chambre de Parlement sans prendre autre nouvelle conclusion en ceste matiere dessusdicte.

Conseil, XV (X.^{ta} 1481), fol. 63-65.

1. D'après le *Journal d'un bourgeois de Paris* (p. 290), « s'en alla le regent, la sepmaine d'après (les funerailles de la duchesse de Bedford), à Mante, et y demoura environ trois sepmaines, et puis revint à Paris ».

1433.

Mecredi, vij° jour de janvier.

Furent assemblez en la Chambre de Parlement les presidens et conseilliers dudit Parlement à conseillier aucunes requestes baillées par escript. Et y survindrent le sire de Montferrand, maistre Guillaume Le Duc, president, et messire Giles de Clamecy[1] pour dire à la Court et firent dire par la bouche dudit m° G. Le Duc que le duc de Bedford, regent, avoit ordonné de faire aujourduy, en l'eglise des Celestins, celebrer les vigiles et demain les messes des funerailles de feue madame Anne de Bourgongne, sa femme[2], et qu'il prioit ou requeroit lesdis presidens et conseilliers de la Court qu'ilz feussent ausdictes vigiles, messes et service, et après icelles messes et service au disné en son hostel des Tournelles.

Et, en obtemperant à ce, s'assemblerent ce jour, à deux heures après midy, en l'eglise Sainte-Katherine-du-Val-des-Escoliers, et de là partirent ensemble pour aler esdictes vigiles.

Et pareillement, lendemain, assemblerent à ix heures devant midy et alerent en chapperons fourrez esdictes

1. Gilles de Clamecy exerçait, depuis le mois de juin 1432, c'est-à-dire pendant l'absence du titulaire Simon Morhier, la charge de prévôt de Paris.

2. Le *Journal d'un bourgeois de Paris* (p. 291) mentionne le service qui fut célébré, le 8 janvier, aux Célestins pour Anne de Bourgogne, duchesse de Bedford, où il y eut bien 400 livres de cire et une « donnée » de ii blancs à 14,000 personnes.

messes et service, et après au disner oudit hostel des Tournelles.

Samedi, x° jour de janvier.

Furent assemblez en la Chambre de Parlement messire Phelippe, seigneur de Morvillier, m° G. Le Duc, presidens, m° Ja. Braulart, m° J. Vivian, presidens es Enquestes, m° Robert Piedefer, president es Requestes du Palais[1]...

Et, eulz assemblez ainsi que dit est, survindrent les procureur et advocat du Roy, disans que nouvellement ilz avoient parlé au duc de Bedford, regent, et au chancelier de France de l'estat et de l'entretenement de la Court et du paiement des gaiges d'icelle Court, en leur remonstrant l'onneur et le grant bien qui povoit avenir en l'entretenement de la Court, et, au contraire, les esclandes et inconveniens. Et, après pluiseurs paroles notablement dites, disoient les advocat et procureur du Roy que, en conferant à part avec ledit Chancelier de ceste matiere, le Chancelier, entre autres paroles, leur avoit dit que les finances de ce royaume estoient petites et ne souffisoient mie pour paier les charges, et que, neantmoins, il lui sembloit et se oseroit bien faire fort que on paieroit bien la Court de trois mois les deux de ce Parlement jusques au mois d'aoust prochain ou jusques en la fin d'icellui Parlement, qui le vouldra entretenir et continuer, et que, du surplus qui est deu, on fera le mieulz que on pourra, ou autres paroles en effect semblables. Oy lequel rapport et relacion, lesdis presidens et con-

---

1. Suivent les noms de vingt conseillers.

seilliers conclurent de dire et dirent à l'advocat et procureur du Roy que la Court estoit bien contente d'eulz et de leur poursuite dessusdicte, et leur en savoit bon gré et les en regracioit. Et, oultre, que l'offre ou provision dessus touchée ne sembloit mie acceptable, et que ce n'estoit mie l'entencion de la Court de servir et de tenir le Parlement, se on ne paie promptement la Court de deux mois de ce qui est deu d'arrerages du Parlement derrain passé, et s'ilz n'ont seurté d'estre paiez doresenavant de mois en mois, et entendent seurté en la maniere qui s'ensuit, c'est assavoir que ledit regent ordonne et commande au tresorier ou gouverneur desdictes finances qu'il paie doresenavant la Court de mois en mois, et que le tresorier die et promette à la Court de ainsi le paier ou faire paier. Et que qui ne le vouldra ainsi faire, qu'il plaise audit regent de faire sur ce savoir son bon plaisir à la Court, afin que, selon ce, chascun se puist pourveoir à son bon plaisir dessusdit.

Et du consentement ou commandement de la Court se chargerent le procureur et advocat du Roy de dire et rapporter ladicte conclusion au Chancelier, et lui en firent rapport en suppliant ou requerant qu'il se voulsist employer et tenir la main envers ceulx qu'il appartenoit à l'entretenement de la Court et du paiement dessusdit, ainsi que fu dit et exposé plus à plain notablement par yceulz procureur et advocat, le lundi ensuiant, xij° jour de ce mois de janvier, en la Chambre de Parlement, presens tous les presidens et conseilliers cy dessus nommez ou registre du x° jour de ce mois. Et pour ce que le procureur et advocat du Roy disoient que, sur le rapport qu'ilz avoient fait au

Chancelier de ce que dit est, le Chancelier avoit respondu en effect qu'il vouldroit bien avoir par escript ou qu'il seroit bon que la Court baillast par escript au regent et au Conseil du Roy ladicte conclusion pour l'entendre plus clerement, lesdis presidens et conseilliers, après longue et meure deliberacion, dirent au procureur et advocat du Roy, en declairant en tant que mestier estoit ladicte conclusion et intencion qu'ilz avoient par avant pluiseurs fois assez declairée et signifiée où il appartenoit, c'est assavoir que ce n'estoit point leur intencion de servir et ne serviroient point, s'ilz ne sont paiez promptement de deux mois de ce qui leur est deu des arrerages du Parlement derrain passé, sans prejudice des autres arrerages qui leur sont deubz et se doresenavant ilz n'ont seurté d'estre paiez de mois en mois de ce qui leur sera deu. Et oultre la Court a dit à l'advocat et procureur du Roy les causes et raisons pour lesquelles il lui semble qu'il n'est besoing et pour lesquelles elle a deliberé de non baillier par escript leur conclusion et intencion dessusdicte. Et de ce rapporter au Chancelier comme dessus se sont chargez les procureur et advocat du Roy, qui en firent leur rapport et relacion au Chancelier afin d'entretenir et contenter ladicte Court. Sur quoy le Chancelier, après aucunes paroles, avoit respondu que de ce il parleroit ou qu'il s'en attenderoit audit duc de Bedford, regent, ainsi comme fu dit et relaté plus à plain par lesdis procureur et advocat du Roy, le mardi xij° jour dudit mois de janvier, aux presidens et conseilliers estans lors en la Chambre de Parlement.

Conseil, X V (X^{1a} 1481), fol. 64 r°.

Jeudi, v° jour de fevrier.

Party de Paris le duc de Bedford, regent, pour aler par eaue à Rouen et de là à Calais[1]. Ce jour, en sa presence, fu pronuncié par le Chancelier ou Grant Conseil l'appoinctement en la cause introduite et pendant oudit Conseil d'entre le procureur du Roy, demandeur, d'une part, et m° Phelippe de Morvillier, premier president, defendeur, d'autre part[2]. Dieu lui doint bon advis et pacience[3].

Conseil, XV (X^{ta} 1481), fol. 64 v°.

Lundi, ix° jour de fevrier.

Messire Loys de Lucembourg, chancelier de France, vint en la Chambre de Parlement où estoient assemblez les presidens et conseilliers de la Court, et, après ce qu'il eust fait lire les lettres du Roy qui avoit créé

---

1. Le duc de Bedford se rendait, paraît-il, en Normandie pour « cueillir une grosse taille de ıı^c mil frans », que lui avaient octroyée les gens des trois états, à l'effet de subvenir à l'entretien des garnisons se trouvant dans les villes et forteresses du duché (*Journal d'un bourgeois de Paris*, p. 290, note 2).

2. Cette disgrâce énigmatique du président Philippe de Morvilliers, qui « fut deppointé de toutes offices royales » (*Journal d'un bourgeois de Paris*, p. 292), n'est connue que par les registres du Parlement; ce fut à la suite d'une action intentée par le procureur du Roi et déférée à une commission spéciale, siégeant en l'hôtel du Chancelier, que fut rendu, en présence du duc de Bedford, l'appointement en question, qui amena le remplacement du premier président.

3. Ce paragraphe a été reproduit par D. Félibien, *Histoire de la ville de Paris*, t. IV, p. 594.

president m° Robert Piedefer[1], et receu de lui le serement acoustumé, il dist en effect que le Roy et les gens de son Conseil desiroient d'entretenir le Parlement et de paier les gaiges, mais pour les autres grans charges et pour la diminucion des finances on n'avoit peu paier; et, neantmoins, pour pourveoir aucunement au paiement, on feroit paier la Court d'un mois lendemain, et dedens viij jours d'un autre mois sur ce qui estoit deu des arrerages du Parlement derrain passé; et que, desormais, pour le temps à venir, on feroit du miex que on pourroit.

Et après ce que le Chancelier se feust party de la Chambre de Parlement, lesdis presidens et conseilliers, après longue deliberacion, conclurent de dire au Chancelier, et lui dist de par la Court ledit Piedefer, president, en effect, que la Court n'entendoit mie sa conclusion autrefois prise sur le paiement de ij mois d'arrerages si precisement qu'ilz n'attendissent bien le paiement d'un mois jusques à viij jours, mais qu'ilz eussent prest paiement de l'autre mois et qu'ilz aient seurté d'estre paiez pour le temps à venir de mois en mois et entendent seurté, ainsi que cy dessus est enregistré ou registre du x° jour de janvier.

Et oultre ont conclu de faire dire au Chancelier que c'est l'intencion de la Court que tous les conseilliers

---

1. C'est donc à tort que l'Hermite et Blanchard, dans leurs *Éloges des premiers présidents* (p. 28), suivis par M. Longnon (*Paris pendant la domination anglaise*, p. 42, note 1), ont donné à entendre que Philippe de Morvilliers exerça la charge de premier président jusqu'à l'expulsion des Anglais, c'est-à-dire jusqu'au 13 avril 1436 (voir le *Journal d'un bourgeois de Paris*, p. 292, note 4).

qui ont servi en Parlement passé soient paiez des deux mois dessusdis et que, en ce cas, lesdis presidens et conseilliers recommenceroient et continueroient ledit Parlement, mais que on face et que on continue le paiement desdis gaiges de mois en mois, autrement en deffault dudit paiement ilz cesseront ainsi que par avant.

De laquelle deliberacion le Chancelier a esté assez content, se n'est en tant que touche le paiement d'aucuns desdis conseilliers, qui sont oultre le nombre de ceulz dont cy dessus est faicte mencion ou registre du xxviij° jour de novembre derrain passé, ainsi que fu rapporté par ledit Piedefer à la Court assemblée lendemain, x° jour dudit mois de fevrier.

Et, ce x° jour, survint en la Chambre de Parlement sire Jehan de Pressy, tresorier et gouverneur des finances, qui dist en effect à la Court que ledit Chancelier avoit ordené le paiement de la Court estre fait de mois en mois, et le porte l'estat des finances, et que tant qu'il sera en l'office de tresorier il tendra la main au paiement de la Court et y fera le mieux qu'il pourra, et lui semble qu'il y a bien pour paier la Court, s'il ne survient nouvelles charges, combien que les finances soient petites. Et, après lesdictes paroles et promesse dudit de Pressy, il se departy de la Court, qui ot assez agreables lesdictes paroles et promesse. Et conclurent les president et conseilliers dessusdis de besoingnier en l'expedicion des causes et jugement des procès touz ensemble *quousque*, etc., pour ce que de present ne sont mie en assez grant nombre pour besongner en la Chambre de Parlement et en la Chambre des Enquestes, ainsi que a esté fait par cy devant, et oultre ont conclu de oyr jeudi prochain les plaidoieries et recevoir les procès des bailliages dont les presentacions sont escheues.

Conseil, XV (X^{1a} 1481), fol. 65 r°.

Mardi, xvij° jour de fevrier.

Ce jour, ont cessé les plaidoieries pour l'absence des conseilliers de ceans et aussi pour l'absence des advocas et procureurs qui sont alez en l'ostel du Chancelier pour entendre à l'expedicion de la cause ou procès d'entre le procureur du Roy, demandeur, d'une part, et m° Phelippe de Morvillier, premier president, d'autre part.

Ce jour, la Court a ordené et enjoint à maistre Jehan de Fleury, notaire du Roy et receveur des amendes de ladicte Court, qu'il baille et delivre à maistres Clement de Fauquembergue, greffier civil, Jehan de l'Espine, greffier criminel, Pierre de la Rose, greffier des presentacions, la somme de vingt livres parisis, c'est assavoir : audit m° Clement dix livres parisis, et à chascun des autres greffiers dessusdis cent solz pour emploier ou fait des registres, arrestz et autres escriptures dudit Parlement touchant leurs offices. Sur quoy ledit de Fleury a respondu que, sans mandement du tresorier, gouverneur des finances, il ne pourroit delivrer lesdictes sommes.

Conseil, XV (X^{1a} 1481), fol. 65 v°.

Samedi, xxj° jour de fevrier.

Ce jour, les dessus nommez presidens et conseilliers eurent deliberacion pour savoir se les jugemens ou arrestz des procès par escript, que on souloit par cy devant conseillier et jugier en la Chambre des Enquestes et de present sont jugiez par tous les presidens et conseilliers en la Chambre de Parlement, seront signez *per judicium Curie*, ainsi que paravant. Et a esté conclu que les arrestz et jugemens seront signez pareillement que par cy devant, quant on tenoit la Chambre des Enquestes.

Conseil, XV (X¹ª 1481), fol. 66 r°.

Lundi, xxiij° jour de fevrier.

Le recteur et les deputez de l'Université ont fait dire par la bouche de maistre Guillaume Erart que maistre Paoul Nicolas, en la cause d'entre lui contre l'evesque de Paris, son official et autres[1], a dit aucunes choses qui touchent l'Université et la Faculté de theologie, et pour ce ont requis et supplié à la Court d'avoir sur ce audience :

Appoincté que l'Université aura audience à ung jour de Conseil ou de plaidoiries, et depuis ont demandé audience à lundy prochain, qui leur a esté octroyé.

Matinées, XIV (X¹ª 4797), fol. 43 r°.

Venredi, xxvij° jour de fevrier.

Furent au Conseil m° Robert Piedefer, president,

---

1. La cause fut plaidée les 2 et 5 mars; il ressort des débats que Paul Nicolas avait été exclu de l'Université comme seditieux et semant la discorde entre les suppôts de sa nation, comme refusant d'obéir au procureur de sa nation, enfin comme divulguant les secrets de sa nation (X¹ª 4798, fol. 44, 45, 47).

m° Ja. Braulart, J. Vivian...[1], reliquis existentibus in domo domini Cancellarii cum ceteris commissariis in causa procuratoris Regis, actoris, contra dominum Philippum de Morvillier, primum presidentem[2].

A conseillier l'arrest d'entre Mahieu le Bay, appellant du gouverneur de Lisle, d'une part, et Jehan de Pernes, intimé, d'autre part, *et fuit conclusum per judicium, ut in camera Inquestarum, magister J. de Porta, visitator et reportator processus, registravit opiniones et conclusionem, et fecit arrestum, prout solitum est in camera Inquestarum.*

Conseil, XV (X¹ᵃ 1481), fol. 66 r°.

Dimenche, premier jour de mars.

Maistre Jehan Bailli, ou nom et comme procureur de l'Université de Paris, dit et declaira qu'il avoit appellé en la Court de Parlement de certains commandemens, appoinctemens, refuz et denéez de droit, et autres explois et griefs à declairier en temps et en lieu, fais et donnez contre et ou prejudice de ladicte Université, en tant qu'elle est adjointe avec l'archevesque de Rouan par le bailli de Rouen ou son lieutenant, au prouffit ou à l'instance du procureur du Roy audit lieu, par especial, en tant que ledit bailli a refusé de rendre et baillier audit archevesque l'evesque d'Avranches[3], bachelier en theologie, maistre Jehan

---

1. Suivent les noms de dix conseillers.
2. Une mention analogue figure à la date du 28 février.
3. Jean de Saint-Avit, ancien moine de l'abbaye de Saint-Denis, était abbé de Saint-Médard de Soissons, lorsqu'il fut appelé, le 7 octobre 1391, au siège épiscopal d'Avranches. Quoique rallié de bonne heure au parti anglais, il fut l'un des

Basset[1], prebstre, maistre en ars, licencié en decret, Jehan de Laleu, licencié en lois, Jehan Segneur, clers non mariez, estans du serement de ladicte Université, et pluiseurs autres clers et prebstres, prisonniers audit lieu de Rouen, que le bailli ou son lieutenant ont refusé de rendre audit archevesque, combien qu'ilz les aient sur ce pluiseurs fois sommez et requis en leur offrant à faire leur procès deument, selon l'exigence des cas; pour lesquels griefs et autres à declairer plus à plain en temps et en lieu ladicte Université, pour son interest et comme adjointe avec ledit archevesque quant à ce, a appellé en ladicte Court, protestant de relever et poursuir son appel, ainsi qu'il appartendra[2].

Conseil, XV (X¹ᵃ 1481), fol. 67.

rares prélats qui eurent assez d'indépendance pour protester, modérément d'ailleurs, de l'innocence de Jeanne d'Arc et demander le renvoi de sa cause au concile de Bâle. Les Anglais ne lui pardonnèrent point cette attitude; accusé de conspiration et d'avoir voulu livrer Rouen aux Français, il fut emprisonné par les juges royaux, mais réclamé comme justiciable de l'Église par Guillaume Érart au nom de l'archevêque de Rouen, absent. Après avoir pris l'avis d'un clerc expert en matière de droit canonique, le duc de Bedford le rendit à l'archevêque, à condition que celui-ci procéderait avec rigueur contre son suffragant. Jean de Saint-Avit subit une longue captivité et mourut en prison le 22 juillet 1442 (cf. l'*Avranchin pendant la guerre de Cent ans*, par Ch. Lebreton, dans les *Mémoires de la Société des Antiquaires de Normandie*, t. XXX, p. 128).

1. Jean Basset était titulaire, en 1441, de la prébende de chantre de la cathédrale de Rouen (cf. J. Quicherat, *Histoire des règnes de Charles VII et Louis XI*, par Thomas Basin, t. IV, p. 148).

2. Cette déclaration faite par Jean Bailli au nom de l'Uni-

Jeudi, xix⁰ jour de mars, avant les plaidoieries, furent au Conseil m⁰ R. Piedefer, Ja. Branlart, m⁰ J. Vivian...[1], à conseillier la requeste baillée par escript par frere Raoul Chevalier, abbé de Saint-Martin d'Auchy[2], contre frere Phelippe de Baquencourt, lequel, ou contempt et en attemptant contre l'arrest et les inhibicions de la Court, a fait procès en court de Romme et publié sentences ou prejudice dudit Chevalier à cause de l'abbeye dudit Saint-Martin, et finablement, pour ce qu'il n'apparoit point que ledit Chevalier eust fait assez diligence sur l'execucion des defenses et autres lettres à lui octroyées, a esté conclu que ledit Chevalier aura lettres pour faire iteratives defenses sur grans peines et pour faire commandement audit de Baquencourt et à tous ceulz qu'il appartendra qu'ilz revoquent ou facent revoquer et mettre au neant à leurs despens les procès et sentences dessusdis, et facent, se mestier est et en tant que besoing en est, absouldre *ad cautelam* ledit Chevalier, et que à ce soient contrains ledit frere Phelippe, ses procureurs et entremetteurs, par prinse et explectation de leur temporel, s'aucun en ont en ce royaume, sinon seront contrains par prinse et emprisonnement de leurs personnes et par toutes autres voies deues et raisonnables, et ainsi que contenu est es ordonnances royaulz sur ce

versité a été reproduite par Du Boulay, *Historia Universitatis Parisiensis*, t. V, p. 422.

1. Suivent les noms de dix-sept conseillers.
2. Il s'agit de l'abbaye bénédictine d'Auchy-en-Bray ou d'Aumale, dans le diocèse de Rouen (Seine-Inférieure, comm. de Sainte-Marguerite d'Auchy); il y eut dans la première moitié du xv⁰ siècle deux abbés du nom de Raoul le Chevalier, dont l'existence est restée assez obscure.

faictes, *non subditos in juris subsidium, si opus fuerit, requirendo*, afin que les ordonnances royaulz et les arrests de la Court ne soient illusoires.

Mardi, dernier jour de mars.

Furent au Conseil m° Ja. Branlart, m° J. Vivian...[1], *ceteris existentibus in Tornella ad interrogandum Johannem du Creux.*

Venredi, troiziesme jour d'avril.

Ce jour, les recteur et deputez de l'Université de Paris ont fait dire par la bouche de maistre Guillaume Erart, maistre en theologie, que l'Université a nagaires appellé ceans, ainsi que cy dessus est enregistré ou registre du premier jour de mars derrainement passé, et qu'ilz ont presenté en la Chancelerie leurs lettres d'adjornement en cas d'appel, que on leur a refusé, pour ce supplient et requierent que la Court les face seeller du signet de la Chambre de Parlement, ou qu'elle auctorise l'adjornement, ou que autrement la Court leur pourvoie sur ce. Sur quoy la Court, eue deliberacion, a respondu ausdis recteur et deputez que leur diligence qu'ilz faisoient seroit enregistrée pour leur valoir en temps et en lieu ce que de raison, et afin que le temps ne queure contre eulx. Et, au surplus, pour ce que la matiere est grant et touche l'onneur et le bien du Roy et de la Court, ycelle Court s'assemblera et fera assembler ceans le Conseil du Roy en bon et souffisant nombre pour y avoir plus plaine deliberacion, et, ce fait, response

---

1. Suivent les noms de douze conseillers.

sera faicte ausdis de l'Université telle qu'il appartendra, et au plustost que faire se pourra bonnement, de quoy lesdis de l'Université ont remercié la Court, en suppliant que la chose soit accelerée, car le cas le requiert[1].

Conseil, XV (X¹ᵃ 1481), fol. 67 r° et v°.

Venredi, xxiiij° jour d'avril.

Furent au Conseil m° Robert Piedefer, president, et les autres conseilliers de ceans, et survindrent l'evesque de Noyon, messire Jehan Le Clerc, l'abbé de Fescamp, sire Jehan de Pressy, m° Nicole Fraillon, m° Phelippe de Rully, maistres des Requestes de l'Ostel, m° Thomas de la Marche, president des Requestes du Palais, m° Phelippe Le Begue, m° Ja. Burges, m° Jehan Le Duc, conseilliers esdictes Requestes du Palais, pour avoir advis et deliberacion ensemble sur le contenu en la requeste de l'Université de Paris, contenant, en effect, que l'Université, en adherant ou soy adjoingnant à l'archevesque de Rouan, avoit appellé en Parlement de certains exploiz, griefs et denéez de droit faiz par le bailli de Rouen, ou son lieutenant, ou prejudice de l'Université, de l'evesque d'Avranches et autres, et que ycelle Université a fait sa diligence en la Chancelerie pour avoir adjornement en cas d'appel, qui lui a esté refusé par pluiseurs, pour ce requeroit avoir adjornement en cas d'appel soubz le signet de la Court, ainsi que est acoustumé de faire en telz cas. Et, après longue deliberacion eue avec

---

1. Le récit de cette démarche de l'Université a été imprimé par Du Boulay, *Historia Universitatis Parisiensis*, t. V, p. 422.

tous les dessus nommez, a esté conclu que encores ne sera mie baillé adjornement en cas d'appel par ladicte Court, mais seront faictes et baillées lettres au procureur de l'Université, adreçans à maistre Thomas Fassier et Hugues Le Coq, conseilliers du Roy, estans à Rouan, *et eorum cuilibet*, pour signifier ausdis bailli et lieutenant ladicte appellation et pour leur faire inhibicion et defense de par la Court qu'ilz ne innovent ou attemptent aucunement contre ladicte appellation, ne ou prejudice d'icelle[1].

Conseil, XV (X¹ᵃ 1481), fol. 68 v°.

Jeudi, vij° jour de may.

Avant les plaidoieries, m° Girart Perriere, conseillier du Roy, doien de l'eglise de Chalon et chanoine de l'eglise de Paris, vint en la Chambre de Parlement et dist à la Court, en effect, comment il avoit esté nommé et esleu par chapitre de l'eglise de Paris pour aler et soy representer pour ledit chapitre ou saint Concil general estant en la ville de Basle, et avoit accepté ceste charge[2]. Et pour ce qu'il avoit intencion

1. Ce paragraphe se trouve reproduit par Du Boulay, *Historia Universitatis Parisiensis*, t. V, p. 424.
2. Ce fut le 2 avril que le chapitre de Notre-Dame confia à Girard Perriere le mandat de le représenter au concile de Bâle, avec pleins pouvoirs; le chanoine Perriere se proposait d'emmener avec lui son frère Girard, franc sergent de l'église de Notre-Dame, et son neveu Jean, chapelain de la chapelle Saint-Pierre. Le 8 mai, le même chanoine ayant présenté diverses requêtes au chapitre, notamment au sujet de la location de la maison qu'il habitait, des mereaux qui lui revenaient, des honoraires qui lui étaient dus, tant pour sa gestion de l'officialité, le siège vacant, que pour celle de la librairie de Notre-

de partir prochainement de Paris, et n'estoit mie certain se avant l'eure de son departement il auroit bonne oportunité de retourner en ladicte Chambre, il avoit voulu signifier ce que dit est à la Court, en soy offrant pour la Court et pour les singuliers suppostz soy employer de son povoir en ce que on lui vouldroit enchargier, en suppliant que la Court voulsist supporter son absence et suppleer en son fait et avoir sa personne, ses procès et ses affaires pour recommendez. Et especialment supplioit que la Court, en tant que pourroit et besoing en seroit, voulsist tenir la main à ce que son office et son lieu en ladicte Court lui feust gardé, et que aussi la Court le voulsist avoir pour recommendé ou regard du paiement des gaiges qui lui sont ou seront deubz. Sur quoy la Court a fait très gracieuse response, *mutuam benivolenciam eidem refferens*.

Conseil, XV (X^{1a} 1481), fol. 69.

Les recteur et deputez de l'Université ont fait dire et proposer en effect par maistre Jaque de Thouraine, afin qu'il plaise à la Court de ordonner et declarer que l'ordenance touchant la collation des benefices par distribucion alternative soit observée, executée et gardée selon sa forme et teneur, *attenta auctoritate constituentium et approbacione regis*, et que maistre Jehan Saliou, qui se dit procureur de l'eglise de France, soit debouté de son opposition, comme

Dame, et au sujet de ses procès et du compte de l'exécution de G. Cardonnel, le chapitre chargea le chantre de Notre-Dame de faire connaître à Perriere les décisions prises à cet égard (Arch. nat., LL 113, fol. 334; LL 114, fol. 44).

torçonniere, injuste et non recevable, et que, nonobstant son opposition, ladicte ordenance alternative ait son cours, laquelle est moult convenable et utile, fondée en bonne raison, ainsi que ledit proposant a moult plainement et notablement monstré par raisons et escriptures.

Maistre Jehan Saliou dit que, soubz umbre d'une opposition qu'il a autresfois fait ceans en ceste matiere, ou nom et comme procureur de l'eglise de France, il a esté pluiseurs fois mandé devant les deputez et es assemblées de l'Université et s'est pluiseurs fois excusé envers l'Université, qui a receu par cy devant ses excusations, et, neantmoins, fu hier mandé devant le recteur et deputez ou en l'assemblée, et lui fu dit qu'il estoit privé de l'Université, mais l'execution de sa privation estoit et seroit tenue en suspens et delaiée jusques au jour duy pour venir ceans renoncier à sadicte opposition. Si dit que on lui a baillié brief terme, et que ceste matiere est grant et touche l'Eglise, le Roy, les prelas, le bien publique ; pour ce requiert avoir plus long delay pour venir dire ceans ce qu'il appartendra et veoir les munimens qu'il a mis ceans.

Appoincté que maistre Jehan revendra lundi, et *interim* verra les lettres et munimens dessusdis, et aussi les verra l'Université, se veoir les veult.

Matinées, XV (X¹ᵃ 4797), fol. 66 vᵒ.

Venredi, viijᵉ, et samedy, ixᵉ jours de may, furent au Conseil mᵉ Robert Piedefer, president, mᵉ Ja. Branlart, mᵉ J. Vivian et les autres conseilliers de ceans, à conseillier l'arrest d'entre Jehan Tibert, ou nom qu'il procede, appellant, d'une part, et damoiselle Jehanne de Calonne, d'autre part, *ut in camera Inquestarum, magister Matheus Courtois visitavit processum, qui erat in scriptis.*

Mardi, xij⁰ jour de may, furent au Conseil m⁰ Robert Piedefer, president, m⁰ Ja. Branlart, m⁰ J. Vivian, m⁰ G. Cotin et les autres conseilliers de ceans, à conseillier l'arrest ou procès par escript entre Gobert Le Fevre, appellant, d'une part, et Jehan Estournel, et le procureur du Roy adjoint avec lui, intimé, d'autre part. *Et fuit expeditum per judicium, ut in camera Inquestarum, M. P. de Pilorio visitavit processum et fecit arrestum more solito in camera Inquestarum.*

Samedi, xxvj⁰ jour de may.

Furent au Conseil maistre Robert Piedefer, president, m⁰ Ja. Branlart, m⁰ J. Vivian...[1] pour deliberer se les arrestz, que s'atendoit aujourduy pronuncier ledit Piedefer, seroient pronunciez, ou se l'en surserroit de la pronunciacion jusques à ce que paiement fu fait des gaiges dont estoient deubz les arrerages de tout ce Parlement et d'autres precedens. Et, finablement, fu conclu de surseoir la pronunciacion d'iceulz arrestz jusques à ce qu'ilz aient paiement.

Samedi, vj⁰ jour de juing.

Ce jour, veues les lettres closes du duc de Bedford et la requeste baillée par escript de par Thomas Overton, prisonnier, a esté deliberé par la Court de man-

1. Suivent les noms de dix-sept conseillers.

der les procureur et advocat dudit de Bedford pour savoir s'ilz veullent dire aucune chose touchant le fait dudit Overton et de oyr sur ce ledit Overton, s'ilz veullent dire aucune chose de nouvel.

Conseil, XV (X^{1a} 1481), fol. 69 v°, 70 r°.

Mecredi, x^e jour de juing.

Ce jour, maistres Henry Roussel, advocat, et Phelippe de Saint-Germain, procureur du duc de Bedford, regent, ont dit que de nouvel ilz ont receu lettres dudit regent et ont veu lettres touchans Thomas Overton, et dient qu'il y a assez matiere pour mouvoir le regent à se faire partie contre Overton, et emploient le contenu es lettres et ce qui a esté dit autrefois en la cause dudit Overton contre messire Jehan Fastolf, chevalier, et concluent contre Overton à la reparation des injures par amendes honnourables ceans et ailleurs où la Court le gardera, et proufitables de x mil salus pour appliquer à l'Ostel Dieu de Paris, ou autrement selon l'ordonnance de la Court.

Thomas Overton, au contraire, dit et emploie ce qu'il a dit et proposé en ladicte cause contre messire Jehan Fastolf, et conclut à fin de non recevoir et d'absolution; et se le regent demande despens, Overton les demande contre lui.

Appoincté que la Court verra tout ce qui a esté dit et ce qu'il appartendra et fera droit au Conseil.

Matinées, XV (X^{1a} 4797), fol. 79 v°.

Venredi, xixe jour de juing.

Ce jour, les deputez de l'Université de Paris, par la voix de maistre Jaques de Touraine, ont requis avoir response sur la requeste autrefois faicte à la Court, et que l'opposition faicte par maistre Jehan de Wary soit declarée nulle, et dient que Wary ne s'estoit point opposé à la publication, pour ce requierent que la Court ne veuille oultre delayer la publication soubz umbre de ladicte opposition.

Matinées, XV (X¹ᵃ 4797), fol. 83 v°.

Mardi, xxiij° jour de juing.

Furent au Conseil m° Robert Piedefer, president, m° Ja. Branlart, m° J. Vivian...[1] pour conseillier l'appoinctement sur la requeste de l'Université de Paris, d'une part, et le procureur du Roy, et maistre Jehan de Wary, soy disant procureur du clergié de l'eglise de France, pour occasion de la publication et enterinement des lettres d'une alternative *per menses*, et *non fuit conclusum*[2].

Conseil, XV (X¹ᵃ 1481), fol. 70 v°.

Mardi, xiiij° jour de juillet.

Ce jour, maistre Jaques Branlart et m° Phelippe de Nanterre, conseilliers du Roy, ont dit et rapporté en la Chambre de Parlement, en la presence desdis presidens et conseilliers, que, entre autres paroles, le Chancelier de France leur avoit hier dit que ce avoit esté et estoit l'intencion des gens du Conseil du Roy que maistre Erard Gherbode, conseillier du Roy, eust ses gages et que ses cedules feussent enregistrées pareillement que estoit ordonné des autres conseilliers de ladicte Court.

1. Suivent les noms de vingt conseillers.
2. La délibération se poursuivit au Conseil les 26 et 27 juin.

Venredi, xvij° jour de juillet.

Ce jour, les advocat et procureur du Roy ont apporté à la Court les lettres du povoir donné au Chancelier en l'absence du duc de Bedford, regent, pour les faire enregistrer ceans, et y ont esté enregistrées[1].

Conseil, XV (X^{1a} 1481), fol. 71 v°, 72 r°.

Jeudi, xxx° jour de juillet.

Ce jour, maistre Jehan de Wairy, procureur substitut du clergié du royaume de France, disant que, pour ce qu'il n'a peu avoir accès ne faculté de parler à plusieurs prelas dudit royaume de France, ausquelx appartient principalement de soustenir les ordonnances pieça faites par ledit clergié sur la reduction de ladicte eglise à ses libertez anciennes et depuis confermées par le Roy et son Conseil, et que aucuns desdis prelas font difficulté de eulx adherer avec lui oudit nom et de soustenir la poursuite par lui commencée à l'encontre de l'Université de Paris pour empescher le cours de la publication de certaine constitution alternative que l'on dit avoir esté nagaires octroiée par Nostre Saint-Pere le Pape, et qu'il n'a peu avoir de ceulx qui l'avoient mis en besoingne instructions promptes, souffisantes pour faire ladicte poursuite, s'est deporté et deporte de present d'icelle poursuite, et a laissié

---

[1]. Les lettres de Henri VI, roi de France et d'Angleterre, données à Calais le 29 mai 1433, qui établissaient Louis de Luxembourg, évêque de Thérouanne et chancelier de France, comme régent du royaume, en l'absence du duc de Bedford, se trouvent insérées dans le registre des Ordonnances, X^{1a} 8605, fol. 23 v°.

devers la Court les procurations et substitution et aussi les autres lettres et munimens qui lui avoient esté baillez, lesquelz sont inventoriez en ung sac, et s'en rapporta et rapporte du tout à l'ordonnance de la Court et à ce que le procureur du Roy en vouldra poursuir.

Matinées, XV (X^{1a} 4797), fol. 101.

Samedi, viij° jour d'aoust.

Ce jour, vint en la Court le recteur et pluseurs des maistres de l'Université en leurs abitz acoustumés, et firent proposer par la bouche de maistre Guillaume Erard, maistre en theologie, qu'ilz venoient pour faire une grief complainte, contenant deux choses : l'une pour le fait du rachat de rentes que l'en fait contre le bien des eglises et des colleges de Paris, l'autre pour le fait de l'alternative, afin qu'elle ait son cours, ainsi que Nostre Saint-Pere le Pape, et le Roy, et son Conseil l'ont voulu et ordonné. Et print ledit Erard par maniere de theume la parole du Psalmiste, psalmo XIIII° : *Tu es qui restitues hereditatem meam michi*[1], *que sunt verba Christi secundum humanitatem loquentis Deo Patri.* Et ces paroles povoient adrecer à la Court, qui est la souveraine justice de ce royaume, et protesta ledit Erard qu'il n'entendoit par ce qu'il avoit à dire à aucun injurier; et estoit chargié de ce dire par commandement à lui fait par l'Université. Et ce fait, dist ledit proposant qu'il presupposoit deux choses. Primo, que les libertez de l'Eglise ne

---

1. Ce texte est emprunté au psaume 15, verset 5; il est ainsi conçu : *Dominus pars hereditatis meae et calicis mei, tu es, qui restitues hereditatem meam mihi.*

sont pas seulement *in spiritualibus*, mais aussi *in temporalibus, quia, ut ait Philippus, primo Ethicorum : spiritualia indigent temporalibus*, etc. *Item, et secundo*, supposoit que les empereurs et roys ou temps passé, meuz de devocion, ont baillié et donné à l'Eglise pluseurs beaux privileges et drois temporelz, lesquelx ne doivent estre ostez ou adnichillez par leurs successeurs, qui ainçois les devroient augmenter. Oultre, dit comment l'Université de Paris vint d'Athenes à Romme, et de Romme à Paris, au pourchas du roy Charlemagne qui, à la requeste de quatre clers, c'est assavoir *Alcuinus* et autres trois qu'il nomma, promist de leur faire pourveoir de gens ingenieux pour mettre à l'estude, de vivres, vestemens et autres leurs necessitez qu'il declaira. Et se les roys et princes ou temps passé ont esté très glorieux et ont prosperé pour leurs bonnes œuvres qu'ilz faisoient, par le contraire, il est à croire vraissemblablement qu'il mescherra à ceulx qui feront mauvaises œuvres. *Ponpeyus* fut très glorieux en son empire, mais tantost qu'il fist de l'Eglise estable à ses chevaux, il fina ignominieusement ses jours. Allegue une auctorité de Pollicraticon à ce propos, et, *quamdiu reges bene tractaverunt viros ecclesiasticos*, ont tousjours eu prosperité. Dit oultre que, depuis v ou vj ans ença, on a fait une constitucion par laquelle seroit loisible de racheter les rentes non deucment amorties, constituées sur les maisons de la ville de Paris et des forbours d'icelle, par et de laquelle s'est ensuye grant ruyne et desolacion et eversion de l'estude de Paris. Laquelle constitucion ne vault et ne se puet soustenir pour pluseurs raisons. Primo, car qui veult faire une loy ou constitucion, il fault appeller ceulx à qui il touche, par especial les principaulx membres; or, est ainsi que en ceste ville a trois estas, lesquelx, et en especial les gens d'eglise et aussi l'Université, n'y ont point esté appellez ne presens; et *fuit facta per paucos*, et y a eu seulement trois ou quatre personnes d'eglise, et n'est mie loisible au peuple de faire une loy sur la noblesse, *nec econtra*, sans appeller ceulx à qui la chose puet touchier; et s'en va tout le prouffit de ceste constitucion es bourses de vij ou viij personnes qui ont pourchassié ceste constitucion; et ne leur a pas souffi que la ville de Paris y feust comprinse, mais ont pourchassié que les forbours d'icelle y feussent aussi comprins. Et supposé que les faiseurs de ladicte constitucion eussent eu auctorité, toutesvoies voit l'en et apparçoit on clerement qu'elle ne se puet soustenir, car par icelle plus grant ruyne et desolacion s'est ensuye es maisons de la ville de Paris que par avant ne faisoit. Item, pluseurs benefices en sont defondez et destruis, et n'en chante l'en plus, et sont par ce les ames estans en purgatoire fraudées, car on ne chante ne prie plus pour elles; et sont les rentes de colleges et d'eglises consignez en main de justice, passé a long temps, et par ce n'en parçoivent plus riens les escoliers et beneficiez, et n'ont de quoy vivre. Et par ce fault necessairement que l'Université s'en voit et se parte de la ville de Paris, qui en a esté moult honorée et enluminée ou temps passé. Item, ceste loy persecute Dieu et l'Eglise, car on ne donra plus riens à l'Eglise par ce moien; et ne fut onques temps de prendre guerre à Dieu. Item, par icelle loy on contrainct ung homme à vendre le sien, qui est une contraincte desraisonnable. Item, on persecute ceulx du purgatoire, comme dit est, car leurs messes et prieres cessent, et crient à Dieu : *Vindica, Domine, sanguinem nostrum qui effusus est;* car on leur empesche et retarde leur fruicion et vision de Dieu. Item, y a mots capcieux en ladicte constitucion, c'est assavoir, en ces mots *deuement admorties,* dont s'en sont ensuis pluseurs inconveniens et procès; et pour la malice des gens fault *hiis temporibus* mettre une peau de parchemin où souloient souffire quatre lignes. Dit oultre que le roy Phelippe de Valois volt faire à l'enmortement d'aucuns une pareille constitucion, mais quant il fut bien informé et conseillié, n'en fist riens, mais au contraire il donna et admortist pluseurs terres et rentes à l'Eglise et y fist pluseurs biens. Item, se ceste constitucion dure, venront en ruyne et desolacion totale les colleges de Paris qui n'ont pas esté fondez par les roys ne par les gens de Paris; si ne les pevent defonder ne destruire; et n'y a que le college de Mignon; et a esté ou temps la ville de Paris moult eslevée et peuplée par les escoliers de l'Université, et par especial du costé où est l'estude. Si font lesdis de l'Université trois requestes : *primo,* que telz voies cessent et que ladicte constitucion soit abolie; *secundo,* ou cas que abolie ne seroit, qu'il soit declairé que ladicte constitucion *non comprehendat Ecclesiam, saltem Universitatem, nec supposita, qui possunt dici miserabiles persone; tercio,* que l'alternative soit avancée et qu'elle ait son cours.

Sur quoy la Court a respondu aux dessusdis que en tant qu'il touchoit les procès pendans ceans entre parties la Court feroit raisons à icelles parties, et au seurplus alassent devers monseigneur le Chancelier et le Grant Conseil[1].

Conseil, XV (X¹ᵃ 1481), fol. 72 vº.

Jeudi, xiij° jour dudit mois d'aoust.

Ce jour de jeudi, entre ix et x heures, survindrent en la Court mons' le Chancelier, mess" les evesques de Lisieux et de Noyon, messire Jehan le Clerc, les seigneurs de l'Ille, de Clamecy, de Pressy, chevaliers, maistres Nicole Fraillon, Phelippe de Ruilly et T. Fassier, maistres des Requestes de l'Ostel, G. le Duc, R. Piedefer, presidens en Parlement, m° J. Branlart, J. Vivien...[2], et fist ledit mons' le Chancellier publier l'alternative, comme contenu est plus à plain ou livre des Plaidoiries, sans en demander ne avoir la deliberation de la Court.

Conseil, XV (X¹ᵃ 1481), fol. 73 vº.

Ce jour, entre ix et x heures, en plaidoiries mons' le Chancelier est venu en la Court de ceans, acompaigné des evesques de Lisieux et de Noyon, de messire Jehan le Clerc, des seigneurs de l'Isle Adam, de Clamecy et du Mesnil, chevaliers, maistres Nicolas Fraillon et Phelippe de Rully, maistres des Requestes de l'Ostel, tous conseilliers du Roy nostre Sire, lequel

---

1. Le discours prononcé par Guillaume Érard au nom de l'Université, dans la séance du 8 août, a été reproduit, mais non intégralement, par H. Denifle et E. Chatelain, *Chartularium Universitatis Parisiensis*, t. IV, p. 553. Le texte donné par Du Boulay, *Historia Universitatis Parisiensis*, t. V, p. 424, est plus complet.

2. Suivent les noms de dix-sept conseillers.

monsʳ le Chancelier, tenant le siege, a fait lire et publier les lettres royaux, faictes et données le xijᵉ jour de may, l'an mil cccc xxxii, sur le consentement du Roy nostredit seigneur, à ce que la derreniere alternative faicte sur la collacion des benefices par mois ait son cours et soit gardée selon le contenu desdictes lettres, après la lecture desquelles le procureur du Roy a dit que depuis le temps des ordonnances de l'eglise de France ont esté faictes et publiées pluseurs alternatives, et à la publication qui d'icelles a esté en la Court de ceans il a tousjours fait certaines protestations, qui sont enregistrées ceans, et encore les fait il à present telles et semblables, et les tient cy pour repetées, mais pour ce que on a esperance que à ceste fois y sera pourveu par le concile general de l'Eglise estant à Bale, il, par maniere de tollerance et sans prejudice desdictes ordonnances, consent la publication desdictes lettres royaux, par protestation que, ou cas que par ledit concile de Bale n'y sera mise provision, que icellui concile dissolu et finé, lesdictes ordonnances de l'eglise de France soient gardées et aient leur cours selon les termes d'icelles, sans reiteration d'aucune aultre alternative, jusques à ce qu'il eust esté oy à plain en ses causes d'opposition par ses predecesseurs et par lui autres fois faictes en ceste matière. Et ce fait ledit monsʳ le Chancelier enjoingny audit procureur du Roy qu'il baillast et mist par devers la Court sesdictes protestations[1].

Matinées, XV (Xᵗᵃ 4797), fol. 105.

---

1. En marge, de la main du greffier : *De publicatione alternative.*

Mecredi, xix⁰ jour d'aoust.

Ce jour, le procureur du Roy a dit que le registre de la Court, que le greffier fist le xiij⁰ jour de ce mois, touchant la publication de l'alternative, est bien enregistré, et pour ce pour les protestations qu'il devoit bailler par escript audit greffier et devers ladicte Court il emploie, et baille ledit registre sans y adjouster ou diminuer aucunement, et ce lui souffist[1].

Conseil, XV (X¹ᵃ 1481), fol. 74.

Mecredi, second jour du mois de septembre.

Cedit jour, le procureur du Roy est venu à la Court sur le contenu en certaine requeste presentée à la Court par l'abbé, qui à present est[2], et religieux de Saint-Mor-des-Fossés, à lui monstrée par icelle Court, afin que le temporel et les revenues de ladicte abbaye, qui longuement ont esté gouvernées par aucuns commis de par la Court et soubz la main du Roy, feussent remises et baillées en gouvernement à l'abbé et religieux dessusdis, et pour ce le procureur du Roy a dit que, veu le gouvernement dudit abbé qui est à present, et aussi que la chose se fera à mendres frais et plus prouffitablement par ledit abbé que par les commis, il est d'accord et lui semble que on lui puet bien faire delivrance du temporel et revenues de ladicte abbaye,

1. Une mention identique figure au registre des Matinées, fol. 107.
2. Selon toute apparence, il s'agit de Jean Le Meusnier ou Le Moine, successeur de Jean de Servaville, qui avait été évincé de l'administration de l'abbaye de Saint-Maur, le 15 septembre 1432.

pourveu que il gouvernera ledit temporel sous la main du Roy et de la Court, et en rendra compte et reliqua, pourveu qu'il ne fera riens sans en avoir l'advis et consentement du prieur de Saint-Eloy de Paris, et s'en rapporte à ce que la Court en fera. Et lendemain, qui fut jeudi, en consideration à ce que dit est, furent donnez commissaires à oir les parties et rapporter à la Court, ont esté commis maistres G. Colin, Hugues Le Coq et Phelippe de Nanterre, conseilliers du Roy nostre Sire.

Item, le procureur du Roy a requis, pour ce qu'il y a procès pendant ceans entre lui, d'une part, et le prieur de Saint-Denis-de-la-Chartre, d'autre, à cause du pressoir assis en la place Saint-Denis, que durant ce que ledit pressoir est en nature et que on pourra mieulx veoir l'empeschement que ledit pressoir fait à entrer en ladicte eglise, il plaise à mess^rs les presidens et à aucuns de messieurs de Parlement, en passant par devant, veoir et adviser l'empeschement et occupation dudit pressoir pour y avoir, en jugeant ledit procès, tel regart qu'il appartendra.

Conseil, XV (X^1a 1481), fol. 75 r° et v°.

Venredi, iiij° jour de septembre.

Ce jour, à conseillier l'arrest d'entre maistre Paoul Nicolas, prisonnier, d'une part, et l'evesque de Paris et autres, d'autre part, sur le plaidoié du lundi ix° jour de mars mil cccc xxxii, il sera dit que la Court a mis et met lesdictes appellations au neant sans amende, et a eslargi et eslargist la Court ledit maistre Paoul, lequel, toutesvoies, sera tenu de comparoir et comparra en personne, *et sub penis et submissioni-*

bus, par devant maistres Nicolas Fraillon, arcediacre de Paris, Phelippe de Ruilly, tresorier de la Saincte-Chapelle, maistres des Requestes de l'Ostel du Roy nostre Sire, et Jaques Branlart, archeprestre de Saint-Severin et president en la Chambre des Enquestes, ausquelx l'evesque de Paris baillera sa commission pour faire le procès dudit maistre Paoul sur les cas à lui imposez et sans prejudice des drois du procureur du Roy et de l'evesque de Paris au regard de la prinse manuelle.

Conseil, XV (X^{1a} 1481), fol. 75 v°.

Venredi, xj° jour de septembre.

Furent au Conseil m^{es} G. le Duc, R. Piedefer, president, m° J. Branlart, m° J. Vivian...[1]. Et y survindrent m° N. Fraillon, m° Ph. de Ruilly et T. Fassier, maistres des Requestes de l'Ostel du Roy nostre Sire.

A conseillier l'arrest d'entre maistre Estienne Coleau, appelant des gens des Requestes du Palais, et les marregliers des Sains-Innocens de Paris, adjoinctz, d'une part, et les chevecier et chanoines de l'eglise Sainte-Oportune, intimez, d'autre part. *Et fuit conclusum per judicium cum matura deliberatione, prout in camera Inquestarum, et fecit m^r S. de Plumetot arrestum.*

Samedi, xij° jour du mois de septembre.

Ce jour, ont esté prononciez les derniers arrestz par m° R. Piedefer, president.

1. Suivent les noms de dix-neuf conseillers.

Lundi, xiiij° jour de septembre.

Curia vacat propter festum exaltacionis Sancte Crucis.

Conseil, XV (X¹ᵃ 1481), fol. 76 v°.

Samedi, xix° jour de septembre.

Au Conseil, furent prononciez et dit aux parties aucuns appoinctemens touchans prisonniers et autres par maistre G. Le Duc, president, et fu le Parlement finé et les Chambres closes.

Matinées, XV (X¹ᵃ 4797), fol. 114 v°.

Illius invocato nomine qui propter injusticiam de gente in gentem regna transfert, cujus omnino recta sunt judicia, incipit registrum consiliorum causarum civilium Parlamenti incepti, duodecima die novembris, anno millesimo quadringentesimo tricesimo tercio ab Incarnatione Domini, et anno decimo octavo quo ego Clemens de Fauquembergue, in utroque jure licentiatus, decanus ecclesie Ambianensis, Regis prothonotarius, dicti Parlamenti grapherius, hujusmodi officium exercui, officio judicantis intermisso. Malui et mutas agitare inglorius artes.

Jeudi, xij° jour de novembre, l'an dessusdit.

Messire Loys de Lucembourg, evesque de Theroenne, chancelier de France, tint le Parlement, presens l'evesque de Paris, messire Jehan Le Clerc, messire J. de Pressy, chevaliers, conseilliers du Roy, m° Phelippe de Rully, m° H. Rapiout, m° Tho. Fassier, maistres des Requestes de l'Ostel, et pluiseurs autres. Et furent leues les ordonnances et receuz les seremens en la forme et maniere acoustumée.

Ce jour, les recteur et deputez de l'Université de Paris et le prevost des marchans firent dire et remonstrer audit Chancelier et aux presidens et conseilliers de Parlement par la bouche de maistre Guillaume Erart, maistre en theologie, qu'ilz avoient entendu que on vouloit instituer, establir ou fonder en la ville de Caen estude de lois et de decretz, et comment ce pourroit redonder ou grant dommage ou prejudice du Roy et de son royaume, ou prejudice et à la diminucion ou confusion de la foy chrestienne, ou prejudice de la souveraineté et ressort de la Court de Parlement, contre le traictié de la paix; et singulierement prejudicieroit à la restauracion de la cité et estude de Paris. Declairoit en oultre ledit Erart les dommages et inconveniens disposez d'avenir par ledit estude de Caen, et avec ce remonstroit comment ledit estude ne seroit mie utile ne neccessaire, especialment pour le pais de Normendie, qui est tout reglé et gouverné par coustumes, et comment à Louvain, à Dole et ailleurs avoit estudes de lois pour fournir ce royaume de legistes et juristes. Par quoy vouloit dire ycellui Erart qu'il n'estoit neccessité ne utilité de establir ladicte estude de Caen, et que, en tant que besoing seroit, l'Université de Paris offroit de consentir et permettre à Paris estude de droit civil *ad tempus*, ainsi que seroit advisé, en suppliant au Chancelier et à la Court que ce voulsissent remonstrer ou faire remonstrer au Roy et à son Conseil et où il appartendroit, afin que ledit estude ne soit estably ou fondé en ladicte ville de Caen. Sur quoy le Chancelier fist response en disant aux dessus nommez qu'ilz baillassent par escript devers la Court leur offre dessusdicte et que on auroit advis sur ce qui avoit esté dit et requis de par l'Université et le prévost des marchans de Paris[1].

Conseil, XV (X¹ᵃ 1481), fol. 77 r° et v°.

Venredi, iiij° jour de decembre.

Furent au Conseil m° G. Le Duc, m° R. Piedefer, presidens, m° Ja. Branlart, m° J. Vivian, m° H. de Dicy, m° G. Cotin, m° Barthelemy Le Viste et les autres conseilliers de ceans qui avoient fait venir les procureur et advocat du Roy, ausquelz la Court avoit fait veoir certaines lettres par lesquelles estoit octroiée faculté de admortir en certaine forme et maniere et jusques à certain temps declarez esdictes lettres. Et sur le contenu et enterinement d'icelles

---

1. La relation de cette démarche de l'Université de Paris et du prévôt des marchands à l'effet de protester contre la création d'un cours de droit à Caen a été reproduite par Du Boulay, *Historia Universitatis Parisiensis*, t. V, p. 426, et par Félibien, *Histoire de la ville de Paris*, pièces justificatives, t. IV, p. 594. H. Denifle et E. Chatelain, dans le *Chartularium Universitatis Parisiensis*, t. IV, p. 556, se bornent à une analyse, mais donnent en note d'intéressants renseignements sur la suite qui fut donnée à cette affaire, notamment le voyage du Chancelier et de Pasquier de Vaux à Caen au mois de décembre et la lettre de l'Université à ses représentants au concile de Bâle, à l'effet d'intervenir auprès du roi d'Angleterre. L'Université de Paris craignait, à juste titre, la désertion de ses écoles par les Normands, comme tendent à le prouver des exemples cités.

fu dit entre autres choses par lesdis procureur et advocat du Roy que lesdictes lettres ne devoient estre enterinées, veu le jeune eage du Roy, et que par l'enterinement d'icelles le demaine du Roy pourroit estre diminué, et que eulz tous avoient serement de conserver le demaine du Roy. Et sembloit que la teneur d'icelles lettres n'avoit mie esté assez adverty, et mesmement ou regard du pris qui seroit à baillier pour yceulz admortissemens, car il cherroit plus grant pris de admortir terres et heritages tenuz sans moien du Roy que d'autres, et de heritages tenus en censive, portans lotz et ventes, que d'autres. Oultre disoient que le feu roy Charles avoit defendu yceulz admortissemens, et que le procureur du Roy s'y estoit opposé et encores se y opposoit, et disoit que le temps de povoir admortir par lesdictes lettres estoit presque passé, et ne prouffiteroit gaires l'emolument desdiz admortissemens au paiement pour lequel lesdictes lettres avoient esté ordonnées et octroiées. En oultre, emploient ce que autrefois ont escript et produit en la matiere des admortissemens. Sur quoy la Court a appoincté que le procureur du Roy mettroit lesdictes lettres et ce qu'il vouldroit devers la Court, et tout veu au Conseil, ycelle Court fera droit.

Conseil, XV (X¹ⁿ 1481), fol. 78 v°.

Lundi, xiiij° jour de decembre.

Ce jour, ont esté leues es Plaidoieries les lettres royaulx[1] par lesquelles le Roy a ordené que l'office

1. Les lettres de Henri VI, roi de France et d'Angleterre,

de greffier et registre des presentacions, que nagaires exerçoit feu m° P. de la Rose, soit joint et reuny au greffe civil, etc. Et, après la lecture, a esté appoincté que la Court les verroit.

Matinées, XV (X¹ᵃ 4797), fol. 122 v°.

Mardi, xxix° jour de decembre.

Ce jour, maistre Jaques Branlart, conseillier du Roy, a dit, present maistre Jehan Roussel, estant en la Chambre de Parlement, qu'il avoit obtenu deux defaulz contre maistre Pierre de Brenne[1] et que ledit Roussel le savoit bien, et neantmoins se Roussel vouloit proceder sur le principal pour ledit de Brenne, il se deporteroit de son second default; oultre, disoit que, depuis le second default, avoit esté parlé de bonne foy de certain accord et qu'il estoit tout prest de le passer *in forma*, mais que ledit Roussel veulle consentir qu'il ait simplement l'estat de la chose contencieuse, et ycellui Branlart baillera lettres telles qu'il vouldra de sa promesse et de son consentement. Sur quoy ledit Roussel a respondu en effect que Branlart parle sans partie, et ne parla onques Roussel audit maistre Pierre de Brenne; mais son frere, maistre

en forme de mandement, qui portaient réunion du greffe des présentations au greffe civil, à l'effet de restreindre le nombre des officiers, furent données à Rouen le 3 décembre 1433; elles se trouvent au registre des Ordonnances, X¹ᵃ 8605, fol. 25.

1. Pierre de Brenne, clerc du diocèse de Langres, maître ès arts, fut reçu docteur en décret de l'Université de Paris le 28 juillet 1437 (cf. H. Denifle et E. Chatelain, *Chartularium Universitatis Parisiensis*, t. IV, *passim*).

Giles de Brenne, et maistre Guillaume Erart lui baillerent une procuration dudit maistre Pierre; et depuis le procureur du Roy a dit ceans que maistre Pierre de Brenne estoit à Lengres et tenoit le party contraire, pour ce depuis Roussel ne oza pour lui occuper et ne occupe point; et dit que maistre Giles de Brenne fist ledit accord avec maistre Jaques Branlart. Et atant se departirent lesdis Branlart et Roussel de ladicte Chambre de Parlement, qui y estoient venuz pour dire et declarer en la Court ce que vouldroient dire en ceste matiere. *De qua vide supra in registro xviij diei hujus mensis decembris*[1].

Conseil, XV (X^{1a} 1481), fol. 79.

1. Le procès en question était relatif à la possession des fruits et revenus du doyenné de l'église de Beauvais; par accord du 15 septembre 1433, visé dans l'arrêt du 18 décembre suivant, le Parlement adjugea à Jacques Branlart l'état de la chose contentieuse (Arch. nat., X^{1e} 146, n°s 7, 8).

1434.

Samedi, second jour de janvier.

Ce jour, maistre Evrard Gherbode[1], conseillier du Roy en sa Court de Parlement, fist sa requeste en ycelle Court afin d'avoir congié et licence de ladicte Court de aler ou païs de Flandres pour acomplir certaine charge à lui, comme il disoit, ordenée ou commise par le duc de Bourgongne en sa Chambre du Conseil à Gand. Laquelle Court, informée que ledit Gherbode estoit chargié de certains grans procès qu'il avoit veuz, visitez et extrais, dont on poursuioit assez instamment l'expedicion et jugement, lesquelz pourront estre expediez et jugiez dedens Pasques prochain venant, a delayé de donner ou octroier le congié demandé par ledit Gherbode.

Conseil, XV (X^{1a} 1481), fol. 79 r° et v°.

Mardi, xij° jour de janvier.

Ce jour, maistre Jaques Branlart, conseillier du Roy, a fait sa requeste afin que la Court lui veulle adjugier simplement l'estat de la chose contencieuse d'entre lui, d'une part, et maistre Pierre de Brenne, d'autre part, selon ce que autrefois il avoit requis et dit ceans par ledit Branlart, le xxix° jour de decembre derrain passé, sur quoy a esté conclu, comme dessus, le xviij° jour de decembre dessusdit.

Ce jour, oye la requeste du bailli de Saint-Jengou,

1. Évrard Gherbode était d'origine flamande.

la Court lui a prorogué le terme de faire le serement à cause de son office jusques au jour de saint Jehan Baptiste prochainement venant, pourveu que ce pendant ledit bailli, nommé messire Loys de Luru, fera le serement es mains de maistre Richart de Chancey, conseillier du Roy et president en sa Court de Parlement, se fait ne l'a.

Item, à conseillier l'arrest d'entre maistres Mahieu Courtois, conseillier du Roy, et Jehan de l'Espine, greffier criminel de Parlement, demandeurs, d'une part, et la vefve de feu Jaques Boitoire et Barthelemi de Bequerel, defendeurs, d'autre part. *De quo fecit arrestum et registrum magister Evrardus Gherbode, Regis consiliarius laicus, quia processus criminalis est.*

Venredi, xxij° jour de janvier.

Furent au Conseil m° G. Le Duc, R. Piedefer, presidens, m° G. Cotin, m° Ja. Branlart, m° J. Vivian, m° Barthelemi Le Viste et les autres conseilliers de ceans, à conseillier l'arrest d'entre Jehan Basin et Estienne Fournier, appelans, d'une part, et Lorin Laignelet, d'autre part. *Et non fuit omnino conclusum.* Mais a esté deliberé que premierement seront monstrées au procureur du Roy les lettres non seellées renvoiées à la Court de la Chancelerie, et l'information faicte contre ledit Laignelet, la sentence et certaines actes du procès, pour savoir que le procureur du Roy vouldra [dire] sur le contenu esdictes lettres non seellées et autrement en ceste matiere. Et en oultre, se mestier est, sera veu le registre de Chastellet fait sur l'eslargissement ou delivrance dudit Laignelet, et sera parlé aussi, se mestier est, aux gens dudit Chastellet, pour savoir comment on entend et comment on a acoustumé d'entendre la teneur dudit registre oudit cas et en cas semblables. Et ce fait, oy le procureur du Roy, la Court fera en oultre ce qu'il appartendra. Et ce jour, en executant ladicte deliberation, j'ay baillié lesdictes lettres, sentence et information aux procureur et advocat du Roy, estans ou parquet de la grant sale du Palais.

Conseil, XV (X^{1a} 1481), fol. 80 r°.

Mecredi, x^e jour de fevrier.

Curia vacat ob celebritatem sacrorum cinerum[1].

Matinées, XV (X.^{1a} 4797), fol. 140 v°.

Jeudi, xviij^e jour de fevrier.

Avant les plaidoiries, les procureur et advocat du Roy vindrent en la Chambre de Parlement sur le fait de Lorin Laignelet, disans que depuis qu'ilz avoient derrenierement esté devers la Court pour parler de ce, ilz avoient esté ou Chastellet de Paris et avoient parlé à maistre Jaques Cardon et autres officiers du Roy oudit Chastellet, et aussi avoient ceans au greffe civil et au greffe criminel [veu] s'il y avoit aucunes informations touchans le fait dudit Laignelet, ne autres munimens autres que ceulz qui leur avoient esté bailliez par l'ordenance de la Court, cy dessus escripte ou registre du xxij^e jour de janvier derrenier passé, et n'y ont trouvé rien de nouvel à la charge dudit Laignelet, et pour ce de son fait s'en sont rapportez et

---

1. En marge a été figuré à l'encre un dessin représentant deux poissons au bout d'une ligne.

s'en rapportent à ce qu'il en plaira ordener par la
Court, tant ou regard dudit Lorin comme de ses
pleges, et n'en sauroient dire autre chose que ce qui
en a esté dit. Et oultre ont dit qu'ilz ont oy dire que
ledit Lorin autrefois fu bouté hors de Paris, à l'instance de deux hommes, pour ce que leur refusa et ne
leur avoit voulu donner deux robes d'escarlate, et l'ont
oy dire audit maistre Jaques Cardon[1].

Conseil, XV (X^{1a} 1481), fol. 81.

Venredi, xix° jour de mars.

Furent au Conseil m° G. Le Duc, m° Robert Piedefer, presidens, m° Jaques Branlart, m° J. Vivian...[2].
Et survindrent par l'ordenance de la Court maistres
Jehan de Longueil, lieutenant du prevost de Paris,
J. Longuejoe, advocat du Roy en Chastellet, G. de la
Haie, Germain Rapine, advocas, J. Choart, procureur
du Roy oudit Chastellet, J. de Bar, procureur en ycellui Chastellet, pour estre interroguez, et lesquelz
furent interroguez de l'usage et coustume que on
disoit estre observée en la ville, prevosté et viconté
de Paris, par laquelle on maintient que ung detenteur
de heritages, chargiez de rente, est tenu aux rentiers
ypothecairement et personnelment des arrerages
d'icelle rente escheuz de son temps. Et sur l'observance d'icelle coustume en general et sur aucuns cas
particuliers à eulz declarez par la Court, ont les dessus nommez de Chastellet dit et declaré leurs advis, et

---

1. L'arrêt dans cette affaire fut rendu le 26 février; il ordonna la mise en liberté de Louis Laignelet, « en faisant le serment de tenir le traictié de la paix » (X^{1a} 1481), fol. 81 v°.

2. Suivent les noms de seize conseillers.

atant se departirent de la Chambre de Parlement. Et *illico* après leur departement, les dessusdis presidens et conseilliers procederent à l'expedicion et jugement du procès d'entre Guillaume Zeman, dit Coq, appellant, d'une part, et Guillaume et Guiot les Lormiers, Jehan Le Chandelier et sa femme, intimez, d'autre part, sur le plaidoié du xx° jour de mars mil cccc xxxi.

Il sera dit que la Court a mis et met au neant, sans amende, ladicte appellation et ce dont a esté appellé, et declare la Court lesdiz heritages estre affectez, ypothequez et obligez pour la rente et arrerages dessusdis, et condempne la Court ledit Zeman à paier yceulx arrerages jusques à la valeur des frais que ledit Zeman a perceuz ou peu percevoir desdiz heritages depuis la demande faicte en jugement par lesdiz Lormiers et Chandelier, et à paier les despens desdiz defaulz seulement, la taxation reservée par devers la Court. *Nota modificationem consuetudinis, per quam videbatur quod detentor personaliter teneretur de omnibus arreragiis sui temporis in solidum*[1].

Mardi, xxiij° jour de mars.

Furent au Conseil m° G. Le Duc, m° Robert Piedefer, presidens...[2]. Et survindrent l'evesque de Lisiex, m° Phelippe de Rully, m° H. Rapiout, m° Tho. Fassier, maistres des Requestes de l'Ostel, m° Thomas de la Marche, president, m° Phelippe Le Begue, m° Jaques Burges, m° Jehan Le Duc, conseilliers du Roy es Requestes du Palais.

---

1. En marge se trouve cette mention : « Nota arrestum de modificatione consuetudinis prepositure Parisiensis. »
2. Suivent les noms de quatorze membres du Parlement.

A conseillier l'arrest d'entre maistre Jehan Poutrel, appellant du prevost de Paris, d'une part, et maistre Jehan Housseau, intimé, d'autre part. *Et fuit expeditum per judicium, ut in camera Inquestarum, et fuit sententia confirmata* P. Cotin. *Attende quod per hoc arrestum adjudicatur recredentia actori, cui collatum est beneficium, quod vacavit in turno ordinarii, tempore alternative, virtute collationis sibi facte per ordinarium collatorem, contra defensorem, cui idem beneficium per cardinalem tituli Sancte Crucis, legatum a latere, fuerat collatum, cujus collationi inter cetera duo principaliter obstabant, videlicet, ordinatio libertatum ecclesiasticarum et constitutio alternative, et dictus cardinalis non erat legatus a latere cum generali potestate legati, sed dumtaxat ad articulum pacis* [1].

Dimenche, xxviij° jour de mars.

Fu la solempnité de Pasques, *in resurrectione Domini. Mutacio anni* m cccc xxiiij.

Conseil, XV (X^{1a} 1481), fol. 82 v°, 83 r°.

Venredi, second jour d'avril.

Furent au Conseil m° G. Le Duc, m° Robert Piedefer, presidens, l'evesque de Lisiex, messire Jehan Le Clerc, chevalier, m° Phelippe de Rully, m° Thomas Fassier, m° Jaques Braulart, m° J. Vivian...[2]. Et survindrent messire Giles, seigneur de Clamecy, m° Giles Veau et Michiel de Lallier.

Et pareillement les dessus nommez furent, le samedi

---

1. A la marge est écrit : *Nota arrestum de collatione legati extraordinarii.*
2. Suivent les noms de vingt-cinq conseillers.

troiziesme, le mardi vj°, venredi ix° jours d'avril, assemblez en la Chambre de Parlement à conseillier d'entre le procureur du Roy et les prieur et freres de l'ospital Saint-Anthoine, d'une part, et les procureur et gouverneurs de l'eglise du Sepulcre à Paris, d'autre part. *Et non fuit conclusum.*

Samedi, x° jour d'avril.

Furent assemblez en la Chambre de Parlement les presidens des trois Chambres de Parlement, les maistres des Requestes et les gens du Grant Conseil cy dessus nommez, pour conseillier l'arrest dessusdit d'entre le procureur du Roy et le commandeur de l'ospital Saint-Anthoine, d'une part, et les maistres et gouverneurs de l'eglise du Sepulcre à Paris, d'autre part. Et survindrent les recteur et deputez de l'Université, requerans avoir une briefve audience en la Court, qui leur fu octroyée. Et dirent presuposans les grans biens et prouffis qui estoient avenuz et disposez de avenir en l'eglise, à la ville de Paris, et generalment en tout ce royaume et en toute chrestienté, et à l'entretenement et exaltation de la foy catholique, et au contraire les inconveniens et dommages qui s'ensuivroient par la dissolution de ladicte Université et estude, qui a esté et est fondée et principalment entretenue par les notables colleges, qui sont fondez de rentes et revenues pour le soubstenement des escoliers estudians en ladicte Université. Oultre disoient qu'ilz avoient entendu que les dessus nommez du Conseil du Roy estoient assemblez en la Chambre de Parlement pour conseillier certaines matieres et procès touchans une ordonnance nouvellement faicte sur le rachat des rentes constituées sur les maisons de la ville et forbours de Paris, laquelle ordonnance leur sembloit estre à eulz moult prejudiciable et tendant à la dissolution, deffondation et dissipation desdis colleges et Université. Et pour ce, en perseverant et entretenant leurs requestes autrefois par eulz faictes en ceste matiere et sans s'en departir, supplioient et requeroient, en effect, que la Court, en ceste matiere, ne voulsist faire ou donner en ceste matiere aucune declaration ou appoinctement en leur prejudice, au moins voulsist la Court surseoir jusques à ce qu'ilz eussent esté oyz, ou declairier l'Université, leurs lieux, leurs colleges et leurs benefices estre exemps et non compris en ladicte ordenance. Ausquelz fu lors respondu que la Court auroit advis sur leur dicte requeste, et le mardi ensuivant, xiij° jour de ce mois, leur feroit response.

Et ycellui mardi, rassemblerent en ladicte Chambre de Parlement les dessus nommez du Conseil du Roy pour avoir advis et deliberation ensemble en la matiere dessusdicte, et especialment pour savoir quelle response on feroit à la requeste dessusdicte faicte par les recteur et deputez de l'Université de Paris. Et fu conclu par l'opinion de la plus grant partie desdis conseilliers de respondre sur ladicte requeste que l'Université seroit oye sur ce que dit est, s'elle vouloit, en la Court, ou feroit diligence de avoir audience devers le regent à son retour, et *interim*, que on surserroit de jugier le procès dessusdit jusques en la fin de ce Parlement, se plus tost lesdiz de l'Université n'estoient oys en ce que dit est.

Mecredi, xiiij° jour d'avril.

Ce jour, maistres Robert Piedefer, president, m° J.

Vivian, m° G. Le Breton et Phelippe de Nanterre, conseilliers du Roy, ont esté commis et deputez de par la Court pour aler parler au Chancelier de la matiere des renvoys des causes introduites ceans, dont les gens du Conseil de Rouen veult atraire la congnoissance.

Conseil, XV (X¹ᵃ 1481), fol. 83, 84.

Jeudi, xxij° jour d'avril.

Les recteur et deputez de l'Université sont aujourduy venuz en la Chambre de Parlement pour occasion de la cause et procès pendant ceans entre messire Jehan de la Garde et l'Université et le procureur du Roy adjoint avec ledit de la Garde à l'encontre de maistre Jehan Le Gouppil, et ont fait dire et reciter par maistre Guillaume Intrant, advocat, le demené du procès introduit ceans à l'instance dudit Gouppil à cause de l'archidiaconé d'Ouche[1], ou dyocese d'Evreux, et le contenu es actes et appoinctemens de la Court, et les defenses faictes à Gouppil, qui a obtenu lettres des gens du Conseil de Rouen pour faire defenses à messire Jehan de la Garde et pour faire joir Gouppil, ou prejudice du procès pendant ceans en matiere de regale, en matiere de nouvelleté entre ledit de la Garde qui est escolier. Et dient que les privileges de l'Université sont en ce enfrains et bleciez, et toutesvoies ilz sont exeptez de la Chartre normende, et par le traictié de la paix ilz doivent demourer en leurs

---

1. L'archidiaconé d'Ouche, l'un des trois archidiaconés de l'ancien diocèse d'Évreux, comprenait sept doyennés, notamment celui d'Ouche, de quarante-quatre paroisses, entre la Charentonne, la Risle et le Chemin-Perré.

franchises, possessions, drois et privileges. Si supplie et requiert l'Université que la Court tiengne la main, que la Court demeure en ses honneurs et prerogatives et auctorité, et que les privileges de l'Université soient observez, et plaise à la Court d'en parler au Chancelier et où il appartendra.

Le procureur du Roy dit que par le traictié de la paix la Court de Parlement est et doit estre la capital et souveraine justice, et que lesdis gens du Conseil de Rouen n'ont point fait ceans publier leurs lettres et ne sont receues ceans, et entreprennent contre l'auctorité et l'onneur de la Court, et pour ce requiert que la Court tiengne la main en ceste matiere pour l'onneur du Roy et pour conserver l'auctorité de ladicte Court et de sa justice souveraine. Et proteste le procureur du Roy d'en faire poursuite contre lesdictes gens dudict Conseil, comme privées personnes et comme coulpables de crime de lese magesté, et ainsi qu'il appartendra, et requiert que on arreste leur temporel.

Et sur ce la Court a respondu au recteur et deputez de l'Université que ycelle Court par cy devant a fait diligence de faire parler de ceste matiere au Chancelier et ailleurs, et y avoit fait et feroit au mieulx qu'elle pourroit, et que aussi l'Université povoit bien solliciter ceste besongne envers le Chancelier et autrement, ainsi que verroit à faire. Et oultre la Court a appoincté que lesdictes lettres des gens du Conseil de Rouen, octroiées audit Gouppil, seroient mises devers la Court, *et alia die* revendront les parties.

Matinées, XV (X¹ª 4797), fol. 160.

Lundi, xxvj° jour d'avril.

L'evesque de Paris a baillié ceans sa requeste par escript pour avoir ung calice, qui a esté trouvé sur ung cordelier, son prisonnier.

Le procureur du Roy dit que le calice n'est mie au cordelier, qui a confessé que le calice est à une personne qui l'a chargié en confession d'en faire restitution, et, se besoing est, la Court laye en fera bien restitution, si conclut afin de non recevoir.

L'evesque dit que le calice a esté trouvé en la possession du cordelier, si en aura l'evesque congnoissance, et du clerc et des meubles trouvez en sa possession, et ne vauldroit riens le procès que sur ce feroit la Court laye, et appartient miex à l'evesque de faire restitution de ce calice, qui est *res sacrata*, que à la Court laye, et mesmement pour ce que restitution ou distribution en doit estre faicte *ad pios usus, et est questio de re sacrata*, trouvée sur personne ecclesiastique.

Le procureur du Roy [dit] que ceste chose mobile n'est point privilegiée *cum persona*, car elle ne luy appartient point, et n'y convient point faire de procès de chose qui chiet en restitucion par confession, *quia, deficiente probatione*, le calice demourroit à l'evesque, et dit que telles restitutions ont esté faictes par Court laie, comme le chapeau d'or trouvé sur l'augustin et autres.

Les marregliers de l'eglise Saint-Jehan en Greve et de Saint-Andry-des-Ars et autres ont dit que depuis ung an ont perdu calices, si requierent à veoir le calice.

Appoincté que la Court verra les confessions du prisonnier, et aussi declareront les dessus nommez la façon des calices qu'ilz ont perdus pour savoir que sera à faire, et au Conseil la Court fera droit.

Jeudi, xxixe jour d'avril.

La cause d'entre Regnault Rohez, appelant du prevost de Pontoise pour la reyne d'Angleterre, d'une part, et Jehan du Val, intimé, d'autre part, est renvoiée au mois devant le bailli de Pontoise, et lui enjoint la Court qu'il administre bonne et brieve justice aux parties.

Matinées, XV (X¹ᵃ 4797), fol. 162 r°, 163 v°.

Venredi, xxj° jour de mai.

Furent au Conseil m° Robert Piedefer, president...[1]. A conseillier l'arrest d'entre Jehan Le Marquant, prisonnier, d'une part, et Thomas Guerard et François Fanuche, d'autre part, sur le plaidoié du xv° jour d'avril derrainement passé M CCCC XXXIV.

Il sera dit que les parties ne pevent estre delivrées sans fais et sont contraires, si feront leurs fais, et sera ledit Guerard demandeur et ledit Marquant defendeur, et au surplus ycellui Le Marquant sera eslargi *quousque* en faisant le serement du traictié de la paix et d'estre bon et loyal au Roy.

Et lendemain, xxij° jour dudit mois de may, fu dit aux parties cest arrest ou appoinctement. Et après incontinent fu requis et interrogué par la Court audit

---

1. Suivent les noms de vingt conseillers.

Marquant s'il vouloit faire ledit serement, lequel a demandé delay de faire ledit serement pour savoir se pendant ycellui delay il pourroit retraire et recouvrer aucuns de ses biens estans en la ville de Provins. Et pour ce que ledit Marquant a refusé, au moins delayé de faire promptement ledit serement, appoinctié a esté par ladicte Court que ledit Marquant retournera et demourra en prison en l'estat qu'il estoit avant la pronunciation dudit arrest. Et aura ladicte Court advis sur ce que dit a esté par ycellui Marquant. Et ce fait, la Court lui pourverra ainsi qu'il appartendra par raison, nonobstant la pronunciation de l'arrest dessusdit. *Diebus sequentibus, visi sunt processus, de registro de L'Espine.*

Mecredi, xxvj° jour de may.

Ce jour, a esté conclu par les dessus nommez presidens et conseilliers d'envoier à Nostre Saint Pere le Pape le role de la Court par maistre Phelippe de Vitry, qui avoit intencion de partir prochainement pour aler à Romme, et que pour paier mises et salaires convenables qui seront à faire en la poursuite et expedicion des signatures dudit roole et autrement, chascun des inrotulez paiera ung salut d'or avant le departement dudit de Vitry, qui en aura pour sa peine de porter et poursuir ledit roole la somme de vingt salus d'or, se de moindre somme ne veult estre content; et le surplus sera emploié es autres mises dessusdictes. Et a esté nommé Guibert Le Normant pour recevoir de chascun desdis inrotulez ung salut d'or ou de le prester, se prester le veult.

Venredy, xxiij° jour de may.

Ce jour, maistre Jehan Bourillet[1], dit François, a supplié à la Court, que attendu qu'il a esté des conseilliers de ladicte Court, qu'il plaise à ycelle qu'il soit inrotulé et escript ou roole avec les autres inrotulez, et a voulu que ce soit enregistré; et a consenti ledit Bourillet que de ce soit faite telle lettre que la Court voudra ordener. Et parmy ce, la Court a octroié et consenti que ledit François soit escript et inrotulé oudit roole après les conseilliers et les nommez en leurs lieux, et après les officiers et leurs clers et nommez en leurs lieux par eulx.

Conseil, XV (X¹ᵃ 1481), fol. 85 v°.

Mecredi, second jour de juing.

Furent au Conseil m° R. Piedefer, president, m° Ja. Branlart, m° J. Vivian...[2].

A conseillier l'arrest d'entre frere Barthelemi Preudomme, prisonnier, prieur de Saint-Denis-de-la-Chartre, d'une part, et le procureur de Cligny et le procureur du Roy et le prieur de Saint-Martin-des-

---

1. Jean Bourrilliet, dit François, prêtre du diocèse d'Autun, est cité, dès 1403, comme maître ès arts, licencié en décret et étudiant en théologie; il fut délégué, en 1409, par l'Université, au concile de Pise, et devint maître au collège de Fortet. Il signa, en qualité de notaire apostolique, la délibération de l'Université de Paris, du 29 avril 1431, produite dans le procès de Jeanne d'Arc. Il vivait encore en 1448; à cette date, âgé de plus de soixante-dix ans, il résigna la trésorerie de l'église de Sens. Cf. H. Denifle et E. Chatelain, *Chartularium Universitatis Parisiensis*, t. IV, p. 65, 82, note 11.

2. Suivent les noms de dix-huit conseillers.

Champs, requerans ledit prisonnier. *Et non fuit omnino conclusum,* mais a esté advisé et deliberé de interroguer premierement l'abbé de Saint-Mor et ledit prisonnier, et de recoler, se mestier est, la confession dudit prisonnier par aucuns des conseilliers de ceans, presens à ce les autres commissaires de la Court qui ont esté ou Chastellet pour le fait dudit prisonnier. Et ce fait, les parties venront sur tout ceans dire et requerir l'une contre l'autre ce que bon leur semblera; et lors, se le prisonnier est en cas d'eslargissement, la Court lui pourverra ainsi qu'il appartendra par raison.

Venredi, xj° jour de juing.

Furent au Conseil m° R. Piedefer, president...[1].

A conseillier l'arrest d'entre les chapitres des eglises de Paris et autres, demandeurs et complaignans en cas de saisine et de novelleté, d'une part, et les prevost des marchans et eschevins de la ville de Paris et autres, defendeurs et opposans, d'autre part. *Et non fuit omnino conclusum,* mais a esté deliberé et advisé que, premierement et avant ce que aucun appoinctement soit donné en ceste cause, sera sceu par certains commissaires de la Court ausdis defendeurs se lesdis molins contencieux, ou aucuns d'iceulz, sont en disposition de tourner à plaine moulture, etc. Et ce fait, sera par lesdis commissaires, *vocatis vocandis,* fait ung essay, tant des molins contencieux appartenans ausdis defendeurs, comme de ceulz non contencieux appartenans ausdis demandeurs, pour savoir combien ilz rendent, ou puet rendre chascun, de moulture, et

1. Suivent les noms de seize conseillers.

ce fait et rapporté devers la Court, ycelle Court fera droit, ainsi qu'il appartendra par raison. Et se on ne treuve autre chose qui veue a esté, lesdictes parties seront appoinctées en fais contraires ou regart du principal et des attemptas, et feront leurs fais, etc. Et, ou regart de la recreance, sera dit que la Court, *vocatis vocandis*, s'informera *de commodo vel incommodo partium et reipublice*. Et à ceste fin pourra chascune desdictes parties faire examiner jusques au nombre de xij tesmoins qui vauldront à fin principal, et ce pendant, par maniere de provision, lesdiz molins contencieux tourneront et mouldront en et soubz la main du Roy et jusques à ce que autrement en soit ordonné par la Court. Et sera le prouffit desdis molins avec la pescherie mis en la main du Roy et de ladicte Court pour en ordener en fin de cause, ainsi qu'il appartendra par raison, tous despens reservez en diffinitive.

Conseil, XV (X¹ᵃ 1481), fol. 86 v°.

Mecredi, xvj° jour de juing.

Ce jour, maistre Phelippe de Vitry est venu en la Chambre de Parlement, disant, en effect, qu'il avoit entendu que la Court l'avoit nommé pour porter en Court de Romme le roole d'icelle Court, dont il en remercioit la Court, en soy offrant de soy employer en ceste besoingne et de poursuir l'expedicion où il appartendra et en faire tout son loyal povoir. Et ce fait, après deliberacion, la Court lui a dit et respondu, en effect, que, ja soit ce que on eust bien trouvé pluiseurs notables personnes, docteurs et autres, qui pour estre escrips oudit roole et en avoir graces et prerogatives sans autre salaire ou avantage, se feussent volentiers chargiez de porter ledit roole, toutesvoies, pour ce que ledit de Vitry s'estoit autrefois offert de ce faire et qu'il avoit longuement frequenté la Court, on avoit bien voulu condescendre à sa personne pour la solicitation de l'expedicion dudit roole et prerogatives et pour le porter et presenter en Court de Romme où il appartendra[1]. Et après ce, ledit de Vitry a fait serement que bien et loialment à son povoir il portera ledit roole et fera tout son loyal povoir de poursuir l'expedicion et signature d'icelluy et les prerogatives où il appartendra, et aussi de poursuir instamment que autres n'ayent plus ample prerogative ou prejudiciable. Et aussi a fait serement qu'il ne prendra charge ne poursuivra, pour lui ne pour autre, graces, prerogatives, ne autres impetracions ne choses quelconques qui puisse ne doie prejudicier aux nommez oudit roole, ne à leurs prerogatives, ne les preferer en quelque maniere que ce soit.

Conseil, XV (X¹ª 1481), fol. 87 r°.

Lundi, xxj° jour de juing.

Le bailli de Saint-Jengou a presenté ses lettres royaulz pour avoir delay de faire le serement acoustumé jusques au Noël prochain venant, dont requiert l'enterinement.

Le procureur du Roy dit que le bailli a eu paravant autre delay, qui lui a esté enteriné, parmi ce que

---

[1]. Au sujet des privilèges accordés par le pape Eugène IV, voir Fayard, *Aperçu historique sur le Parlement de Paris*, t. I, p. 208.

il devoit faire au païs le serement en la main de maistre Richart de Chancey, president de ceans, et n'appert point qu'il en ait riens fait, si ne seront ses lettres enterinées et n'aura aucuns gages de son office, s'il ne fait apparoir qu'il ait fait ledit serement es mains dudit president, et le bailli dit qu'il fera bien apparoir dudit serement, mais qu'il ait delay pour ce faire.

Appoinctié que les lettres seront enterinées, et les enterine la Court; et aura ledit bailli ses gaiges, pourveu que ledit bailli, dedens la fin d'aoust prochain, fera apparoir dudit serement fait en la main dudit de Chancey.

Matinées, XV (X.¹ᵃ 4797), fol. 178 v°.

Mardi, xxij° jour de juing.

Ce jour, pour ce que aucuns des conseilliers de ceans avoient entendu que maistre Phelippe de Vitry, qui s'estoit offert de porter le roole de ceans en Court de Romme, comme cy dessus ou registre du xvj° jour de ce mois, avoit poursuy et accepté autres charges et ambassades de l'Université de Paris et d'autres, que on doubtoit estre incompatibles ou contraires à la charge et à la poursuite à lui commise et ordenée de par la Court, ycellui maistre Phelippe au mandement de la Court est venu en la Chambre de Parlement, lequel, interrogué sur ce que dit est, a dit en effect qu'il n'a poursuy ne accepté, ne acceptera aucune charge pour l'Université ne pour autre, contraire ou prejudiciable à la poursuite ou à la charge qu'il a de la Court, ne pourquoy il delaisse ou delaye la poursuite de l'expedicion du roole de la Court et des prerogatives. Et que ja soit ce que, pour avoir seurté et estre ou sauf conduit du saint Concil de Basle, il ait poursuy d'estre et soit nommé entre les ambassadeurs de l'Université audit saint Concil, neantmoins, s'il trouvoit seure compaignie pour aler droite voie en Court de Romme sans passer par Basle, il yroit, et s'il ne treuve compaignie ou seurté de passer ailleurs que par ledit lieu de Basle, il n'y sejournera point jusques à ce qu'il ait esté à Romme et fait sa diligence en la poursuite de l'expedicion du roole et prerogatives dessusdictes. Et après ce, a esté deliberé de dire et a esté dit, en effect, de par la Court audit de Vitry que, ja soit ce qu'il se soit offert à porter ledit roole et à la charge dessusdicte et eust dit par avant *quod aliàs iturus erat ad Curiam,* neantmoins la Court, qui l'avoit fait escripre oudit roole pour le relever aucunement de sa despense, avoit ordené de lui faire baillier et delivrer de present la somme de douze salus d'or, parmy ce que, en entretenant ce qu'il a dit et ce que cy dessus est enregistré, il promettera de porter en Court de Romme le plus tost et le plus diligemment qu'il pourra, sans sejorner, et loyalment à grant instance poursuir l'expedicion du roole et prerogatives dessusdictes, sans accepter charge contraire ou prejudiciable à la charge qu'il a de ladicte Court, qui recongnoistera les bonnes diligences dudit de Vitry, qui a sur ce demandé delay pour en parler à aucuns de ses amis et avoir advis, pour ce qu'il lui a semblé que le salaire de ladicte somme de xij salus d'or n'estoit mie grant ne souffisant pour le relever de sadicte despense.

Conseil, XV (X¹ᵃ 1481), fol. 87 vº.

Samedi, xiiij° jour d'aoust.

Ce jour, ont esté pronunciez les arrests par m° Robert Piedefer, president. Et entre les autres, par l'ordenance de la Court, pour l'absence des autres presidens, a pronuncié l'arrest jugié en son absence d'entre maistre Jehan Piedefer, son filz, et Pierre de Landes, à cause de leurs femmes, demandeurs, d'une part, et Jehan, segneur de Sempy, defendeur, d'autre part.

Samedi, iiij° jour de septembre.

Furent au Conseil m° Robert Piedefer, m° Ja. Branlart, m° Jehan Vivian...[1].

Ce jour, les dessus nommez presidens et conseilliers ont deliberé et conclu de faire dire à messire Jehan de Pressy, tresorier de France, que s'ilz n'ont paiement d'un mois de leurs gaiges, dont leur sont deubz grans arrerages, dedens venredi prochain, on ne pronuncera point les arrestz le prochain samedi ensuiant. Et à ce dire furent esleuz et commis m° J. de Saint-Romnain et m° J. Bodeaux, conseilliers du Roy.

Conseil, XV (X^{1a} 1481), fol. 90 r°, 91 r°.

Samedi, xviij° jour de ce mois.

Ont esté pronunciés les derniers arrestz de ce Parlement par maistre Robert Piedefer, president. *Et ad hanc diem prorogabatur finis Parlamenti.*

Et hic finis hujus Parlamenti, gracia Dei.

Conseil, XV (X^{1a} 1481), fol. 92 r°.

---

1. Suivent les noms de seize conseillers.

Septima die mensis octobris.

Ruinose domus excelse vento valido exagitate fuerunt cum eversione tectorum et caminorum, et nusquam visus fuit tantus ventorum impetus[1] apud Parisienses, quos Omnipotens tueatur, qui luctantes ventos tempestatesque sonoras imperio premit, vinclisque ac carcere firmat, Virgilio testante[2].

Matinées, XV (X^{1a} 4797), fol. 208 r°.

Omnipotentis nomine invocato qui impiorum consilia dissipat, incipit registrum consiliorum Parlamenti, incepti duodecima die novembris, anno millesimo quadringentesimo tricesimo quarto ab Incarnatione Domini, et anno decimo nono quo ego Clemens de Fauquembergue, in utroque jure licenciatus, decanus ecclesie Ambianensis, Regis prothonotarius, dicti Parlamenti grapherius, hujusmodi officium exercui, officio judicantis intermisso. Malui et mutas agitare inglorius artes.

1. Le *Journal d'un bourgeois de Paris* (p. 300, 301) décrit avec force détails l'ouragan du 7 octobre 1434, « le plus terrible vent, y est-il dit, de quoy en eust point veu puis l. ans devant », qui dura de deux heures après midi jusqu'à dix ou onze heures du soir; d'après le narrateur, témoin oculaire des dégâts causés par cette tempête, « qui fist cheoir à Paris maisons et cheminées sans nombre », il y eut dans le bois de Vincennes plus de 360 gros arbres déracinés, sans compter les petits, « brief il fist tant de maulx en bien pou de heure que c'est une grant admiracion ».

2. Cette relation succincte donnée par Clément de Fauquembergue a été reproduite en note dans le *Journal d'un bourgeois de Paris*, p. 301, note 1.

Venredi, xij° jour de novembre l'an dessusdit.

Maistre Robert Piedefer, president, tint le Parlement, presens l'evesque de Paris, messire Jehan Le Clerc, chevalier, l'abbé de Saint-Denis, maistres Nicole Fraillon, Phelippe de Rully, Hugues Rapiout, Thomas Fassier, maistres des Requestes de l'Ostel du Roy, m° Jaques Branlart, m° J. Vivian, m° H. de Dicy, m° G. Cotin, m° Barthelemi Le Viste, m° G. Le Breton, m° Simon de Plumetot, m° J. de Saint-Rommain, m° Hugues Le Coq, m° J. de Voton, m° Lucian du Croquet et pluiseurs autres. Et furent leues les ordonnances et receuz les seremens en la forme et maniere acoustumée.

Lundi, xv° jour de novembre.

Ce jour, Jaques de Cramery, par vertu de certaine requeste signée de la Court, s'est transporté en l'ostel de feu maistre Phelippe de Vitry et a de par la Court scellé les biens estans oudit hostel.

Et pour ce que, en scellant, ledit de Cramery a trouvé que messire Jehan de Pressy, tresorier, avoit fait sceller oudit hostel par Robinet Courtois, huissier du Tresor, pour la somme de xvj mars et demy d'argent ou environ que ledit de Vitry avoit receu de certain ayde à quoy ledit feu de Vitry avoit esté commis, appoincté a esté par la Court que l'inventaire des biens dudit de Vitry seroit fait de par la Court par ledit de Cramery, present ledit Courtois, se estre y veult et bon lui semble, et, l'inventaire fait, yceulz biens seront bailliez en garde de par le Roy et la Court à maistres Jehan Vivian, doyen, et Jehan Robert, chantre de l'eglise S.-Germain-l'Aucerrois, executeurs du testament dudit defunct, desquelz biens leur a esté et est interdite l'alienacion, *quousque*, etc.

Jeudi, xviij° jour de novembre.

Ce jour, la Court a deliberé et conclu d'envoier aucuns des conseilliers en la compagnie de m° Robert Piedefer par devers le Chancelier pour recommender l'estat de la Court et le paiement des gaiges dont estoient deubz grans arrerages.

Conseil, XV (X^{1a} 1481), fol. 93 r°.

Venredi, xix° jour de novembre.

Entre l'evesque de Paris, d'une part, et le procureur du Roy, d'autre part, l'evesque de Paris dit que le cloistre Saint-Honnouré à Paris est en sa justice haulte, basse et moienne, ouquel cloistre maistre Phelippe de Vitry[1], qui nagaires estoit alé de vie à trespas en Court de Romme, avoit son hostel et ses biens, et combien qu'il ait fait seeler oudit hostel par les officiers de sa justice et lui appartiengne de faire l'inventaire des biens, et mesmement puis qu'il est prevenu, neantmoins il est venu à sa congnoissance que ung huissier de ceans ou autres de par le Roy et la Court y ont seellé et ont voulu inventorier les biens en le troublant et empeschant en sa juridiction, en ses drois, possessions et saisines, pour ce a baillié ceans

1. Philippe de Vitry, avocat juré en Parlement, était chanoine de Saint-Germain-l'Auxerrois et chantre de l'église collégiale de Saint-Honoré, ce qui explique sa résidence dans le cloître.

par escript sa requeste pour oster l'empeschement et pour avoir delivrance des biens pour les delivrer aux heritiers ou executeurs, ou en faire autrement ainsi qu'il appartendra par raison.

Le procureur du Roy dit que l'execucion dudit testament d'icelluy feu de Vitry est soubzmise à la Court de Parlement[1], à laquelle appartient de faire sceller et inventorier lesdis biens, et non à l'evesque. Et oultre dit que les heritiers dudit defunt sont demourez en l'obeissance des ennemis du Roy, par quoy les biens sont confisquez et acquis au Roy, si ne s'en doit entremettre l'evesque, et ne sera faicte sa requeste.

Appoincté que, par main souveraine et sans prejudice des drois des parties, inventaire des biens dudit feu de Vitry sera fait par Jaques de Cramery, huissier de ceans, autrefois commis à ce, presens à ce l'uissier du Tresor et le procureur de l'evesque de Paris, se estre y veullent, et ce fait, le procureur du Roy a requis que la presence desdis procureur de l'evesque et huissier du Roy ne soit point aux despens de l'execution.

Matinées, XV (X¹ⁿ 4797), fol. 209 v°.

Mecredi, xxiiij° jour de novembre.

Ce jour, les advocat et procureur du Roy dirent à la Court que le Chancelier les avoit chargez de venir à

---

1. Cette exécution testamentaire fut en effet soumise au Parlement le 13 novembre 1434 ; les exécuteurs testamentaires désignés étaient Jean Vivian, président en la Chambre des enquêtes, doyen de Saint-Germain-l'Auxerrois, Jean Robert, chanoine de la même église, et Jean Bouillon, licencié en droit canon (Arch. nat., X¹ⁿ 9807).

la Court pour ramentevoir le fait de certaines lettres
d'admortissement autrefois par eulz baillées devers la
Court, et dont mencion est faicte ou registre du Conseil
du iij° jour de decembre derrain passé, car aucuns
abbés et autres ont desir d'admortir, comme leur
avoit dit le Chancelier. Sur quoy la Court leur a
demandé s'ilz vouloient autre chose dire ou baillier
qu'ilz n'avoient fait, et ont respondu que non, et s'en
rapportoient à ce que la Court vouldroit sur ce faire
ou ordener. Et ce fait, la Court a conclu de retenir
copie desdictes lettres d'admortissement et de renvoier
au Chancelier lesdictes lettres originaulz pour lui en
parler, et a commis maistre Robert Piedefer, president, appellez avec lui trois ou iiij des conseilliers de
ceans, pour aler devers le Chancelier et lui parler de
ceste matiere.

Conseil, XV (X¹ª 1481), fol. 93 v°.

Venredi, xxvj° jour de novembre.

A conseillier l'arrest d'entre Thomas Overton,
appellant, d'une part, et messire Jehan Fastolf, chevalier, et le duc de Bedford, regent, et le procureur du
Roy, d'autre part. *Et non fuit omninò conclusum*, mais
a deliberé la Court d'attendre encores xv jours pour
savoir se le regent et Fastolf, dont [on] attend prochainement la venue, vouldront baillier nouvelles charges
contre ledit Overton; *aliàs*, il a semblé que on devra
pourveoir d'eslargissement audit Overton à caucion,
s'il en puet trouver, ou que il soit eslargi sur peine de
bannissement, et sur les autres peines et submissions
autresfois offertes par ledit Overton.

Conseil, XV (X¹ª 1481), fol. 93 v°.

Jeudi, xvj° jour de decembre.

Ce jour, sur la requeste baillée devers la Court de la partie des executeurs du testament de feu maistre Mahieu de Herleville, chanoine de l'eglise de Cambray, contenant entre autres choses que ledit defunct en sondit testament avoit l'exccucion d'icellui testament et la reddicion du compte soubmis à ladicte Court de Parlement, et que il avoit laissié aux conseilliers qui seroient commis à l'audicion dudit compte la somme de huit escus ou salus d'or, et que pour occasion des guerres et des perilz des chemins et d'autres empeschemens lesdis executeurs n'avoient peu bonnement ne seurement apporter et rendre à Paris ledit compte, mais l'avoient rendu à Cambray par devant les commis de chapitre de ladicte eglise, et que, neantmoins, yceux executeurs, desirans acomplir le plus entierement qu'ilz povoient la volenté dudit defunct, vouloient et offroient mettre devers ladicte Court de Parlement la somme dessusdicte pour la distribuer et employer selon l'ordenance d'icelle Court, ainsi que plus à plain estoit contenu en ladicte requeste, appoinctié a esté du consentement desdis executeurs que ladicte somme sera baillée et delivrée à maistre Robert Agode, conseillier du Roy, commis au fait et paiement du service et messes celebrées en la chappelle du bout de la grant sale du Palais pour convertir et employer ycelle somme ou paiement des messes et service dessusdis, dont ledit commis rendra compte entre les autres receptes de ladicte chappelle en la forme et maniere acoustumée, et en baillera, se mestier est, sa cedule ausdiz executeurs.

Ce jour, de par le Conseil du Roy, fu apportée en la Chambre de Parlement une cedule adreçant à la Court, contenant la forme qui s'ensuit : « Le mecredi, xv° jour du mois de decembre M CCCC XXXIIII, ou Grant Conseil du Roy nostre Sire tenu par monseigneur le Chancelier, ouquel estoient aucunes personnes de chascun estat et college de ceste bonne ville de Paris, tant gens d'eglise comme seculiers, officiers du Roy et autres, est conclu et appoinctié que prochainement, quant monseigneur le regent et madame la regente[1] devront entrer à Paris, chascun college et corps, le mieulz acompagnié de ses supposts, habilliez le plus honnestement qu'ilz pourront, yront de pié au devant desdiz segneur et dame, c'est assavoir, ladicte Court de Parlement jusques à Saint-Ladre, et les autres plus avant, selon son ordre et estat, et, la reverence faicte, ceulz qui auront chevaux y pourront monter pour acompagnier lesdiz segneur et dame parmi la ville, et on fera savoir à chascun college le jour et l'eure que lesdis segneur et dame devront entrer à Paris. Ainsi signé : Gervais. »

Et après veue ladicte cedule, les presidens et conseilliers de la Court ont deliberé en obeissant audit appointement et ordounance de aler en chapperons fourrez jusques à l'eglise de Saint-Ladre au devant desdis segneur et dame.

Et le samedi ensuiant, xviij° jour de ce mois, s'as-

---

[1]. Jean de Lancastre, duc de Bedford, avait épousé, le 20 avril, à Thérouanne, Jacqueline de Luxembourg, nièce du chancelier Louis de Luxembourg, fille aînée de Pierre de Luxembourg, comte de Saint-Paul, « frisque, belle et gracieuse » jeune fille, au dire de Monstrelet (t. V, p. 56).

semblerent au Palais lesdis presidens et conseilliers et partirent à ix heures devant midy, acompagniez des advocas et procureur de la Court, pour aler au devant desdis segneur et dame et faire ainsi que avoit esté conclu et appoinctié ou Grant Conseil desssusdit; et estoient les presidens, conseilliers et advocas dessusdis en chapperons fourrez. Et après la venue et entrée dessusdictes, retournerent les dessusdis de la Court, chascun ainsi que bon lui sembla. Et lesdiz segneur et dame alerent descendre et logier en l'ostel de messire Loys de Lucembourg, evesque de Theroenne, chancelier de France, oncle de ladicte dame[1].

Conseil, XV (X¹ᵒ 1481), fol. 94 v°.

Venredi, dernier jour de decembre.

Ont esté au Conseil m° R. Piedefer, president, m° J. Vivian…[2].

Pour avoir ensemble advis et deliberacion sur ce que par avant, par pluiseurs fois, a esté dit et remonstré au Chancelier et autres du Conseil du Roy afin de

---

1. Le *Journal d'un bourgeois de Paris* (p. 301 et 302, note) dit que « le regent revint de Normandie à Paris et admena sa femme, le sabmedy xviij° jour de decembre, environ entre une et deux heures après disner », et fut reçu avec un apparat extraordinaire; les enfants de chœur de Notre-Dame avaient été placés sur le passage du cortège, à la bastide Saint-Denis, et chantèrent « moult melodieusement; brief, on lui faisoit telle honneur, comme on doit faire à Dieu. » Le duc de Bedford et sa femme descendirent en l'hôtel du chancelier Louis de Luxembourg, oncle de la duchesse; ils n'y firent pas long séjour, car ils quittèrent Paris le 10 février suivant (*Journal d'un bourgeois de Paris*, p. 303).

2. Suivent les noms de treize conseillers.

pourveoir de plus grant nombre de conseilliers en la Court de Parlement, et de leur pourveoir de meilleur paiement de leurs gaiges, dont estoient deubz grans arrerages. Et finablement, pour ce que n'estoit point apparu à la Court que sur ce que dit est eust esté faicte quelque convenable provision, ont deliberé et conclu d'envoier lundi prochain devers le regent et aussi devers le Chancelier, pour leur remonstrer de rechief l'estat de la Court et le petit nombre desdis conseilliers qui n'est mie souffisant à l'expedicion de si grant multitude des procès de la Court, afin que soit pourveu à ce de convenable nombre de conseilliers et de paiement, et ont nommé et esleu, pour ce dire et remonstrer, m° Robert Piedefer, president, m° Ja. Branlart, m° J. Vivian, m° G. Cotin, m° Simon de Plumetot, m° J. Queniat et m° Phelippe de Nanterre, et d'assembler, lundi prochain, en l'eglise Saint-Anthoine, à deux heures après midy.

Conseil, XV (X^{1a} 1481), fol. 95.

1435.

Jeudi, xxᵉ jour de janvier.

Le procureur du Roy dit qu'il a autresfois fait sa requeste contre l'evesque de Paris touchans la matiere d'un procès de novelleté à l'occasion des vexations que l'evesque fait par sa jurisdiction ecclesiastique à pluiseurs qui appellent de lui à Sens, et nonobstant appellations contraint les appellans. Si requiert que l'evesque defende, *alias*, que la Court face defense à l'evesque qu'il n'attempte et ne procède oultre ou prejudice de ce procès.

L'evesque requiert que on lui declare les complaingnans qui se complaignent desdictes vexations.

Appoincté que le procureur du Roy baillera à l'evesque les noms desdis complaignans, et en revendra dire ce qu'il appartendra, *alia die*, et *interim* la Court defend à l'evesque qu'il n'attempte et ne face aucune chose ou prejudice des procès.

Matinées, XV (X¹ᵃ 4797), fol. 219 vº.

Mardi, viijᵉ jour de mars.

Ce jour, maistre Michiel Claustre, conseillier du Roy[1], maistre Phelippe Aymenon[2], chanoine de l'eglise de Paris et de la Sainte-Chapelle du Palais, et

1. Michel Claustre était conseiller clerc au Parlement en la Chambre des enquêtes.
2. Philippe Aymenon, sous-aumônier du Roi, licencié en droit canon, avait été reçu chanoine de Notre-Dame, le 15 janvier 1421, au lieu et place de Jean de Pise, décédé.

maistre Guillaume de Brosses, archidiacre de Beauvais, sont venuz en la Chambre de Parlement, disans en effect qu'il estoit venu de nouvel à leur congnoissance et leur estoit apparu par le contenu d'un vidimus du testament de feu maistre Guillaume Intrant[1] que ycellui les avoit avec autres nommez executeurs de sondit testament, et qu'il l'avoit submis à la Court de Parlement, supplians comme amis dudit deffunct que la Court voulsist recevoir ladicte submission, et avoir le fait de ladicte execucion recommendé. Oultre disoient lesdiz Aymenon et maistre Guillaume de Brosses qu'ilz n'avoient point accepté et n'accepteroient point le fait ne la charge de ladicte execucion et ne s'en entremetteroient en riens comme executeurs, supplians à la Court que en leur lieu voulsist surroguer autres executeurs avec ledit maistre Michiel Claustre. Et sur ce la Court ot deliberacion et fu d'accord de recevoir ladicte submission, et ordonna que ladicte renunciacion ou declaracion faite par lesdis Aymenon et de Brosses scroit enregistrée. Et a enjoingt la Court à yceux Claustre, Aymenon et de Brosses qu'ilz baillent devers la Court les noms d'aucunes bonnes personnes qui leur sembleront plus ydoines et convenables à demener le fait de ladicte execucion avec ledit maistre Michiel Claustre, afin que la Court puist sur ce pourvoir ainsi qu'il appartient.

Mardi, xve jour de mars.

Ce jour, la Court a surrogué ou fait de l'execucion du testament de feu maistre Guillaume Intrant maistres

1. Guillaume Intrant figure, dès 1412, parmi les avocats plaidant au Parlement. Voir le *Journal de Nicolas de Baye*.

Guillaume Le Breton, archidiacre de Provins en l'eglise de Sens, et Jehan de Saint-Rommain, conseilliers du Roy, pour demener le fait de ladicte execucion avec maistre Michiel Claustre, conseillier du Roy, nommé executeur oudit testament, lesquelz ont soubzmis ladicte execucion à la Court et ont fait le serement acoustumé ou lieu de m^{es} Phelippe Aymenon et G. de Brosses qui y ont renoncié *viij^a hujus mensis.*

Conseil, XV (X^{1a} 1481), fol. 97 r° et v°.

Mecredi, xxiij° jour de mars.

Messire Florimont de Brimeu[1], chevalier, seneschal de Pontieu, est venu en la Chambre de Parlement, où estoient assemblez les presidens et conseilliers de la Court, disant qu'il estoit venu à Paris en la compaignie de messire Jehan de Croy[2], du segneur de Saveuses[3] et

1. Florimond de Brimeu fut l'un des capitaines bourguignons qui prirent part au siège de Compiègne en 1430; il occupa l'abbaye de Beaulieu, et, lors de la levée du siège, figura parmi les prisonniers. En 1436, il s'empara de la place de Gamaches (Somme) et y mit une garnison bourguignonne; l'année suivante, il assiégea le Crotoy (Monstrelet, éd. Douët d'Arcq, t. V, p. 228, 260, 308; *Chronique de G. Chastellain*, ed. Kervyn de Lettenhove, t. II, p. 59, 87, 95, 100, 103).

2. Jean de Croÿ, seigneur de Chimay, chambellan du duc de Bourgogne, grand bailli du Hainaut, fut chargé, en 1437, par le duc de Bourgogne, de la garde du château du Crotoy (Monstrelet, éd. Douët d'Arcq, t. V, p. 309).

3. Philippe de Saveuses, créé chevalier par Philippe le Bon en 1421, lors de la bataille de Saint-Riquier, fut l'un des seigneurs à qui le duc de Bourgogne confia la garde de la duchesse de Bourgogne, restée à Noyon, lors du siège de Compiègne; il occupa le poste de capitaine d'Amiens et de l'Artois jusqu'à un âge très avancé, c'est-à-dire jusqu'en 1463; il mourut le 28 mars 1467, âgé de soixante-dix-sept ans (cf. *Chro-*

autres, si hastivement qu'il n'avoit eu oportunité d'aler querir et apporter ses lettres de l'office de ladicte seneschaucié de Pontieu, requerant estre receu à faire le serement acoustumé à cause dudit office. Après ce que le procureur general du Roy a dit à la Court que monseigneur le Chancelier lui avoit dit et affermé que ledit de Brimeu, passé deux ans, avoit eu sesdictes lettres et avoit esté institué oudit office, et en recevoit les gaiges et appartenances, et qu'il sembloit à mondit seigneur le Chancelier que la Court povoit bien recevoir ycellui de Brimeu à faire le serement dessusdit, et pareillement le sembloit audit procureur du Roy, la Court, eue sur ce deliberacion, a receu ledit de Brimeu à faire, et lequel a fait le serement acoustumé à cause dudit office. Et lui a enjoint la Court que, dedens le jour saint Jehan-Baptiste prochain venant, il face apparoir à la Court de sesdictes lettres, ce qu'il a promis de faire. *Deinde exhibuit dictas litteras, xxvij junii proxime sequentis.*

Conseil, XV (X^{1a} 1481), fol. 98.

Lundi, xxviij° jour de mars.

Survindrent en la Chambre de Parlement, durant le temps des plaidoieries, messire Loys de Lucembourg, chancelier de France, les evesques de Noyon, de Paris, messire Jehan Le Clerc, messire Giles de Clamecy, le sire de Courcelles, messire Jehan de Pressy, maistre N. Fraillon, m° Phelippe de Rully, m° H. Rapiout, m° Thomas Fassier, maistres des Requestes de

---

nique de G. Chastellain, éd. Kervyn de Lettenhove, t. I, p. 259; D. Plancher, *Histoire de Bourgogne*, t. IV, p. 138).

l'Ostel, J. de Saint-Yon, grenetier, Michiel de Laillier, Jehan Guerin, maistres des Comptes du Roy, m° Ja. Braulart, m° J. Vivian...[1], pour avoir advis et deliberacion en la matiere et sur le contenu de certaines lettres royaulx, par lesquelles le Roy avoit donné faculté de povoir admortir jusques à certaine somme et jusques à certain avenir après la date desdictes lettres. Et, après ce que le procureur du Roy a esté sur ce oy, lequel a recité et tenu pour repeté ce que autrefois avoit dit en ceste matiere, ainsi que cy dessus est contenu ou registre du venredi iiij° jour de decembre M CCCC XXXIII, ledit Chancelier a demandé aux dessus nommez leur advis en ceste. Lesquelz ont concordablement tous, deux ou trois exeptez, d'un mesmes advis et de pareille (sic) et leur a semblé que le Roy convenablement et raisonnablement avoit octroié et devoit octroier ladicte faculté de povoir admortir, *justa moderacione facta de precio*, et que, tout considéré, le Roy povoit et devoit proroguer le temps dessusdit jusques à trois ans ou autrement, selon l'advis de lui et de son Conseil, et qu'il seroit expedient d'assembler aucuns des conscilliers de ceans avec les gens des Comptes et autres, telz que le Roy vouldroit assembler pour avoir ensemble advis sur ladicte moderacion. Et depuis la Court a à ce nommé et commis m^{es} G. Cotin, J. de Voton et J. de la Porte, et les deux d'iceulx.

Conseil, XV (X^{1a} 1481), fol. 98 r°.

Ce jour, le procureur general du Roy et Colin Thouroude, garde des halles des basses merceries, sont

---

1. Suivent les noms de seize conseillers.

venus devers la Court, disans que en ensuiant certain appoinctement de la Court, ycellui Thouroude avoit consigné en la main dudit procureur general, comme en main de justice, le xviij° jour de ce present mois de mars, xiiij livres parisis que ledit Thouroude devoit à cause de louage desdictes halles. Et depuis, c'est assavoir le lendemain ensuivant, ycelle somme, comme appartenant au Roy, a esté bailliée et delivrée audit procureur general sur ses gaiges par le receveur de Paris, duquel receveur ledit Thouroude a confessé avoir eu quittance et descharge souffisant, et ce ont requis estre enregistré pour la descharge de l'un et de l'autre.

Matinées, XV (X^{1a} 4797), fol. 238 v°.

Mardi, xxix° jour de mars.

Ce jour, les executeur et surroguez au fait de l'execucion du testament de feu maistre Guillaume Intrant ont reiteré et recité leur requeste autrefois faite par eulx en la Court, afin que la Court face widier la garnison, commissaires, sergens et autres gens de justice estans es hostelz dudit feu Intrant, et que la Court delivre ou face delivrer à yceulx executeur et surroguez les biens de ladicte execucion pour l'acomplissement du testament et derreniere volenté dudit defunct. Sur quoy le procureur du Roy a autrefois dit à la Court qu'il avoit consenti et consentoit que ladicte garnison soit widée desdiz hostelz et que lesdis biens soient delivrez ausdiz executeur et surroguez soubz la main du Roy, afin que le droit du Roy y soit gardé, parce que le Roy y a et puet avoir droit et interest en partie d'iceulz biens à cause de certains

[1435] DE CLÉMENT DE FAUQUEMBERGUE.

lais escrips oudit testament, et autrement par certains moiens à declarer plus à plain.

Sur laquelle requeste appoinctié a esté que la garnison widera desdiz hostelz et seront delivrez les biens de ladicte execucion, et les delivre la Court ausdis executeur et surroguez pour faire sur yceux paier les mises faites pour l'enterrement, obseques et funerailles et toutes autres despenses faites pour et à l'occasion dudit defunct, et depuis son trespas jusques à present, et pour paier et faire faire le service ecclesiastique dudit defunct selon l'estat de sa personne, et aussi pour paier les menues debtes dudit defunct jusques à la somme de soixante solz parisis et au dessoubz. Et de la reste desdis biens ne pourront lesdis executeur et surroguez paier les autres debtes ne les lais, n'en distribuer aucune chose sans l'auctorité et licence de la Court, ou de ses commis à ce, et sans appeller ceulz qui seront à appeller. Et enjoint la Court ausdis executeur et surroguez qu'ilz facent diligence de recouvrer et mettre en inventaire les biens de ladicte execucion qui ne sont mie inventoriez. Et bailleront yceux executeur et surroguez copie dudit inventaire au procureur du Roy, se avoir le veult. Et *attendendum quod ad premissa Curia magistros Jacobum Branlardi et Guillelmum Cotin, Regis consiliarios, commisit et committit.*

Ce jour, veue la requeste bailliée devers la Court par escrips de la partie de la femme, parens et amis charnels de maistre Guillaume de Beze, conseillier du Roy[1], la Court, entre autres choses, aiant consideration

1. Guillaume de Bèze faisait partie du Parlement depuis

à l'ancian aage dudit de Beze et à l'infirmité et debilité de son corps, a ordené et appoinctié que Guillaume de Beze, filz aisné desdis conjoins, sera et est donné coadjuteur audit maistre Guillaume pour gouverner, demener et poursuir ses rentes, heritages et affaires de son chief en causes, procès et autrement, sans lequel ledit maistre Guillaume de Beze ne se pourra obligier, ne contracter. Et semblablement la femme d'icellui de Beze pourra avec ledit coadjuteur, son filz aisné, gouverner et administrer ses propres rentes et heritages venans de son chief, et l'auctorise la Court quant à ce.

Conseil, XV (X¹ª 1481), fol. 98 v°.

Dimenche, xvij° jour d'avril.

Furent Pasques de l'an M CCCC XXXV. *Et hic mutacio anni secundum morem gallicanum.*

Jeudi, xxj° jour de ce mois.

Le duc de Bourgongne, la duchesse sa femme, et leur filz, aagé d'un an ou environ, conte de Charrolois, qui estoient venuz du païs de Bourgongne à Paris, jeudi derrain passé[1], se sont partiz de Paris pour aler es

---

plus de trente ans, ayant été reçu conseiller en la Chambre des enquêtes le 4 juin 1404.

1. Le *Journal d'un bourgeois de Paris* (p. 304) relate avec de curieux détails la venue à Paris de Philippe le Bon, qui, non seulement « admena avec lui sa femme la duchesse et ung bel filx qu'elle avoit eue de lui en mariage » (le comte de Charolais, né le 20 novembre 1433), mais encore « trois jeunes jouvenceaux, qui moult beaux estoient, et une belle pucelle », sa progéniture illégitime. Le duc de Bourgogne descendit avec

païs d'Artois et de Flandres en intencion d'estre à l'assamblée des segneurs et ambassadeurs que on attend estre au premier jour de juillet prochain en la ville d'Arras pour traictier de l'apaisement general des guerres de ce royaume.

Conseil, XV (X^{1a} 1481), fol. 99 v°.

Mecredi, ive jour de may.

Ce jour, a esté presenté et mis devers la Court l'accord fait et passé entre le procureur general du Roy, demandeur, d'une part, et frere Jehan la Caille, maistre, et les freres et suers de l'ospital Saint-Jehan d'Amiens, defendeurs, et a esté ycellui receu et admis par la Court, et m'a esté enjoint de le signer comme grephier d'icelle Court.

Venredi, vj^e jour de may, et les jours ensuians furent au Conseil m^e Robert Piedefer, president, et les conseilliers de ceans, qui ne sont chanoines de l'eglise de Paris, à conseillier l'arrest d'entre les heritiers et aians cause de feu messire Pierre de Poix, dit le Baudrain, demandeur, d'une part, et les doien et chapitre de ladicte eglise de Paris, defendeurs, d'autre part.

Mecredi, x^e jour de may.

Ce jour, maistre Jaques Branlart, commis avec sa suite en l'hôtel d'Artois et entendit, le jour de Pâques, la grand'messe à Notre-Dame, où il fut reçu par l'évêque de Paris, les chanoines et tout le clergé; la veille du départ, les bourgeoises de Paris vinrent trouver la duchesse de Bourgogne et la prièrent « moult piteusement d'avoir la paix du royaulme pour recommandée »; la duchesse fit à cette députation l'accueil le plus gracieux.

m° Guillaume Cotin par la Court au fait et causes touchans l'execucion du testament de feu maistre Guillaume Intrant, a dit que, sur la requeste que avoit baillié maistre Guillaume Herbelin ausdis commis contre les executeur et surroguez à l'execucion dudit testament pour avoir paiement des salaires et services du temps qu'il avoit demouré avec ledit defunct, yceux commis et surroguez avoient esté d'accord de baillier ou faire baillier audit Herbelin, pour ses salaires dessusdis et pour tout ce que luy devoit ledit defunct, la somme de dix frans, ou cas que la Court vouldroit auctorisier le paiement qui excedoit la somme taxée et dont mencion est faite cy dessus ou registre du xxix° jour de mars derrain passé. Sur quoy a esté respondu par la Court et ordené que de ce soit premierement parlé au procureur du Roy.

Ce jour, la Court, oye la relation de maistres Jehan de la Porte et Jehan Aguenin, conseilliers du Roy, commissaires en ceste partie, a auctorisié Marguerite, femme de maistre Guillaume de Beze, et Guillemin, leur filz aisné, à faire certain eschange de lvj sols viij deniers de rente, appartenant à ladicte Marguerite de son propre heritage, qu'elle a droit de prendre si comme elle disoit sur une maison assise à Paris en la rue de la Voirrie, tenant d'une part à l'ostel d'Anjou, mise en criées à la requeste de Jehan Gilbert, à l'encontre de cinquante solz parisis de rente que lui baille ledit Gilbert et constitue sur tous ses biens, selon le contenu des lettres sur ce faictes.

Samedi, xxj° jour de may.

Ce jour, le procureur du Roy a consenti que maistre

Guillaume Herbelin soit paié et contenté des salaires par lui deservis ou service de feu maistre Guillaume Intrant jusques à la somme de dix frans, selon l'ordenance et advis des commissaires dont cy dessus est faite mencion ou registre du mecredi, xj° jour de ce mois.

Et, ce jour, la Court a auctorisié les executeur et surroguez à l'execucion du testament dudit defunct à faire le paiement audit Herbelin de ladicte somme de dix frans pour ses salaires dessusdiz.

Conseil, XV (X^{1a} 1481), fol. 100 r° et v°.

Mardi, xxiiij° jour de may.

Furent au Conseil, m° Robert Piedefer, m° Ja. Branlart, m° J. Vivian...[1].

A conseillier l'arrest d'entre les marregliers de l'eglise Saint-Gervais, d'une part, et les executeurs de la Mercadée, d'autre part. *Et non fuit omnino conclusum,* mais a esté advisé et deliberé que premierement maistres R. Piedefer, G. Cotin et Phelippe de Nanterre parleront aux parties et verront les lieux et les places sur lesquelles lesdis marregliers veullent assigner la rente à la valeur de la somme laissée par ladicte Mercadée, pour savoir s'ilz pourront accorder lesdictes parties.

Mardi, dernier jour de may.

Ce jour, après mienuit, par faulte de bon guet, entrerent en la ville de Saint-Denis les capitaines de

---

1. Suivent les noms de treize conseillers.

Meleun et de Laigny, acompaignez, comme on disoit, de iij^c ou iiij^c combatans, gens de guerre[1].

Conseil, XV (X^{1a} 1481), fol. 101 r°.

Mecredi, xve jour de juing.

Furent au Conseil m^e Robert Piedefer, president, m^e Ja. Branlart, m^e Vivian...[2].

A conseillier l'appoinctement sur la requeste baillée ceans par escript de la partie de maistre Jehan de Fromont, clerc des Comptes du Roy, et m^e Pierre de Brabant, curateur de Arnault de L'Aitre, afin de baillier leur procès à messire Giles, segneur de Clamecy, conseillier du Roy, esleu seul arbitre par lesdis de Fromont et de Brabant.

Appoincté a esté que ledit procès tout entier sera baillié audit de Clamecy, pourveu qu'il fera serment de non reveler l'enqueste et le secret de la cause et procès dessusdit.

Conseil, XV (X^{1a} 1481), fol. 101 v°.

Mardi, xxj^e jour de juing.

Ce jour, les executeurs du testament de feu maistre

---

1. Le *Journal d'un bourgeois de Paris* (p. 305-306) ne manque pas de signaler cet important événement, qui eut même des conséquences désastreuses pour Paris, attendu que « de nulle part n'y povoit venir nulz biens par riviere ne par autre part ». D'après Monstrelet (t. V, p. 125), le capitaine de Lagny, Jean Foucaut, avait avec lui non pas 400, mais 1,200 combattants, qui vinrent courir journellement jusqu'aux portes de Paris.

2. Suivent les noms de dix-sept conseillers.

Phelippe de Vitry ont baillié par escript leur requeste à l'encontre du procureur, afin que l'arrest et main mise du Roy es biens de l'execucion à l'instance du procureur du Roy, pour occasion de certaine quantité de mars d'argent receuz pour le Roy par ledit defunct, selon l'appointement de la Court fait le lundi xv° jour de novembre derrain passé, soit levée et les biens delivrés ausdiz executeurs pour l'acomplissement dudit testament.

Sur ce, veue la cedule de sire Jehan de Pressy, tresorier de France, monstrée au procureur du Roy, la Court, du consentement du procureur du Roy, a levé et lieve ladite mainmise, en tant que touche la recepte et le compte des mars d'argent dessusdis, et a ordené que les biens de ladicte execucion soient delivrez ausdiz executeurs, sans prejudice toutesvoies que se ledit deffunct estoit tenu envers le Roy pour autre cause, que on puist poursuir lesdis executeurs, nonobstant ledit consentement.

Venredi, xxiiij° et samedi xxv° jours de juing.

Furent au Conseil m° Robert Piedefer, president, m° Ja. Branlart, m° J. Vivian et les autres conseilliers de ceans, à conseillier l'arrest sur le procès par escript d'entre Jehan de Livre et les tuteurs ou curateurs des enfans de feu maistre Phelippe de Corbie, demandeurs, d'une part, et messire Jehan Le Clerc, chevalier, defendeur, d'autre part. *Et non fuit conclusum*, mais ont deliberé que premierement la Court s'informera premierement d'aucunes choses, c'est assavoir, se Arnaude et Guillemin sont enfans de feu maistre

Phelippe de Corbie[1] et damoiselle Jehanne, sa femme, et se es temps dont parlent les abolitions ilz fussent demourez à Paris ou ailleurs en ceste obeissance, et s'ilz estoient menres d'ans au temps des criées et decret, et de quel aage ilz sont de present, et se messire Jehan Le Clerc detient tout, et que tout en son propre nom soit de fait gouverné, et soient les demandeurs interroguez qui possidoit les heritages contencieux au temps des abolitions jusques aux criées et decret, et pourquoy *illo medio tempore* les enfans de feu maistre Phelippe ne les possidoient, et soient interroguez de la valeur et charges desdis heritages, et où est la lettre de la tutele desdis enfans et l'inventaire, et quant ilz furent fais et pourquoy ilz ne les ont produis et exhibez, et s'ilz ont transport des heritages de feu maistre Pierre de Champignoles[2], *et quamdiu stetit matrimonium*. En oultre soit sceu de ce qui s'ensuit : c'est assavoir, où est l'informacion faicte par les commissaires des confiscations, l'an CCCC XVIII, sur la somme deue audit defendeur, et soit veue. En

1. Philippe de Corbie, fils naturel du chancelier Arnaud de Corbie, reconnu par lui dans son testament, débuta comme conseiller au Parlement, devint, en 1408, maître des Requêtes de l'hôtel, et fut exécuté, en 1418, comme suspect au duc de Bourgogne. Il avait épousé Jeanne Chanteprime, fille du général des finances Jean Chanteprime, dont il eut Guillaume de Corbie, qui devint président au Parlement, le chanoine Philippe de Corbie, abbé de Saint-Lucien de Beauvais, et Arnaude de Corbie, dame de Sèvres, femme de Jean de Livres, seigneur de Sancy, Clamart et Villacoublay.

2. Pierre de Campignolles fut massacré par le populaire au Grand Châtelet, le 20 août 1418 (voir *Journal d'un bourgeois de Paris*, p. 106, note 3).

oultre soit interrogé le defendeur sur ce qui s'ensuit ; c'est assavoir, *ex qua causa debitum seu obligatio mille librarum* sur ledit feu maistre Phelippe pour messire Jehan Le Clerc, et *si ex pluribus causis dictus defunctus fuit obligatus domino Johanni Clerici declarentur*. Et sur la response soit enquise la verité, se mestier est. En oultre soit interrogué ledit defendeur s'il savoit au temps de la sentence desdis commissaires, au moins ou temps des criées et adjudication dudit decret, que ledit feu m° Phelippe eust delaissié ses enfans, et pour quoy ycellui defendeur a tant tardé et attendu de proceder ausdictes criées et decret après la sentence desdis commissaires, et soit interrogué de la distribution des deniers du pris des heritages adjugez par decret et des quittances sur ce faictes, et se le procureur du Roy fu à ce appellé[1].

Conseil, XV (X¹ᵃ 1481), fol. 102.

Lundi, xj° jour de juillet.

Oye la relacion des commissaires de la Court sur la demande que faisoit maistre Guillaume de Brosses, archidiacre de Beauvoisis, aux executeur et surroguez à l'execucion du testament de feu maistre Guillaume Intrant de la somme de dix neuf salus d'or, la Court a auctorisié lesdis executeur et surroguez à paier ladicte somme de xix salus audit des Brosses.

---

1. Cf., pour le procès dont il est ici question, le registre des plaidoiries (Matinées, X¹ᵃ 4797, fol. 90 v°).

Mardi, xij° jour de jullet.

Furent au Conseil m° Robert Piedefer, president, m° Ja. Branlart, m° Jehan Vivian...[1].

A conseiller l'appoinctement sur la requeste baillée par escript de la partie de Michault d'Ivrande, jardinier, requerant le prouffit de deux defaulz à l'encontre de Jehan de Troies, sergent à verge, adjorné pour donner asseurement audit Michault.

Appoincté a esté que ledit de Troies sera par ung huissier de ceans amené prisonnier en la grosse tour du Palais jusques à huit jours sans parler à lui, et condempne la Court ledit de Troies es despens desdis defaulz, la taxation reservée. Et lesdis viij jours passez, ledit de Troies sera interrogué par aucuns des conseilliers de la Court sur les desobeissances et defaulz dessusdis, et ce fait, la Court fera droit, ainsi qu'il appartendra, ausdictes parties. *Attendendum quod, die veneris xv hujus mensis, ad requestam dicti de Troies, de dictis defectibus et contumacia se excusantis, Curia eidem compaciens, ipsum, ut suas maturas messes recolligere valeret, usque ad quindenam cum caucione x librarum parisiensium elargari ordinavit, ut in registro ventilacionum causarum civilium.*

Conseil, XV (X.¹ª 1481), fol. 103.

Jeudi, xiv° jour de jullet.

Ce jour, la Court a enjoint aux procureurs des causes et parties, dont maistre Henry Roussel est char-

---

1. Suivent les noms de seize conséillers.

gié, qu'ilz se pourvoient de conseilliers pour en venir dedans viij jours dire ce qu'il appartendra par ledit Roussel ou par autre.

Matinées, XV (X¹ᵃ 4797), fol. 276 r°.

Samedi, xvj° jour de jullet.

Ce jour, la Court, oye la relacion dez commissaires de ceans, a tauxé à la somme de xxj livres xviij sols viij deniers parisis le salaire de maistre Gervaise Le Wuke, notaire du Roy, pour avoir translaté et escript de flameng en françois le procès d'entre les doien et chapitre de Saint-Pierre-de-Lisle[1], demandeurs et appellans, d'une part, et le segneur de la Chappelle et le procureur general de Flandres, defendeurs et appellans aussi, d'autre part. Et a semblé que pour translater et escripre chascun fueillet dudit procès, on povoit et devoit raisonnablement tauxer deux sols iiij deniers parisis. *Commissarii J. de Saulz et Nanterre.*

Lundi, xviij° jour de jullet.

Ce jour, oye la relacion des commissaires, la Court a auctorisié les executeur et surroguez à l'execucion du testament de feu maistre Guillaume Intrant à paier ce que ledit defunct devoit à l'eglise de Paris pour sa chape, c'est assavoir, dix livres dix sols parisis, et la somme de quarante solz qui estoient deubz aux enfans de chœur de ladicte eglise à cause de l'enterrement et trespas dudit deffunct; et aussi à paier la somme de trois frans.

1. Le chapitre de Saint-Pierre de Lille existait depuis 1066.

Samedi, xxiiij° jour de jullet.

Ce jour, la Court a commis et surrogué maistre Pierre Pilory, conseillier du Roy, ou lieu de feu maistre Estienne des Portes, pour congnoistre, jugier et decider avec maistres Guillaume Cotin et Simon de Plumetot, conseilliers du Roy en ycelle Court, certain procès pendant par devant lesdis commissaires entre les marregliers de l'eglise Saint-Benoit-le-Bien-tourné, demandeurs, d'une part, et maistre Arnoul Doriot, bacheler en decret, defendeur, d'autre part, et pourront les trois ou les deux d'iceulz commissaires proceder et vaquer au jugement et decision d'icellui procès, comme de raison.

Conseil, XV (X¹ᵃ 1481), fol. 103 v°, 104 r°.

Mardi, xvj° jour d'aoust, avant les plaidoiries, furent au Conseil m° Robert Piedefer, president, m° Ja. Branlart, m° J. Vivian...[1].

A conseillier l'arrest d'entre maistre Nicole Bourgoing[2], d'une part, et maistre Guillaume de la Haie, d'autre part. *Et non fuit omninò conclusum*, mais a esté deliberé par la Court de premierement interroguer lesdictes parties. Et primo sera interrogué ledit de la Haie s'il a aucuns tiltres de sa maison, dont debat est de la rente entre lesdictes parties, et lui sera enjoint

---

1. Suivent les noms de quatorze conseillers.
2. Nicole Bourgoing était chapelain de la chapelle de Saint-Eustache en l'église Notre-Dame; l'arrêt fut rendu le 3 septembre, Guillaume de la Haie fut condamné à payer six termes échus de la rente litigieuse (X¹ᵃ 1481, fol. 106).

qu'il les mette par devers la Court. Et en oultre sera interrogué se ladicte maison est le lieu où ledit Bourgoing et ses predecesseurs chappellains ont acoustumé de prendre lad. rente, et s'il en a par devers lui aucunes quictances. Et se ledit de la Haie confesse la perception, ou s'il en appert par le tiltre d'icellui de la Haie, *ex nunc* la Court a deliberé et conclu de dire que ladicte rente est admortie et non rachetable, et sera ledit de la Haie condempné es arrerages et es despens. *Et si non confiteatur, vel non appareat per titulum, interrogabitur* Bourgoing, s'il confesse ledit de la Haie, proprietaire de ladicte maison, sur laquelle il demande ladicte rente, et avec ce ledit Bourgoing informera la Court de la percepcion d'icelle rente, et ledit de la Haie, se bon lui semble, informera au contraire. Et se ledit Bourgoing informe de ce la Court deument, *ex nunc* la Court a deliberé et conclu de dire que ladicte rente est admortie et non rachetable, et sera ledit de la Haie condempné es arrerages et es despens.

Mecredi, xvij° jour d'aoust.

Ce jour, du consentement du procureur du Roy et aussi du consentement de Jehan de Blaisy, escuier, par cy devant commis à l'office du bailli de Meaulz ou lieu de messire Jehan, bastard de Thian[1], lors prisonnier des ennemis, la Court a obtemperé aux lettres royaulx obtenues par ledit de Thian, données le ix° jour

---

1. Jean, bâtard de Thian, était capitaine de Crépy-en-Valois en 1433, lorsque cette place fut reprise par les partisans de Charles VII; il fut fait prisonnier avec la garnison,

de may derrain passé, par lesquelles le Roy entre autres choses a deschargié ledit de Blaisy de ladicte commission et veult que ledit de Thian exerce ledit office de bailli de Meaulz, ainsi qu'il faisoit par avant sadicte prise des ennemis.

Conseil, XV (X^{1a} 1481), fol. 104 v°.

Mardi, vj° jour de septembre, et les jours ensuivans, furent au Conseil les presidens et conseilliers de ceans à conseillier l'arrest d'entre maistre Laurent Bacheler, demandeur et complaignant, et maistre Nicole Niquet, defendeur, qui est alé de vie à trespas durant le temps de la visitacion de ce procès : *Ob hoc non fuit conclusum*, et depuis ont esté visitez et jugiez autres procès du greffe criminel.

Samedi, x° jour de ce mois.

Avant la pronunciation des arrests, ce Parlement a esté continué et prorogué jusques à huitaine pour expedier aucunes causes et procès favorables.

Ce jour, ont esté pronunciez les derniers arrests de ce Parlement par m° R. Piedefer, president.

Samedi, xvij° jour de septembre.

Item, à conseillier autres arrestz sur procès de pri-

---

mais, en 1435, il se trouvait en liberté et figure parmi les capitaines qui vinrent rejoindre à Paris le sieur de l'Isle-Adam et prirent part au siège de Saint-Denis; il fut décapité en 1439, après la prise de Meaux par le connétable de Richemont (Monstrelet, éd. Douët d'Arcq, t. V, p. 68).

sonniers, *ut in registro magistri Johannis de Spina, grapherii criminalis*.

Et hic finis hujus Parlamenti, gracia Dei.

Huc me digressum nunc Deus appullit horis. Conticui tandem, et hic, facto fine, quievi ab exercicio hujus officii. Deo gracias. Clemens[1].

Conseil, XV (X¹ᵃ 1481), fol. 106 vº.

Venredi, dernier jour de septembre.

Ce jour, dame Ysabel de Baviere, royne de France, vesve du feu roy Charles VIᵉ, trespassa en l'ostel de Saint-Pol à Paris[2]. Dieu lui soit misericors et en ait l'âme et de tous autres[3].

1. Cette note personnelle de Clément de Fauquembergue, faisant pressentir la renonciation à ses fonctions de greffier, se trouve intercalée dans le texte après l'annonce de la clôture du Parlement.

2. Isabeau de Bavière, délaissée et injuriée par les Anglais, qui prétendaient que Charles VII était illégitime, menait la plus triste existence à l'hôtel de Saint-Paul. Lorsqu'elle apprit la conclusion du traité d'Arras qui effaçait le honteux traité de Troyes, d'après un chroniqueur de l'époque (Jean Chartier, éd. Vallet de Viriville, t. I, p. 209-210), elle « print ung tel esjouissement en soy qu'elle en cheult en maladie », fit son testament le 2 septembre et décéda le 29 du même mois, un peu avant minuit. Son corps fut exposé pendant trois jours; la cérémonie funèbre fut célébrée le 13 octobre à Notre-Dame, en présence de Louis de Luxembourg, chancelier de France, de Jacques du Châtelier, évêque de Paris, des seigneurs de Scales et de Willougby (cf. *Journal d'un bourgeois de Paris*, p. 309).

3. Cette mention de la mort d'Isabeau de Bavière a été reproduite par D. Félibien, *Histoire de la ville de Paris*, t. IV, p. 595.

Le lundi, iij° jour d'octobre.

Se parti mon maistre m° C. de Fauquembergue pour aler à Cambray[1].

Conseil, XV (X¹ᵃ 1481), fol. 106 v°.

Mecredy, xij° jour d'octobre M CCCC XXXV.

Sur la requeste aujourduy faicte par m° Jehan Chouart, procureur du Roy en Chastellet, afin qu'il pleust à la Court de deputer et commettre aucuns de mess" qui assistassent et feussent presens avecques aucuns des conseilliers de Chastellet, du prevost des marchans et aucuns des eschevins de la Ville, pour pourveoir au fait de la police de ceste Ville, pour ce que toutes denrées, obstant la prinse du pont de Mellant[2] par les adversaires, encherissent tresfort de jour en jour[3], sur quoy a esté deliberé et conclu que mons' le president, m° R. Piedefer, m° G. Le Breton, m° S. de Plumetot, m° J. de Voton et m° Toussaint Baiart seront presens avecques les dessusdis pour pourveoir à ce que dit est, et y continueront le plus diligemment qu'ilz pourront.

---

1. Cette note a été insérée par l'un des clercs du greffier.
2. Le pont de Meulan fut enlevé aux Anglais dans la nuit du 24 septembre par le sire de Rambouillet et son écuyer, nommé Pierre Jaillet; la place avait pour capitaine Richard Merbury (*Journal d'un bourgeois de Paris*, p. 308).
3. Le renchérissement des denrées causé par la prise du pont de Meulan est signalé par le *Journal d'un bourgeois de Paris* (p. 310), qui donne le prix du blé.

Jeudi, xiij° jour d'octobre.

Ont esté assamblez en la Chambre de Parlement, messeigneurs les presidens et tous les autres conseilliers des trois Chambres pour avoir advis et deliberacion en quel estat doit estre la Court à l'enterrement et funerailles de Ysabel de Baviere, royne de France, en son vivant femme de tres hault et tres puissant et tres excellent prince le roy Charles de Valois VI°, cui Dieu pardoint, laquelle doit huy après disner estre apportée en l'eglise Nostre-Dame de Paris, et de là en l'eglise Saint-Denis en France. Et a esté conclud par les dessusdis presidens et conseilliers que la Court s'assembleroit à Saint-Pol à deux heures après disner, aiant chascun chaperon fourré. Et environ quatre heures fut portée ladicte royne depuis l'ostel de Saint-Pol à Paris jusques dedens ladicte eglise de Nostre-Dame, en une lictiere en figure de royne, par ses familiers et serviteurs. Et tenoient les presidens de la Court de ceans les quatre cornez du pouelle estant sur ladicte lictiere, et les autres conseilliers estoient à l'environ et au plus prez de ladicte lictiere. Et les huissiers estoient devant, qui faisoient faire place ausdis presidens et conseilliers, pour la multitude de gens, tant d'eglise comme seculiers, qui acompaignoient le corps de ladicte royne, atout competent luminaire[1].

Et furent dictes vigilles de mors en ladicte eglise, ce dit jour, et lendemain le service, et demoura le

1. Pour les obsèques d'Isabeau de Bavière, cf. le *Journal d'un bourgeois de Paris*, p. 309-310.

corps de ladicte royne la nuit en depost en icelle eglise de Paris.

Et lendemain, qui fut vendredi xiiij° jour dudit mois d'octobre, après le service fait, fut portée par sesdis serviteurs, lesdis presidens tenant les quatre cornaiz de ladicte lictiere, au port Saint-Landry et mise en un bateau en la riviere, et fut menée en ladicte ville Saint-Denis par eaue, pour ce que les ennemis venoient et prenoient chascun jour entre Paris et Saint-Denis gens et emmenoient prisonniers.

Et le lendemain, fut fait le service en ladicte eglise Saint-Denis, et fut enterrée auprez de sondit feu mary le roy Charles VI° en icelle eglise Saint-Denis[1]. *Anime eorum requiescant in pace, et nos*[2].

Conseil, XV (X^{1a} 1481), fol. 107.

Mardi, viij° de novembre M CCCC XXXV.

Furent assamblez en la Chambre de Parlement messegneurs m^{es} R. Piedefer, president[3]..., pour avoir advis et deliberacion ensemble se l'en encommenceroit le Parlement à ceste Saint-Martin prouchain venant, attendues les mutacions de villes et païs qui depuis nagaires se sont tournez à l'autre obeissance et delaissié ceste obeissance, et aussi attendue l'absence de monseigneur le Chancellier qui de present est ou païs de Normendie; et aussi pour avoir advis qui exercera

1. Ce récit des obsèques d'Isabeau de Bavière a été reproduit par D. Félibien, *Histoire de la ville de Paris*, t. IV, p. 595.
2. Les délibérations prises par le Parlement les 12 et 13 octobre, en l'absence de Clément de Fauquembergue, ont été enregistrées par son principal clerc.
3. Suivent les noms de vingt-cinq conseillers.

l'office de greffier civil de ladicte Court, lequel pour aucuns ses affaires s'est nagaires party de Paris pour aler en la ville de Cambray dont il est chanoine. Et finablement, après grant et meure deliberacion eue sur les choses dessusdictes, a esté concluid que pour le bien de justice, lesdis conseilliers encommenceront le Parlement le lendemain de la feste Saint-Martin, qui sera samedi prochain venant, en la maniere acoustumée. Et tantost que ledit monseigneur le Chancellier sera retourné à Paris, on yra devers lui de par la Court lui exposer l'estat d'icelle Court pour savoir son bon plaisir et voulenté, et aussi afin qu'il ordenne du paiement des gaiges des conseilliers et officiers de ladicte Court, et que neantmoins cependant, aucuns desdis conseilliers parleront sur ce à maistre Nicaise de Bailli, clerc des tresoriers et generaulx sur le fait des finances.

Et, quant à l'exercice de l'office dudit greffier, a esté appoincté que, durant son absence ou jusques à ce que autrement y soit pourveu, le clerc principal dudit greffier tendra et fera le registre des plaidoyries et consaulx de ladicte Court pour et en lieu dudit greffier, son maistre, et signera le greffier criminel les arrests, lettres et autres choses appartenans à l'office dudit greffier civil durant sadicte absence. Et sera fait le roole des causes reservées et autres que l'en pourra expedier[1].

Conseil, XV (X^{1a} 1481), fol. 107.

1. Cette délibération, aux termes de laquelle le Parlement réglementa l'exercice des fonctions de greffier pendant l'absence de Clément de Fauquembergue, a été consignée sur le registre du Conseil par son clerc.

Lundi, xiiij° jour de novembre.

Ce jour, la Court a auctorisé et auctorise les executeurs du testament de feu m° Guillaume Intrant pour les reparacions de la maison canoniale dudit defunct, située ou cloistre de Paris, qui ont esté appreciées par les jurez qui l'ont visitée, à la somme de lx livres parisis, à payer à chapitre de l'eglise de Paris pour lesdictes reparacions la somme de soixante frans.

Samedi, xix° jour de novembre.

Ce jour, ont esté commis et deputez pour aler devers mons' le Chancellier pour avoir provision et payement des gaiges pour les conseilliers et officiers de la Court maistres R. Piedefer, president, Ja. Branlart, G. Cotin, J. Queniat et Phelippe de Nanterre, conseilliers du Roy ceans.

Conseil, XV (X^{1a} 1481), fol. 108 r°, 109 r°.

Jeudi, xxiiij° jour de novembre.

La Court a enjoint à maistre Jacques Thiessart, advocat, et à maistre Jehan Roussel, procureur ceans, qu'ilz soient du conseil de maistre Paoul Nicolas, bachelier en theologie, contre l'Université de Paris et autres consors.

Matinées, XV (X^{1a} 4797), fol. 303 v°.

Samedi, xvij° jour de decembre.

Ce jour, la Court a veues certaines lettres royaulx, presentées par maistre Jehan de l'Espine, greffier criminel de ladicte Court, desquelles la teneur s'ensuit :

Henry, par la grâce de Dieu, roy de France et d'Angleterre, à noz amez et feaulx conseilliers les gens tenans et qui tendront nostre Parlement à Paris, salut et dilection. Comme depuis deux mois ença ou environ, nostre amé et feal clerc et prothonotaire, maistre Clement de Fauquenberge, licencié en droit canon et en civil, et graphier civil de nostre Court d'icellui Parlement, se soit departy de nostre bonne ville de Paris sans le congié et licence de nous, ou noz gens et officiers qu'il appartenoit, et transporté en la ville de Cambray en Cambresis ou ailleurs hors de nostre royaume de France, où il demeure maintenant, si comme l'en dit, et pour ce que de present n'y a aucun qui de par nous exerce ledit office de graphier civil d'icelle Court, est besoing de y en commettre un autre, attendu que icellui office requiert exercice et continuacion personele, savoir vous faisons que nous, confians à plain es sens, loyaulté, proudommie, souffisance et bonne diligence de nostre amé et feal clerc et notaire, maistre Jehan de l'Espine, graphier criminel de nostredicte Court, icellui par l'advis et deliberacion des gens de nostre Grant Conseil en France, avons par maniere de provision commis, ordonné et establi, commettons, ordonnons et establissons par ces presentes à exercer ledit office de graphier civil et des presentacions de nostredicte Court de Parlement, tout ainsi que faisoit ledit maistre Clement et à telz drois, prouffiz et emolumens qui y appartiennent, durant l'absence dudit maistre Clement ou jusques à ce que par nous soit sur ce autrement pourveu. Si vous mandons et expressement enjoignons que ledit de l'Espine vous faictes, souffrez et laissez joyr et user du contenu en ces presentes selon leur forme et teneur, sans lui mettre ne souffrir en ce mettre, faire ou donner quelque destourbier ou empeschement au contraire.

Donné à Paris, le vint sixiesme jour de novembre, l'an

de grâce mil cccc trente cinq, et de nostre regne le xiiij°.
Ainsi signé : par le Roy, à la relacion du Grant Conseil,
J. de Lunain.

Et au dox estoit escript ce qui s'ensuit : « Die sabbati, xvij³ die decembris, anno Domino millesimo cccc° tricesimo quinto, magister Johannes de Spina, infrascriptus, receptus fuit per Curiam ad exercicium officii, de quo in albo cavetur juxta tenorem presencium. »

Et ce jour les clers dudit maistre Clement de Fauquembergue, greffier dudit Parlement, requirent à la Court qu'elle voulsist commettre deux des conseilliers de ladicte Court pour estre presens à monstrer l'estat de la Tournelle civile audit maistre Jehan de l'Espine, et pour avoir decharges tant de despotz qui y sont deposez, comme de tout le fait de ladicte Tournelle, car lesdis clers, qui sont gens d'eglise, n'y veulent point estre ne demourer, tant que le greffier criminel, quel qui soit, ait l'administracion du greffe civil. Et pour ce ont esté à ce commis messeigneurs maistres Guillaume Cotin et Phelippe de Nanterre, conseilliers du Roy nostre seigneur.

Conseil, XV (X^{1a} 1481), fol. 110 v°.

Samedi, xvij° jour de decembre.

Ce jour, fu receu maistre Jehan de l'Espine à l'exercice de l'office du greffe civil, durant l'absence de maistre Clement de Fauquembergue, selon la teneur des lettres du Roy, de date du xxvj° novembre precedent, *in libro Consilii registratis*.

Matinées, XV (X^{1a} 4797), fol. 311.

Jeudi, xxix° jour de decembre.

Maistre Jehan de l'Espine, commis à l'exercice du greffe civil et des presentacions de la Court de ceans, peu avant les plaidoiries, a recité à la Court que, vendredi dernier passé, xxiij° dudit mois, par maistres Phelippe Bouron et Jehan Jouglet, clers de maistre Clement de Fauquembergue, greffier d'icelle Court, es presence de messeigneurs maistres Guillaume Cotin et Phelippe de Nanterre, commissaires deputez par icelle Court en ceste partie, il receust les registres, procès, depostz et autres choses estans oudit greffe civil avecques les clefz des huis de la Tournelle civile, comme plus à plain est faite mencion en certain cayer triple qui se signera, tant par mesdiz seigneurs les commissaires comme par lesdiz clers dudit maistre Clement et l'Espine, pour la descharge d'un chascun, duquel cayer chascun en aura ung, et que, en recevant lesdiz registres, lui en avoient esté baillées en cayers et non reliez depuis l'an cccc et xv jusques à l'an cccc xxvi inclus, et les registres de là en avant et jusques au Parlement derrain commencé, qui fu le samedi xij° jour de novembre mil cccc xxxv, comme lettres, arrestz et jugiez, lui avoient esté bailliez en minues de papier, sans ce que aucuns feussent grossez, pour ce, comme disoient lesdiz clers, que ledit maistre Clement n'avoit peu avoir parchemin pour ce faire. Et aussi dit icellui de l'Espine que, paravant la recepcion desdiz registres et clefz en recevant icelles, et es presences de mesdis seigneurs les commissaires, il avoit prié ausdis Bouron et Jouglet qu'ilz voulsissent servir le Roy et la Court soubz lui, ainsi qu'ilz avoient fait ledit maistre Clement, afin que ou fait et service de la Court n'eust faulte, à quoy iceulx clers en eulx excusans avoient respondu qu'ilz s'estoient disposez d'aler à l'escolle et faire aucuns fais d'escolle[1], par quoy bonnement n'y puent entendre. Si a requis et supplié icellui de l'Espine tres humblement à ladicte Court qu'il lui plaise pourveoir sur ces choses, tellement que quant le Roy nostre sire ou monseigneur le Chancelier vendront par deçà, aucun inconvenient n'en puist estre fait ou imputé à ladicte Court, ne audit de l'Espine[2].

Conseil, XV (X^{1a} 1481), fol. 111 r°.

1. Philippe Bouron et Jean Jouglet sont cités parmi les licenciés en décret reçus, le premier le 19 mars 1436, le second le 30 mars 1428 (n. st.).

2. A partir de cette date, on ne rencontre plus de mention spéciale concernant l'office de greffier civil. Du reste, à cause des événements politiques, les séances du Parlement furent rares en 1436 ; au mois d'avril, elles cessent même complètement. Elles ne reprirent régulièrement qu'au mois de décembre 1436. A cette date, à la séance d'ouverture, Clément de Fauquembergue figure parmi les conseillers clercs. Le nouveau greffier civil est alors Jean de Blois.

APPENDICE[1]

1436.

Samedi, vij° jour de janvier.

Au Conseil furent messeigneurs m° Robert Piedefer, president, m° Jaques Branlart[2]..., lesquelx eurent advis et deliberacion sur ce que led. Branlart leur dist et exposa qu'il avoit oy et entendu de pluseurs notables et bonnes personnes, desirans le bien et conservacion de ceste cité, que le peuple et grant partie des bourgois d'icelle estoient très mal contens que on ne pourveoit aux grans perilz et inconveniens que on voit avenir de jour en jour, dont on estoit en voye et dangier de la totale perte et destruction de ceste dicte cité et des habitans en icelle, se briefment n'y estoit pourveu. Et disoit on que le prevost des marchans et eschevins deussent sur ce assembler sages et bonnes personnes, tant conseilliers comme bourgois, et bienveillans pour y adviser et pourveoir, mais ilz n'en faisoient riens, dont on estoit bien esbahy, et en estoit très grant murmure au peuple, et doubtoit on très fort qu'il s'en ensuist esclande, et pour ce disoient ceulz qui en avoient parlé audit Branlart, qu'il leur sembloit en verité

---

1. Nous avons pensé, pour compléter le *Journal de Clément de Fauquembergue*, qu'il serait intéressant de donner, à la suite, quelques extraits tirés du registre du Conseil, se rapportant aux événements qui se succédèrent à Paris jusqu'à la fin de l'occupation anglaise et au début du nouveau régime.

2. Suivent les noms de quatorze conseillers.

que, attendu le peril evident et ce que dit est, la Court y deveroit adviser et pourveoir, tant pour le bien du Roy comme de la conservation de leurs propres personnes, et aussi de ladicte cité et autres habitans d'icelle, et mesmement pour bien appaisier le peuple deveroient avecques eulx assembler pluseurs autres bonnes personnes de divers estas, en bon nombre, telz que bon leur sembleroit. Auquel Branlart il sembla qu'ilz disoient ce que dit est de très bonne affection, et luy sembla estre convenable et expedient, et pourtant en bonne et saincte entencion le rapporta à mesdis seigneurs pour y advertir et en ordonner à leur bon plaisir. Et finablement fu par yceulx ordonné, obstant ce que grant partie d'icelle Court n'avoit pas esté à oïr le rapport dessusdit, que lundi prouchain seroit mandé de par ycelle Court à maistre Hugues Le Coq, prevost des marchans, Jehan de Longueil, lieutenant civil du prevost de Paris, aux gens des Requestes du Palais et autres seigneurs d'icelle Court, qui n'avoient pas esté presens au rapport dessusdit faire, que, le mardi ensuivant, ilz feussent à huit heures du matin en ladicte Court, afin de oïr ledit rapport et adviser au surplus *quid agendum* pour le bien de ceste dicte ville et de tous les habitans d'icelle, sans vouloir par ce aucunement deroguer au Roy nostre Sire, ne à sa seignourie.

Conseil, XV (X^{1a} 1481), fol. 111 v°.

Mardi, x° jour de janvier.

Au Conseil, furent assemblez messeigneurs m° Robert Piedefer, president, m° Jaques Branlart, m° Jehan Vivien, m° Hue de Dicy, m° Guillaume Cotin, m° Berthelemy Le Viste, m° Guillaume Le Breton, m° S. de Plumetot, m° Phelippe Le Besgue, m° Michel Claustre, m° Hugues Le Coq, prevost des marchans, m° Jehan de Saint-Rommain, m° Jehan de Voton, m° Lucien du Croquet, m° Toussaint

Baiart, m° Thomas de la Marche, m° Mahieu Courtois, m° Robert Agode, m° Pierre de Pilory, m° Jehan Quenyat, m° Phelippe de Nanterre, m° Jehan Boudeaux, m° Jehan de Longueil, lieutenant du prevost de Paris, pour deliberer sur ce que, samedi derrain passé, fut advisé par la Court, comme plus à plain est cy dessus contenu dudit jour. Et finablement fut advisé et conclu par mesdis seigneurs, afin de faire cesser et appaisier la grant murmure qui a couru et court entre les habitans et populaires de ceste dicte ville et obvier aux inconveniens qui pevent avenir à icelle cause, qu'il estoit expedient et très neccessaire de convoquer et assembler en ladicte Court, venredi prouchain, l'evesque de Paris, les quatre maistres de l'Ostel du Roy nostre Sire, messire Jehan Le Clerc, messire Giles de Clamecy et le prevost de Paris, chevaliers, les gens des Comptes, les prevost des marchans et eschevins d'icelle ville, et aussi les procureur et advocat du Roy, maistre Jehan Luillier, et deux ou trois des plus notables advocas de ladicte Court, pour amplement deliberer et adviser qu'il est de faire pour la seurté de ceste dicte ville et des habitans d'icelle. Et ce pendant seront envoiez de par ladicte Court devers lesdis evesque et prevost de Paris mesdis seigneurs G. Le Breton et J. Boudeaux pour savoir se ilz vouldront que ladicte assemblée se face en la Chambre dudit Parlement, ou en la Chambre où ilz tiennent leur Conseil, pour ce que ladicte Court est indiferente du lieu. Et le rapport desdis Breton et Boudeaux oy, ladicte Court fera savoir à mesdis seigneurs le lieu où, pour ce que dit est faire, fauldra qu'ilz soient assemblez à la fin que dessus, et tout sans aucunement deroguer ou prejudicier au Roy nostre Sire, ne à sa seignourie, mais pour tenir et garder ceste dicte ville et les habitans d'icelle en sa seignourie, obeissance et bonne union.

Conseil, XV (X¹ᵃ 1481), fol. 112 r°.

Mercredi, xj° jour de janvier ensuivant.

Messire Giles de Clamecy, chevalier, environ ix heures du matin, vint devers la Court qui besongnoit au jugement de certain procès pendant en icelle Court, et dist yceluy Clamecy à mess^rs que devers eulx il estoit envoié de par messeigneurs du Grant Conseil, ausquelz estoit freschement survenu aucunes nouvelles, lesqueles ilz leur vouloient communiquer, afin d'avoir tant sur icelles comme sur le gouvernement et bonne union de ceste ville et des habitans d'icelle leurs consaulz et bons advis, pour savoir s'ilz y vouldroient entendre, lesquelx leur respondirent que voulentiers ilz y entenderoient. Et environ dix heures, vindrent en ladicte Chambre l'evesque de Paris, le seigneur de Willeby, le prevost de Paris, le prevost des marchans et aucuns des eschevins, presens tous lesquelz fut recité comment les gens de Ferrières[1] estoient entrez ou pont de Charenton[2], lesquelx avecques le filz de Jehan de Blaisy avoient bouté hors la garnison, qui y estoit pour le Roy nostre Sire, qui sembloit chose de mal exemple et moult prejudiciable à ceste ville. Et pour y avoir et prendre conclusion fut ordonné que, le landemain, entre sept et huit heures du matin, mess^rs du Grant Conseil, les seigneurs de Parlement et des Requestes du Palais, et les prevost, eschevins et aucuns bourgois seront assemblez en ladicte Chambre.

Conseil, XV (X^ta 1481), fol. 112 v°.

1. Ferrières, capitaine anglo-bourguignon qui, en octobre 1429, avait été fait prisonnier dans une rencontre par Ambroise de Loré, capitaine de Lagny (Vallet de Viriville, *Chronique de Jean Chartier*, t. I, p. 108), commandait en janvier 1436 à Corbeil et à Brie-Comte-Robert, qu'il rendit, moyennant finances, au duc de Bourbon (Berry, édit. Godefroy, p. 392).

2. La prise du pont de Charenton, événement des plus

[1436] APPENDICE. 179

Jeudi ensuivant, xij° jour dudit mois de janvier.

Au Conseil, furent assemblez les personnes cy après nommées, m° Robert Piedefer, president, mons^r l'evesque de Paris, mons^r l'abbé de Saint-Germain-des-Prez[1], mons^r l'abbé de Saint-Mor[2], mons^r de Willebich, messire Jehan Le Clerc, mons^r de Clamecy, chevaliers, mons^r le prevost de Paris, m° Nicolas Fraillon, m° Phelippe de Rully, m° Hugues Rapiout, maistres des Requestes de l'Ostel, Jehan de Saint-Yon[3], m° Jaques Branlart, m° Jehan Vivien, m° Hue de Dicy, m° Guillaume Cotin, m° Berthelemy Le Viste, m° Guillaume Le Breton, m° Simon Plumetot, m° Michel Claustre, m° Phelippe Le Besgue, *consiliarii clerici Parlamenti*, m° Jehan de Saint-Rommain, m° Jehan de Voton, m° Toussains Bayart, m° Lucien du Croquet, m° Mahieu Courtois, m° Robert Agode, m° Thomas de la Marche, m° Pierre de Pilory, m° Jehan Quenyat, m° Phelippe de Nanterre, m° Jehan Boudeaux, m° Jehan Le Duc, *consiliarii laici Parlamenti*, m° Guillaume Berthelemi, m° Jehan Rapiout, m° Jehan Luillier, m° Girard Le Coq, m° Marc de Foras, sire Michel de Laillier, sire Jehan Guerin, m° Giles Le Veau, Regnaut Doryac, m° Jehan Le Besgue, m° Jehan Fromont, Guillaume Le Muet, *domini et clerici Camere compotorum*, Jehan Trotet, m° Robert Gaultier, m° Jehan de Longueil, m° Jehan Larchier,

graves pour la cité parisienne, n'est révélée que par ce passage des Registres du Conseil.

1. Jean Bourron, qui occupa le siège abbatial du 23 mai 1419 au 15 avril 1436, date de son décès, lequel coïncida avec le départ des Anglais.

2. Jean Le Meunier, abbé de Saint-Maur-des-Fossés, qui devint évêque de Meaux en 1447.

3. Jean de Saint-Yon, maître des bouchers de la Grande Boucherie et grènetier de Paris sous la domination anglaise (cf. *Journal d'un bourgeois de Paris*, p. 319, note 2).

m° Jehan Chouart, m° Jehan Longuejoe, m° Guillaume de la Haye, m° Jehan Bureau, m° Hugues Le Coq[1], prevost des marchans, Jehan de Dampierre[2], Luquin du Pliz[3], Thomas Orlant, eschevins, messire Morelet de Bethencourt[4], Pierre Le Verrat[5], Garnier de Saint-Yon, Jehan de la Poterne[6], Raoul Dourdin, Guillaume de Troyes, Jaquet de Roye, Marcelet Testart[7], Huguelin Monfault.

Et après la cause de ladicte assemblée ouverte par mondit seigneur le president, qui fut en effect pour avoir advis afin de pourveoir aux grans et eminens perilz en quoy ceste ville de Paris et les habitans d'icelle sont taillez de cheoir de jour en jour, tant par les manieres que tient Fer-

1. Hugues Le Coq, conseiller au Parlement, occupa deux fois la prévôté des marchands; nommé une première fois le 26 décembre 1420, jusqu'en 1429, il redevint prévôt des marchands le 23 juillet 1434 (cf. *Journal d'un bourgeois de Paris*, p. 147, note 2).

2. Jean de Dampierre, mercier au Palais, avait été nommé échevin le 12 juillet 1429 (cf. *Journal d'un bourgeois de Paris*, p. 240, note 2).

3. Luquin du Pleiz remplaça Jaquet de Roye, comme échevin, le 23 juillet 1434.

4. Morelet de Béthencourt était chevalier du guet (cf. *Journal d'un bourgeois de Paris*, p. 8, note 2).

5. Pierre Le Verrat, seigneur de Crosne, écuyer d'écurie du Roi, avait été prévôt de Paris de 1421 à 1422 (cf. *Journal d'un bourgeois de Paris*, p. 156, note 2).

6. Garnier de Saint-Yon et Jean de la Poterne furent nommés échevins le 22 juillet 1433 (Arch. nat., KK 1009, fol. 4).

7. Raoul Dourdin, Guillaume de Troyes, Jaquet de Roye et Marcelet Testart occupèrent l'échevinage à diverses reprises pendant l'occupation anglaise. Raoul Dourdin fut nommé échevin le 12 décembre 1422 avec Garnier de Saint-Yon et Jean de la Poterne; Guillaume de Troyes, ainsi que Marcelet Testart, le 30 juillet 1430, le second l'avait déjà été en 1418; Jaquet de Roye fut appelé à l'échevinage le 23 juillet 1432 (Arch. nat., KK 1009, fol. 3-4).

rieres, capitaine de Corbueil, et ceulx de la garnison du pont de Charenton de l'approuchement des ennemis qui sont à l'environ d'icelle ville, comme aussi du murmure et du mauvais parler qui cuert entre les populaires d'icelle ville, fut deliberé et conclu que processions particulieres se feroient par les parroisses de ceste ville, selon la discretion dudit mons^r de Paris, et oultre qu'il sera escript au Roy nostre Sire et à mons^r le Chancellier lettres très affectueuses et iteratives de celles qui leur ont esté envoyées tant par les ambassadeurs comme derrenierement par maistres Jehan Le Clerc et Gervaise Le Vuke, afin d'avoir provision hastive ad ce que dit est. Et avecques ce a esté ordonné que lettres affectueuses seront faictes de par la Ville, adressans à mons^r le duc de Bourgongne, narratives du peril eminent où sont ladicte ville et les singuliers d'icelle, afin d'avoir icelle en especiale recommendacion et la faire tenir en surseance et seurté jusques à tel temps qu'il pourra obtenir, et que pour induire et ad ce mouvoir ledit mons^r de Bourgongne soient escriptes lettres à mons^r de Noyon, messire Jehan de Luxembourg, messire Jehan de Pressy, chevaliers, et à Guillaume Sanguin, qui aiment le bien d'icelle ville et des habitans, après ce que par le porteur des lettres de mondit s^r de Bourgongne lettres auront esté envoiées à mons^r le Chancellier, esqueles sera mise la copie desd. lettres de mons^r de Bourgongne, afin de savoir se à mond. s^r le Chancellier plaira escripre à mond. s^r de Bourgongne pour icelle ville, afin d'obtenir icelles lettres, et à messire Jehan de Luxembourg et autres dessus nommez, pour induire led. mons^r de Bourgongne ad ce. Et aussi a esté deliberé que pour adviser tousjours de bien en mieulx à la garde et seurté de ladicte ville et aux nouveles qui chacun jour advendront, seront chascun jour en l'Ostel de la Ville, avecques les prevost des marchans et eschevins, deux des seigneurs du Grant Conseil, deux des conseillers de la Court, deux de la Chambre des Comptes, deux de Chastellet, ou plus, se besoing en est, qui communiqueront chascun es lieux et colleges dont ilz sont tout ce qui survendra, afin de tousjours nourrir union et concorde en ladicte Ville, et si pourverront à la garde et seurté de la riviere, tant par hault comme par bas, et au gué et autres choses necessaires pour la garde, seurté, tuition et defense d'icelle ville et des singuliers d'icelle. Et de faire la minute desdictes lettres fut chargé maistre Jaques de Luvain.

Conseil, XV (X^{1a} 1481), fol. 112 v°, 113.

Samedi, xiiij° jour dudit mois de janvier ensuivant.

En la Chambre de Parlement furent assemblez mess^{rs} cy après nommez, c'est assavoir, m° Robert Piedefer, president, l'evesque de Paris, l'abbé de Saint-Mor, le s^r de Willebik, messire Jehan Le Clerc, le seigneur de Clamecy, le prevost de Paris, m° Nicolas Fraillon, m° Phelippe de Rully, m° H. Rapiout, maistres des Requestes, m° Jaques Branlart, m° Jehan Vivien[1]....., m° Marc de Foras, archidiacre de Thierasse, Michel de Laillier, Jehan Guerin, m° Gile Le Veau, m° Jehan Le Besgue, m° Jehan Fromont, Jehan Trotet, m° Robert Gaultier, m° Guillaume Berthelemy, m° Jehan Rapiout, m° Jehan Luillier, m° Girard Le Coq, m° Jehan de Longueil, m° Jehan Larchier, m° Jehan Choart, m° Jehan Longuejoe, m° Guillaume de la Haye, m° Jehan Bureau, m° Hugues Le Coq, prevost des marchans, Thomas Orlant, messire Morelet de Bethencourt, Jehan de la Poterne, Ymbert des Champs, Raoul Dourdin, Guillaume de Troyes, Jaques de Roye, Huguelin Monfault, presens lesquelx fut faicte lecture des minues des lettres, ordonnées jeudi derrain passé estre faictes pour envoier tant devers mons^r de Bourgongne comme devers mons^r le Chancellier, lesqueles minues furent corrigées et

[1] Suivent les noms de dix-neuf conseillers.

accordées par mesdis seigneurs selon la copie ou double d'icelles minues, qui sont demourées à court, collationnées deuement, la grosse desquelles fut baillée audit prevost des marchans pour icelles envoier et faire porter en toute diligence.

Lundi, xvj° jour de janvier.

Ce jour, la Court, oye la relacion de mons⁰ maistre Jehan de Saint-Romain, conseiller du Roy nostre Sire en icelle Court, lequel par l'ordonnance d'icelle s'est informé sur les necessitez, tant de vivre comme autrement, que ont et seuffrent chascun jour les povres prisonniers estans en la Conciergerie du Palais, a ordonné et ordonne que, par maniere de provision et jusques à ce que autrement en soit ordonné, Maciot Le Verrier questera et pourchassera yceulx prisonniers, en disant telz moz : *Bonnes gens, faictes voz aumosnes aux povres prisonniers estans es prisons de la Conciergerie du Palais*, et les aumosnes que icellui Maciot recevera il apportera en ladicte Conciergerie pour icelles distribuer ausdiz prisonniers egalment par le geolier d'icelles prisons. Et a ledit Maciot fait le serement en tel cas acoustumé. Et aura icellui Maciot pour faire icelle queste une boiste de questeur estant devers la Court, laquelle il a promis raporter devers icelle Court, toutesfois que par elle ainsi sera ordonné.

Conseil, XV (X¹ᵃ 1481), fol. 113 r° et v°.

Mercredi, xviij° janvier ensuivant.

Ce jour, mess⁰ˢ maistres Jaques Branlart et Guillaume Cotin, commissaires deputez en la cause pendant ceans entre frere Thomas Pasqueux, d'une part, et frere de la Houssiere, contendans du prioré de Saint-Eloy, d'autre part, ont dit par l'ordonnance d'icelle Court à maistres Jehan Paris, Guillaume David et Robert Cothereau, procureurs desdictes parties, qu'ilz monstreront, demain après disner, à yceulx procureurs les lettres et papiers par eulx trouvez au tresor dudit prioré de Saint-Eloy, en faisant la visitation desdictes lettres qui leur semblerent servir pour le droit desdictes parties à la matiere et procès dont est question, afin d'eulx en aidier, se bon leur semble, après ce toutes voyes que lesdiz procureurs ont juré et promis par serement de non eulx aidier desdictes lettres contre ledit prioré de Saint-Eloy en autres causes, ne d'icelles lettres en advertir aucuns de leurs maistres.

Conseil, XV (X¹ᵃ 1481), fol. 113 v°.

Mercredi, premier jour de fevrier.

Ce jour, mesdis seigneurs estans au Conseil, vindrent devers eulx maistres Hugues Rapiot et Jehan Le Duc, conseillers du Roy nostre Sire au Tresor, afin d'avoir l'oppinion de la Court sur certaine difficulté qu'ilz disoient avoir sur le jugement de certain procès meu devant eulx entre Colin Le Barbier, nagueres geolier de la Conciergerie de ce Palais, d'une part, et Jehan Cardon, dit Tout Rond, à present geolier d'icelle Conciergerie, d'autre part, qui estoit sur ce que ledit Colin requeroit estre receu à doubler et tiercer ladicte ferme, en quoy le Roy auroit grant prouffit, à quoy ledit Tout Rond respondoit que ledit Colin ne devoit estre receu, pour ce que par arrest de la Court il en avoit esté privé et debouté. Oyes lesquelles choses et veu par mesdis seigneurs l'arrest dont dessus est parlé, fu deliberé par eulx que sur ce ilz ne donneroient point d'oppinion, consideré que du jugement desdis du Tresor on povoit appeller en la Court, mais leur seroit dit de par la Court qu'ilz feissent raison et justice ausdictes parties, comme bons et saiges qu'ilz estoient.

Conseil, XI (X¹ᵃ 1481), fol. 114 v°.

Samedi, xj° jour de fevrier.

Au Conseil, furent après disner m. Robert Piedefer, m. Ja. Branlart, m. J. Vivien[1].....

Sur ce que messire Gilles, seigneur de Clamecy, chevalier, et Guillaume Le Muet, changeur du Tresor, sont venuz dire à mesdis seigneurs, de par le Grant Conseil, que, cedit jourdui du matin, eulx estans assemblez, leur estoient venues nouvelles que bien bref gens de petit estat estans en ceste Ville devoient faire commocion et devoient aler en la Conciergerie querir messire Jehan de la Haye[2], chevalier, long temps a prisonnier, pour en faire leur chief et capitaine, pour obvier à laquelle commocion mesdis seigneurs du Grant Conseil avoient envoyé aucuns sergens en ladicte Conciergerie afin de prandre et mener ledit de la Haye, prisonnier, ou Grant Chastellet, où il a semblé à mesdis seigneurs qu'il sera plus seurement que en ladicte Conciergerie, où chascun qui veult parle à lui chascun jour, lequel de la Haye, si tost qu'il a aperceu lesdiz sergens, leur a dit que s'ilz vouloient prandre ou toucher à sa personne pour le transporter hors de ladicte Conciergerie, il appelloit d'eulx et de leur puissance, et aussi du prevost, et leur defendoit sa personne, obstant lesquelles parolles dudit de la Haye lesdis sergens, doubtans d'atempter, differerent

1. Suivent les noms de quinze conseillers.
2. Jean de la Haie combattait dans les rangs français lors de la bataille de Patay et fut créé chevalier à cette occasion; il se trouvait à Brie-Comte-Robert, lorsque cette place retomba entre les mains des Anglais en 1430, et fut fait prisonnier. Voici ce que dit Monstrelet de cet événement : « Et estoient dedans Brie-Comte-Robert, quand elle fut prinse, messire Jaque de Milly et messire Jehan de la Haye, lesquelz furent prisonniers aux Anglois et depuis eschapperent de leurs mains, parmy paians grans finances » (Monstrelet, éd. Douët d'Arcq, t. IV, p. 332, 405).

de plus avant proceder, et afin que la Court pourvoye sur ce tellement que aucun inconvenient n'en adviengne, sont lesdiz de Clamecy et Muet envoiez devers la Court, comme ilz disoient. Et pour sur ce deliberer et pourveoir mesdis seigneurs virent certain arrest fait par icelle sur la detencion dudit de la Haye, le xiij^e jour du mois d'avril derrain passé avant Pasques, entre maistre Guillaume Derot, d'une part, et maistre Guillaume Bouqueton, chevalier anglois, d'autre part[1], et aussi la caucion baillée par ledit Bouqueton, enregistrée ou livre des Plaidoiries, le jour de hier[2].

Et ce fait et tout considéré, appoincté et ordonné a esté et est que la Court, en ensuivant la conclusion de l'arrest autresfois baillé et donné en ceste matiere entre les parties dessusdictes, delivre ausdiz de Clamecy et Muet, comme procureurs et eulx disans telz dudit messire Guillaume Bouqueton, ledit de la Haye pour en faire bonne garde, tellement que aucun inconvenient n'en adviengne, sans prejudice de l'appel dudit de la Haye, lequel ilz seront tenuz de faire comparoir en ladicte Court, se sondit appel veult poursuir[3].

Conseil, XV (X^{1a} 1481), fol. 115.

Samedi, xviij^e fevrier.

Ce jour, entre ix et x heures du matin, en la Chambre de Parlement, furent assemblez mess^{rs} du Grant Conseil, les gens de la Chambre des Comptes, les lieuxtenans civil et criminel du prevost de Paris et advocas du Roy en iceluy, les prevost des marchans et eschevins de ceste Ville,

---

1. L'arrêt en question portait que, moyennant le dépôt d'une caution de 50 saluts d'or, Jean de la Haye serait remis entre les mains de Guillaume Bouqueton (X^{1a} 1481, fol. 99 v°).
2. Registre des Matinées, X^{1a} 4797, fol. 322.
3. Tout ce paragraphe a été reproduit par D. Félibien, *Histoire de la Ville de Paris*, t. IV, pièces justificatives, p. 595.

avecques pluseurs des bourgois, manans et habitans d'icelle Ville en grant nombre, en la presence desquelx furent apportées par Robillart, chevaucheur du Roy, lettres de par le duc de Bourgongne, responsives à celles que, ou mois de janvier derrain passé, les gens d'eglise, prevost des marchans, eschevins et bourgois de ceste dicte Ville escripvirent et envoierent audit duc de Bourgongne, avecques autres lettres de mons^r de Noyon, messire Jehan de Pressy et Guillaume Sanguin; de toutes lesqueles fut publiquement faicte ouverture et lecture, et après icelle faicte fut ordonné par l'oppinion des assistens que desdictes lettres dudit duc de Bourgogne coppies ou doubles seront faiz et baillez tant en la Chambre desdiz Comptes, ou Chastellet, comme ailleurs aux colleges de ceste Ville, pour icelles veoir et adviser pendant la venue de mons^r le Chancellier, que on esperoit brief, afin d'y deliberer et conclurre plus seurement, quant pour ce faire on seroit mandé et assemblé.

Jeudi, xxiij^e jour de fevrier, avant les plaidoiries furent au Conseil mess^{rs} m^o Robert Piedefer, president, m^o Jaques Branlart, m^o Jehan Vivien[1]....., presens lesquelx, ledit maistre Jaques Branlart dist qu'il luy sembloit qu'il estoit expedient et très necessaire de deliberer et adviser qu'il estoit expedient de faire sur les lettres, samedi derrain passé apportées de par le duc de Bourgongne, responsives à celles que ceulx de ceste Ville luy avoient escriptes, sur quoy mesdis seigneurs ont eu advis et deliberacion, et finablement ordonnerent que de par la Court sera mandé le prevost des marchans, auquel par mesdis seigneurs Branlart et Voton sera demandé et sceu quel advis et deliberacion luy, les eschevins et les bourgois de ladicte Ville ont eu ensemble sur le contenu desdictes lettres, afin que,

1. Suivent les noms de quatorze conseillers.

sur sadicte responsce rapportée devers ladicte Court soit par mesdis s^rs advisé qu'il sera bon et expedient de faire *pro salvacione civium et habitancium hujus Ville*, tant en envoyant deputez de par ladicte Court devers mons^r le Chancellier comme autrement.

Conseil, XV (X^la 1481), fol. 116.

Jeudi, viij° mars.

Ce jour, le procureur general du Roy a consenti que la Court tauxe à maistre Jehan Rapiout, advocat dudit s^r en icelle Court, son salaire d'avoir fait pour ledit procureur general salvacions à cause du droit appartenant audit s^r à cause des basses merceries contre Jaquinot de Bergieres et autres, dont la cause est pendant en la Court, et par icelle appoinctiée en droit. Et pour icellui salaire tauxer y a ladicte Court commis mess^rs maistres Jehan de Voton et Mahieu Courtois, conseilliers.

Conseil, XV (X^la 1481), fol. 117.

Jeudi, xv° jour de mars ensuivant cccc xxxv, monseigneur le Chancellier, entre ix et x heures du matin, vint en la Court, en laquelle aussi furent les personnes cy après nommées avec pluseurs autres en grant nombre, presens lesqueulz, à huis ouvers, publiquement, ledit mons^r le Chancellier exposa les traictiez de la paix final faicte entre les feux Roys et royaumes de France et d'Angleterre, et dist oultre que de present pluseurs, qui avoient autresfois juré iceulx traictiés tenir et garder sans enfraindre, s'estoient efforciez et efforçoient chascun jour de oster et vouloir oster au Roy nostre seigneur Henry, roy de France et d'Angleterre, sondit royaume de France, en faulsant leurs seremens, et se disposoient iceulx de brief venir à puissance à l'environ de ceste ville de Paris, pour icelle mettre hors de l'obeissance du Roy nostre dit seigneur, à quoy icelluy seigneur et ceux de son Grant Conseil, qui avoient mis bonne provision à la garde et seureté de ceste dicte Ville, avoient ordonné et deliberé de faire renouveller à tous le serement de la paix, lequel serement ledit mons⁵ le Chancellier offry recevoir de tous ceulx qui voluntairement le vouldroient faire, et ou cas que aucuns icellui faire ne vouldroient et vouldroient partir hors d'icelle et eulx en aler, mondit s⁵ le Chancellier offry de leur bailler sauf conduit pour passer seurement par les detrois dudit s⁵, mais que les gens mariez emmenassent leurs femmes et enfans. Ce fait, fist ledit mons⁵ le Chancellier lecture dudit serement, lequel incontinent après sans contradiction, firent, promidrent et jurerent l'un après l'autre sur les sains Euvangiles de Dieu, pour ce manuelment touchées, les prelas, abbés, gens d'eglise, nobles seigneurs et autres gens dont les noms s'ensuivent[1] :

Mons⁵ l'evesque de Lisieux.
Mons⁵ l'evesque de Paris.
Mons⁵ l'evesque de Meaulx[2].
Mons⁵ l'abbé de Saint-Denis.
Mons⁵ l'abbé de Saint-Germain-des-Prés.
Mons⁵ l'abbé de Saint-Victor[3].
Mons⁵ l'abbé de Saint-Mor.
Mons⁵ l'abbé de Saincte-Geneviefve[4].
Mons⁵ le prieur de Saint-Martin[5].

1. Ce procès-verbal de la nouvelle prestation du serment d'observer le traité de Troyes a été reproduit par D. Félibien, *Histoire de la Ville de Paris*, t. IV, pièces justificatives, p. 596.
2. Pasquier de Vaux, chanoine de Notre-Dame, nommé évêque de Meaux le 25 septembre 1435, transféré à l'évêché d'Évreux le 9 octobre 1439.
3. André Barré, de Villiers-le-Bel, abbé de Saint-Victor du 21 mai 1423 jusqu'à son décès survenu le 25 octobre 1448.
4. Pierre Caillou, abbé de Sainte-Geneviève en 1435, décédé le 27 août 1466.
5. Jacques Seguin, prieur de Saint-Martin-des-Champs depuis 1424, devint évêque de Fréjus et fut remplacé en 1452 par Jacques Jouvenel des Ursins.

Maistres des Requestes de l'Ostel du Roy.

M. Nicolas Fraillon.
M. Phelippe de Ruilly.
M. Hugues Rapiout.

Messeigneurs du Grant Conseil.

Messire Jehan Le Clerc.
Messire Jehan de Courcelles.
Messire Simon Morhier.
Messire Gilles de Clamecy, chevaliers.
Sire Jehan de Saint-Yon.

Messeigneurs de Parlement.

M. Robert Piedefer, president.
M. Jaques Branlart.
M. Jehan Vivien.
M. Huc de Dicy.
M. Guillaume Cotin.
M. Berthelemi Le Viste.
M. Guillaume Le Breton.
M. Simon Plumetot.
M. Phelippe Le Begue.
M. Michel Claustre.
M. Jehan de Saint-Romain.
M. Jehan de Voton.

M. Toussains Baiart.
M. Lucien du Croquet.
M. Mahieu Courtois.
M. Thomas de la Marche.
M. Pierre de Pillory.
M. Jehan Queniat.
M. Phelippe de Nanterre.
M. Jehan Bodeaux.
M. Jehan Le Duc.
M. Jehan de L'Espine, greffier criminel de la Court.

Seigneurs des Comptes.

M. Marc de Foras, archidiacre de Thierache.
M. Gilles Le Veau.
Sire Michel de Laillier.
M. Pierre Canteleu.
Sire Jehan Guerin.
Sire Regnault Doriac.

Clers desdis seigneurs.

M. Jaques Roussel[1].
M. Jehan Fromont.
M. Adam des Champs.
M. Miles de Bray.
M. Jehan Le Begue, greffier.
M. Jehan de Buy, clerc du Tresor.
Guillaume Le Muet, changeur dudit Tresor.

---

1. Voir, sur Jacques Roussel, *Journal d'un bourgeois de Paris*, p. 330, note 2.

Robert Courtois, huissier dudit Tresor.

Huissiers de Parlement.

Guillaume de Buymont, premier.
Jaques de Buymont.
Geuffroy de Molins.
Jehan de Marcilly.
Gaultier Gossuyn.
Guillaume Gastillon.
Mahieu Dancre.

Advocas en Parlement.

M. Guillaume Barthelemy, procureur general.
M. Jehan Rapiout, advocat du Roy.
M. Jehan Luillier.
M. Gerard Le Coq.
M. Robert de la Haye.
M. Henry Roussel.
M. Jehan Piedefer.
M. Phelippe du Drac.
M. Jehan Pinart.
M. Guy Billet.
M. Pierre Bataille.
M. Guillaume Cornes.
M. Jehan Le Clerc.

Procureurs oudit Parlement.

M. Jehan Bodoc.
M. Robert Cochereau.

M. Jehan Gadifer.
M. Jehan Paris.
M. Thomas Petit.
M. Jaques Touillart.
M. Estienne de Noviant.
M. Phelippe de Saint-Germain.
M. Jaques Anjouere.
M. Jehan Roussel.
M. Jehan du Molinet.
M. Simon Le Gras.
M. Guillaume Billard.
M. Galois du Ploich.
M. Phelippe du Solier.
M. Gervaise de Meserettes.
M. Estienne de Noviant, le jeune.
M. Thomas Durdre.
M. Jehan Guerin.
M. Pierre Fusée.
M. Pierre Cochet.
M. Jehan de Fontaines.
M. Jehan de Sermoises.
M. Quentin Tuelcu.
M. Pierre Chenau.
M. Guillaume David.
M. Jehan Savin.
M. Guillaume Le Normant.
M. Jehan Fouquault.
M. Jehan Quango.
M. Jehan Laloc.

Notaires de la Chancellerie.

M. Gilles de Molins, audiencier.

M. Jehan de Flory, contre-
roleur.
M. Guillaume Vignier.
M. Guillaume Nelle.
M. Nicaise de Bailly.
M. Gregouere Ferbouc.
M. Jehan de Fontenay.
M. Jaques de Luvain.
M. Jehan Chambaut.
M. Jehan de Chaumont.
M. Jehan Le Clerc.
M. Regnault Joudrier.
M. Simon Cayet.
M. Eustace Lombart.
M. Jehan Petit.
M. Estienne Bruneau.
M. Jehan de Pressy.
M. Jehan Thiessart.

*Prevost des marchans, es-
chevins, bourgois et habitans de ceste ville.*

M. Hugues Le Coq, prevost.
M. Loys Galet.
Laquin du Plés.

Jehan de Dampierre, esche-
vins.
Messire Simon Lostringui-
hien.
Messire Guillotin de Lan-
sac [1], chevaliers.
Messire Pierre Lespaignot.
Regnault de Thumery.
Marcelot de Genilhac.
Thomas Garnier.
Guillaume Cenesme.
Pierre de Saint-Amand.
Huguet de la Barre.
M. Denis de Leus.
Jehan de la Poterne.
Regnaut de Roumain.
Jehan Gente.
Pierre Rousseau.
Huet de Corbye.
Jaquet Truquant.
M. Guillaume de la Chambre.
Thibault Chauffecire.
Messire Denis de Prumery.
Messire Robert de Grouchy.
Germain Le Mareschal, ser-
gent de la douzaine.

Conseil, XV (X^{ta} 1481), fol. 118.

1. Guillotin de Lansac, avec son frère Mondon, se retrouve
dix années plus tard à Bordeaux et participa à la réception qui
y fut faite à Jacques de Lalaing (Livre des faits de Jacques de
Lalaing, dans les *Œuvres de Chastellain*, t. VIII, p. 99). Lors
de la capitulation de Bordeaux du 12 juin 1451, l'un des signa-
taires du traité est Guillemin Andrieu, sieur de Lansac, évi-
demment le même personnage (Vallet de Viriville, *Chronique
de Jean Chartier*, t. III, p. 291).

[1436] APPENDICE. 193

Venredi, xvj^e mars ensuivant, es mains de mons^r maistre Robert Piedefer, president, firent le serement dont cy devant est faicte mencion, c'est assavoir, m^{es} Robert Gaultier, Jaques Thiessart, Bertran Maquart, Perrin Le Tixier, Bernard de Linot, Jehan Bouret, Thomas Bustangnier, Lambert Kathelin, Robert Agode, Jaques de Cremery, et icellui promidrent tenir sans enfraindre.

Conseil, XV (X^{1a} 1481), fol. 119.

Venredi, xiij^e jour du mois d'avril ensuivant, entre sept et huit heures du matin, par les bons bourgois et habitans de ceste ville de Paris fu faicte ouverture de la porte Saint-Jaques[1] à monseigneur Arthus de Bretaigne, conte de Richemont, connestable de France, messire Jehan, bastard d'Orleans, messire Phelippe, seigneur de Ternant, messire Jehan de Villiers, seigneur de Lille-Adam[2], messire Simon de Lalain, chevaliers, et à bien ij mille que chevaliers, escuiers et gens de guerre estans en leur compaignie, ordonnez par le Roy nostre Sire Charles VIIme, roy de France, nostre souverain seigneur, pour mettre icelle ville en son obeissance. Et tellement et si notablement procederent et se conduisirent lesdiz bons bourgois et habitans qu'ilz rebouterent messire Loys de Luxembourg, evesque de Therouenne, chancelier pour le roy d'Angleterre, gouvernant ceste dicte ville à sa singuliere

---

1. Le registre des Matinées mentionne très sommairement le fait en question et renvoie au registre du Conseil.
2. D'après la relation très complète que donne le *Journal d'un bourgeois de Paris*, p. 314, le comte de Richemont, le bâtard d'Orléans et le seigneur de l'Isle-Adam se présentèrent à la porte Saint-Jacques et parlementèrent avec les gardiens, qui « consentirent à les bouter dedans la ville »; ce fut le seigneur de l'Isle-Adam qui entra le premier, escaladant une grande échelle, et arbora sur la porte la bannière de France.

voulenté, le seigneur de Wilbik, chevalier anglois, lieutenant des gens de guerre anglois estans à Paris, messire Simon Morhier, chevalier, occupant la prevosté de Paris, maistre Jehan Larchier, lieutenant criminel d'icelle prevosté, Jehan de Saint-Yon, maistre des bouchers de la Grant Boucherie et grenetier de Paris, Jaquet de Raye, espicier, demourant devant l'Ours à la porte Baudoier, et pluseurs autres, tant habitans de ceste dicte Ville, comme anglois, ou nombre de bien v^e personnes, ou chastel de la Bastille Saint-Anthoine, où ilz furent incontinent assegiez[1]. Et tantost après alerent mess^{rs} devant nommez et lesdis bons bourgois en moult grant nombre en l'eglise Nostre-Dame-de-Paris rendre graces au doulz Jhesus, la benoiste Vierge Marie, sa mere, et à tous sains et saintes de la benoiste court de Paradis, de la clemance et doulceur que par sa misericorde il avoit huy faicte et monstrée en ceste dicte Ville, de la doulceur, union et concorde eue entre les seigneurs dessus nommez et les bons bourgois et habitans, qui fu telle que par les provisions incontinent avisées, effusion de sang, prises ne autres inconveniens ne s'ensuirent, au moins très peu[2], que toute creature doit

1. Les Anglais firent une tentative de résistance et organisèrent trois corps de batailles, en l'une le sire de Willougby, en la seconde le Chancelier et le prévôt et en la troisième Jean Larcher. Comme l'on craignait beaucoup le quartier des Halles, ce fut le prévôt Simon Morhier qui y fut envoyé; le Chancelier et ses gens suivirent la rue Saint-Denis, et Jean Larcher la rue Saint-Martin, en criant : « Saint-Georges, traîtres Français, vous serez tous morts »; arrivés à la porte Saint-Denis, et reçus à coups de canon, ils prirent la fuite et se réfugièrent à la Bastille Saint-Antoine (*Journal d'un bourgeois de Paris*, p. 316, 317).

2. D'après le *Journal d'un bourgeois de Paris*, p. 318 : « Oncques personne, de quelque estat qu'il fust ne de quelque langue, ne tant eust mal fait contre le Roy, n'en fut tué. »

reputer plus œuvre divine que humaine. Et cedit jour fu ledit seigneur de Ternant ordonné prevost de Paris[1] et les abolicions publiées.

Samedi ensuivant, xiiij^e jour dudit mois, en ladicte eglise de Nostre-Dame de Paris, entre huit et neuf heures du matin, furent assemblez messeigneurs devant nommez, et après la messe solennelle dicte et celebrée en icelle, furent *iterato* publiées, present très grant nombre des bourgois et peuple d'icelle ville, les abolicions du Roy[2] et de mons^r le duc de Bourgongne[3], octroyées aux gens d'eglise, bourgois et habitans de ceste dicte Ville, après la publication desquelles incontinent messeigneurs devant nommez allerent en l'Ostel de la Ville, où pareillement furent publiées lesdictes abolicions. Et ce fait, furent creez et ordonnez prevost des marchans et eschevins, c'est assavoir, sire Michel de Laillier[4], prevost, Jehan de Belloy[5],

1. Philippe de Ternant, chambellan du duc de Bourgogne, n'occupa que peu de temps la prévôté de Paris et fut remplacé le 23 février 1437 par Ambroise de Loré.
2. Les lettres d'abolition octroyées par Charles VII aux habitants de Paris le 28 février 1436 sont insérées au Livre Vert Vieil du Châtelet, Y 4, fol. 3, et ont été publiées par Godefroy, *Histoire de Charles VII, roi de France*, p. 795, et par D. Félibien, *Histoire de la Ville de Paris*, preuves, t. III, p. 558.
3. Les lettres d'abolition générale accordées par Philippe le Bon le 27 février 1436 se trouvent également dans le Livre Vert Vieil du Châtelet, Y 4, fol. 3 v°.
4. Michel de Lallier, maître des Comptes, joua le principal rôle dans la reddition de Paris.
5. Jean de Belloy, écuyer, fils de l'échevin exécuté en 1416, partisan dévoué de la cause française, contribua également « à remettre Paris en l'obeissance du Roy ». Il fut nommé grènetier de Paris le 26 avril 1436 (voir *Journal d'un bourgeois de Paris*, p. 315, note 2; p. 321, note 3).

Pierre de Landes[1], Jehan de Grant Rue[2] et Nicolas de Neufville[3], eschevins.

Et le dimenche, xv° jour dudit mois ensuivant, fu fait traictié de la reddicion dudit chastel de la Bastille par mons' le Connestable avecques ledit evesque de Therouenne[4].

Conseil, XV (X¹ª 1481), fol. 120 v°.

Lundi, xvj° jour dudit mois ensuivant, en la Chambre de Parlement, au matin, furent assemblez mess" cy après nommez.

Messeigneurs Phelippe de Morvillier, chevalier, m° Robert Piedefer, presidens, m° Jaques Branlart, m° Guillaume Cotin, m° Barthelemi Le Viste, m° Guillaume Le Breton, m° Simon de Plumetot, m° Michel Claustre, m° Phelippe Le Besgue, m° Jehan de Saint-Romain, m° Jehan de Voton, m° Toussains Baiart, m° Lucien du Croquet, m° Mahieu Courtois, m° Thomas de la Marche, m° Robert Agode, m° Pierre de Pillory, m° Jehan Queniat, m° Phelippe de Nanterre, m° Jehan Bodeaux, m° Jehan Le Duc[5], pour avoir advis entre eulx qu'ilz avoient à faire, et finablement ordonnerent, comme les gens qui ont tenu le Parle-

---

1. Pierre de Landes, changeur, fut maître particulier de la Monnaie de Paris et devint, en juin 1436, général maître des Monnaies (voir *Journal d'un bourgeois de Paris*, p. 322, note 1).

2. Jean de Grandrue, clerc des Comptes en 1436 (voir *Journal d'un bourgeois de Paris*, p. 321, note 2).

3. Nicolas ou Colin de Neuville, vendeur de poisson de mer aux Halles (voir *Ibid.*, p. 240, note 1).

4. Le récit de la reddition de Paris a été reproduit par Félibien, *Histoire de la Ville de Paris*, t. IV, p. 597, qui donne également l'extrait du 14 avril, et par F. Bournon, *la Bastille*, p. 165.

5. Tous ces membres du Parlement avaient prêté le serment de fidélité aux Anglais le 15 mars précédent; nous ne retrouvons pas Jean Vivien, président aux Enquêtes, et Huc de Dicy.

ment à Paris, que de par eulx, cedit jour après disner, iront devers monsʳ le Connestable les devant nommez Morvillier, Piedefer, Cotin et Plumetot lui faire la reverance et bienvenant, et lui remonstrer que lesdictes gens qui ont tenu ledit Parlement sont prestz de faire le plaisir du Roy nostre Sire et eulx emploier en son service, comme ses vrais, loyaulx et obeissans subgiés, et savoir de lui qu'il lui plaist que lesdictes gens facent, et que jusques à ce qu'ilz auront eu response ou ordonnance de mondit seigneur le Connestable, ne se assembleront en icelle Chambre.

Furent assemblez en la Chambre messeigneurs dont les noms sont enregistrez ou registre du Conseil, qui ordonnerent de non plus venir ou Parlement sans l'ordonnance du Roy nostre Sire ou de monsʳ le Connestable aient le gouvernement en l'absence dudit seigneur.

Matinées, XV (X¹ᵃ 4797), fol. 334.

Mercredi, xviijᵉ jour dudit mois d'avril, en la Chambre du Parlement, furent assemblez messeigneurs dont les noms ensuivent[1]....., afin d'oïr la response faicte par monsʳ le Connestable à messeigneurs envoiez devers lui selon l'appointement precedant, qui fu en effect tel, comme relata et dist ledit monsʳ le premier president, que mondit seigneur le Connestable très doulcement et benignement les avoit oys et les avoit merciez du bon vouloir qu'ilz avoient au bien du Roy nostre Sire et de sa seignourie, et après ce leur dist qu'il lui sembloit que lesdictes gens devoient escripre au Roy de l'obeissance de ceste ville et aussi de l'estat de la justice de la Court, et lui mesmes se offroit escripre au Roy pour eulx, en confortant leurs lettres afin qu'il lui pleust avoir en sa bonne grace et doulceur lesdictes gens. Oy lequel rapport, fu ordonné par messʳˢ

---

1. Ce sont exactement les mêmes qui figurent à la date du 16 avril, avec Hue de Dicy en plus.

devantdiz, sur ce que dit est, escripre au Roy avecques creance sur mess" le premier president, le tresorier de la Saincte-Chappelle et m° Guillaume Cotin. Et outre, pour ce que mondit seigneur le Connestable n'avoit pas donné plainiere response, se il vouloit que la Court seist et procedast à l'expedition des affaires chascun jour seurvenans en icelle touchant le fait de justice, ordonnerent mesdis seigneurs que pour savoir le bon vouloir et plaisir de mondit seigneur et lui remonstrer de quoy sert icelle Court, iroient de rechief devers lui ledit mons[r] le president et m[e] Phelippe de Nanterre à la fin que dessus, et sa responseoye, seroit icelle rapportée devers mesdis seigneurs qui pour icelle oir se rassembleroient.

Ce jour, après disner, furent assemblez mess[rs] devant nommez, exceptez Dicy et Plumetot, pour oïr ledit mons[r] le president, que au matin en soy partant de ceste Chambre avoit rencontré ledit monseigneur le Connestable qui aloit à Saint-Germain-des-Prez, auquel il avoit parlé de la conclusion ce jour duy avisée et cy devant enregistrée. Et dist et relata mons[r] le president que après ce qu'il ot remonstré audit mons[r] le Connestable de quoy servoit le Parlement, l'auctorité d'icellui, et la necessité qui est que justice soit mise sus afin d'obvier aux inconveniens qui pevent advenir, icellui mons[r] le Connestable dist audit mons[r] le president que son vouloir estoit que justice soit mise sus et que le Parlement se entretiengne et besongne ou nom du Roy nostre Sire le mieulx qu'elle pourroit, jusques à ce que par le Roy nostre dit Seigneur soit sur ce autrement ordonné, et par tant fu deliberé de demain plaidier, qui sera jour de jeudi[1].

Conseil, XV (X[1a] 1481), fol. 120 v°, 121.

1. A cette date s'arrête le registre du Conseil, qui ne reprend qu'au 1er décembre suivant.

TABLE ALPHABÉTIQUE

A

Aalauc (P.), procureur au Parlement, I, 36.
Abolition générale aux habitants de Paris (lettres d'), III, 195.
Abus commis en cour de Rome, II, 148 ; par le bailli de Vermandois, II, 192 ; dans l'administration de la justice au Châtelet, II, 158.
— et exactions (amende honorable pour), I, 381 ; des avocats au Châtelet, II, 21 ; des clercs de la prévôté de Paris, II, 86, 87 ; des clercs de la prévôté sur les prisonniers du Châtelet, II, 109, 110 ; d'examinateur et de sergents du Châtelet, II, 11 ; des meuniers de Paris, I, 371, 376, 377 ; des officiers du duc de Bourgogne en Flandre, II, 44.
Acart (Ph.), avocat au Parlement, I, 36.
Accaparement de bétail, II, 54.
Accord relatif à l'hôpital Saint-Jean d'Amiens, III, 153.
Acy (J. d'), avocat au Parlement, I, 36.
Adeneau (Étienne), sergent du roi à Gallardon, I, 270.
Affinage de l'or et de l'argent, III, 58.
Agenois. Sénéchal : Pons de Castillon, II, 186.
Agode (Robert), conseiller au Parlement, I, 147, 197 ; II, 16, 140, 150, 264, 265 ; III, 74, 77, 141, 177, 179, 193, 196.
Aguenin (Jean), procureur général du Parlement, I, 26 ; prête serment de fidélité, I, 36 ; dénoncé comme suspect, I, 40 ; obtient un congé, I, 41 ; est remplacé provisoirement par Guillaume Le Tur, I, 45 ; présent lors de la rentrée du Parlement en juillet 1418, I, 142 ; remise en son hôtel des lettres et procès trouvés chez Guillaume Le Tur, I, 144 ; assiste à la publication du traité de Saint-Maur, I, 171 ; s'oppose à l'enregistrement de lettres concernant le duché d'Auvergne, I, 172 ; l'un des commissaires chargés d'aviser à la police de Paris, I, 226, 275 ; fait arrêt entre ses mains d'une somme reçue des exécuteurs testamentaires de Nicolas de Baye, I, 310 ; assiste comme ami à l'inventaire des biens du conseiller Joffron, I, 387 ; est reçu second président, I, 389 ; l'un des gouverneurs du collège de Beauvais, II, 2 ; assiste au jugement des prisonniers de Melun, II, 16 ; prend part à la procession de Notre-Dame à Sainte-Geneviève, II, 25 ; prononce les arrêts de clôture, II, 26, 57 ; assiste au conseil tenu chez le Chancelier, II, 32 ; chargé de l'inventaire après décès de Charles VI, II, 59, 61, 80 ; présent à un appel interjeté de la Chambre des comptes, II, 63 ; assiste à la délibération

sur l'ordre de succession au trône, II, 65; règle les obsèques de Charles VI, II, 68; chargé de faire réponse aux ambassadeurs du duc de Bourgogne, II, 70; présent aux séances de rentrée du Parlement, II, 72, 149, 187, 217; participe à une délibération touchant les causes d'appel du bailliage d'Amiens, II, 83; touchant une requête de prisonniers, II, 91; prononce un arrêt dans un procès contre Fauquembergue et R. de Saint-Léger, II, 93; participe au jugement d'un débat entre Simon Morhier et les sergents du Châtelet, II, 97; donne l'avis de la Cour au sujet d'une requête de l'échevinage d'Amiens contre le clergé, II, 103; assiste à la procession du Parlement à Sainte-Catherine-du-Val-des-Écoliers, II, 123; participe à une délibération sur une requête de l'évêque de Paris, II, 124; vacations à lui dues par la dame de Chantilly pour une enquête, II, 129; participe aux délibérations relatives aux officiers du Châtelet, II, 157; chargé d'ouïr J. Branlart, archiprêtre de Saint-Séverin, et les marguilliers de cette église en procès, II, 161; présent à la lecture des conclusions de la Cour au sujet des libertés de l'Église, II, 183; se rend auprès du duc de Bedford au sujet de la révocation du bailli de Vermandois, II, 192; chargé de faire connaître à Pierre do Canteleu les intentions de la Cour dans la question des gages, II, 195; présent à la délibération sur un procès engagé par le chapitre de Saint-Germain-l'Auxerrois, II, 204; siège dans une affaire concernant l'évêque d'Amiens, II, 208; siège dans un procès en matière de donations exagérées, II, 213; chargé de moyenner un accord entre l'abbé et les religieux de Saint-Corneille de Compiègne, II, 228; siège dans l'affaire de Bernard Nivart, II, 237; son absence et son retour constatés, II, 249; siège dans un procès concernant l'évêque de Thérouanne, II, 258, 259; participe à une délibération touchant l'exécution testamentaire de Thomas Raart, II, 264; siège dans un procès relatif à une prébende d'Évreux, II, 267; refuse de s'occuper d'une affaire concernant le prévôt Morhier et Mile Chaligault, II, 270; délibère sur l'évocation au conseil de Rouen des procès relatifs aux dons de terres en Normandie, II, 272; envoyé auprès du Chancelier pour la question des gages de la Cour, II, 282; assiste à une délibération visant des bulles concernant la juridiction ecclésiastique, II, 284; délibère sur la réserve de causes aux jours de Vermandois, II, 286; s'en va tenir le Parlement de Bourgogne, II, 294; prononce un arrêt au sujet d'une requête injurieuse pour un conseiller, II, 308; est envoyé auprès du duc de Bedford pour la question des gages, II, 309, 310; participe à une délibération sur un procès entre Jean de Gaucourt et Jean de Honneford, II, 314; son décès est annoncé, II, 318.

Aguenin, le jeune (Jean), conseiller au Parlement, II, 219, 249; III, 154.

Aide (recouvrement d'une), III, 137; pour la réparation des fossés de la porte Saint-Honoré, II, 351; levée par les Anglais pour le siège d'Orléans, II, 292; sur le vin, I, 25; sur le vin à Paris, I, 177, 181.

Aigny (Jean d'), chanoine de la Sainte-Chapelle, II, 332; III, 68.

Aigreville (Guy d'), bailli de Sens, I, 140.

— (Philippe d'), écuyer, fils du précédent, I, 140.

Ailly (Pierre d'), évêque de Cambrai, II, 60.

Aitre (Arnaud de l'), écuyer, II, 252, 253; III, 156.

— (Eustache de l'), ou Laitre, chancelier de France, tient le Parlement, I, 141, 143-145, 160, 191; préside à l'élection d'un président clerc de la Chambre des enquêtes, I, 148, 149; reçoit une députation du Parlement au sujet des libertés de l'Église de France, I, 156; recueille les avis du Parlement au sujet d'une requête du duc de Bourbon, I, 162; confie à Nicolas de l'Espoisse l'office de greffier des présentations, I, 162, 163, 170; fait publier le traité de Saint-Maur, I, 171; préside à l'élection d'un conseiller clerc, I, 173; annonce la levée d'un impôt sur les vins, auquel devaient être astreints les étudiants de l'Université, I, 177, 178; règle l'arrivage et la distribution des vivres à Paris, I, 185, 187; assiste au sermon de Pierre-aux-Bœufs, cordelier, à Notre-Dame, I, 189; préside à l'élection de plusieurs conseillers, I, 197, 200; ordonne de délivrer les fonds nécessaires pour payer les députés envoyés auprès du roi d'Angleterre, I, 197-199; chargé de trouver finances par vente ou engagement du domaine royal, I, 209-211; le Parlement lui déclare son incompétence en matière financière, I, 212; représente la détresse des habitants de Rouen et requiert prompte assistance, I, 212-214; se trouve à Pontoise, I, 219; expose devant le Parlement les efforts infructueux pour secourir Rouen, I, 229-231; ordonne la délivrance au trésorier des guerres d'une somme affectée à la défense de Vernon, I, 239; fait lire et publier des lettres du roi et du duc de Bourgogne, I, 240, 243, 244; assiste aux conseils tenus au sujet de la police de Paris, I, 241, 242, 245, 246, 250; convoque le Parlement à la suite de la reddition de Mantes aux Anglais et du siège de Pontoise, I, 252; invitation de lui rapporter les avis sur la situation, I, 254, 255; assiste à l'assemblée tenue au sujet des lettres envoyées de Provins par le roi et le duc de Bourgogne, I, 256-263; donne des explications au sujet des lettres remises aux évêques de Langres et de Bayeux, envoyés par le roi auprès du pape Martin V, I, 266, 267; assiste aux assemblées tenues au sujet du ravitaillement et de la défense de Paris, I, 268; assiste à la lecture et publication des lettres du Dauphin à l'adresse des habitants de Paris, I, 269, 270, 277; assiste à la réunion des commissaires de la police de Paris relativement aux finances et aux monnaies, I, 276, 279; assiste à la lecture des lettres apportées par Hue de Lannoy et Nicolas Rolin et aux délibérations tenues à ce sujet, I, 280-284;

ordonne la publication d'une déclaration concernant les libertés de l'Église gallicane, I, 285, 286, 288; prend part à la délibération relative aux assignations sur les monnaies, I, 297; renvoi à lui fait de lettres touchant les libertés de l'Église, I, 308, 309 ; assiste à la prestation de serment au comte de Saint-Pol, I, 319; participe à la nouvelle élection de Gilles de Clamecy en qualité de prévôt de Paris, I, 323, 324; assiste à l'exposé de l'état des finances par Guillaume Le Clerc, I, 325 ; à la réception d'un conseiller, I, 326 ; tient le Parlement à la rentrée de 1419, I, 327 ; préside au remplacement de deux conseillers et d'un huissier partis pour Poitiers, I, 328, 329 ; confère une sergenterie au bailliage d'Amiens, I, 330; assiste à l'exposé des négociations avec le roi d'Angleterre, I, 331 ; ordonne la restitution des deniers perçus d'une taille nouvelle sur les habitants de Paris, I, 334, 335; reçoit les plaintes de l'échevinage parisien, écrasé de charges, I, 337, 338; avise le Parlement des pourparlers relatifs à la paix, I, 340; est partisan du retour du roi à Paris, I, 341, 342; émet la prétention de ne pas consulter le Parlement, I, 343-345; assiste à la publication des lettres désavouant le Dauphin, I, 346; approuve la taxation du pain et du hareng, I, 347, 348; entend l'exposé des négociations avec le roi d'Angleterre pour la prorogation des trêves, I, 349; approuve la remise aux Anglais de la forteresse de Beaumont, I, 349, 351, 353 ; fait connaître le contenu d'une requête relative aux moulins de l'abbaye de Saint-Denis, I, 355, 357; refuse de sceller un ajournement, II, 357 ; entend la lecture de l'exposé des négociations de Troyes, I, 358, 359; se rend à Pontoise pour obtenir du roi d'Angleterre l'approbation de modifications au traité, I, 362; meurt victime d'une épidémie dans le diocèse de Sens, I, 372; son élection comme évêque de Beauvais confirmée par le pape, I, 373 ; délibération du Parlement relative à l'élection de son successeur en qualité de Chancelier, I, 374, 375.

Alard (Daniel), bourgeois de Gand, II, 298.

Alardot (Jean), maître d'école, I, 385.

— (Jean), chanoine de Saint-Honoré, II, 22.

Alargent (Jaquet), valet de chambre de Charles VI, II, 85.

Albi (évêque d'), Pierre III le Neveu, I, 44, 59.

Alcuin, cité, III, 102.

Alegrin (J.), bourgeois de Paris, I, 117.

— (Simon), III, 60.

Alençon (Jean Ier, duc d'), I, 89, 101, 168, 169, 290.

Alexandre V, pape, I, 105.

Alexandrie (rubis d'), II, 116.

Allemagne. Guerre des Hussites, III, 47.

Aloyer (Jean), candidat à une prébende à Amiens, I, 379.

Alternatives (collation des bénéfices par), III, 95, 106, 107, 121 ; (ordonnance sur les), III, 67, 68, 96, 99-101.

Amende assignée pour le payement des gages du Parlement, II, 178; délivrée à un conseiller, en récompense de ses peines, II, 138; infligée à un boulanger, I, 285 ; infligée à un examinateur du Châtelet, II, 11; infligée aux orfèvres pour exercice du change, II, 233; infligée à des sergents du Châtelet, II, 11; infligée à un avocat pour propos injurieux, II, 218; infligée pour désobéissance, III, 60; contre un examinateur du Châtelet, réclamée par les notaires, II, 226; pour erreurs dans un arrêt, III, 57.

Amende honorable d'un huissier du Parlement, II, 177; infligée à un couturier pour une requête injurieuse contre un conseiller, II, 309; d'un marchand de bois, I, 222, 223; des meuniers de Paris, I, 377; pour abus et exactions, I, 381.

Amendes appliquées à l'achat de parchemin, II, 159, 350.

Amiens. Abbaye de Saint-Acheul, II, 17.
— bailli : Robert Le Jeune, I, 391.
— (bailli et bailliage), I, 330, 338; II, 83, 94, 104, 255, 256, 372.
— chapitre, II, 17.
— (canonicat et décanat d'), occupés par Fauquembergue, I, 379; II, 17, 72, 111, 149, 187, 217, 251, 289, 328, 372; III, 26, 73, 110, 136.
— clergé, II, 103, 104.
— conseil y tenu par le duc de Bedford, II, 120-123.
— diocèse, I, 327, 388; II, 32.
— échevinage, II, 103.
— évêché, I, 386; II, 32.
— évêque : Jean V d'Harcourt, II, 208.
— fortifications, II, 103.
— hôpital Saint-Jean, III, 153.
— impôt sur le vin vendu au détail, II, 103.
— lettres d'ajournement au Châtelet de Paris, II, 238.
— procureur, II, 238.

Amiens. Receveur, I, 241.
— receveur des aides, III, 55, 56.
— traité y conclu entre les ducs de Bedford, de Bourgogne et de Bretagne, II, 94, 96.
— venue du duc de Bourgogne, II, 123, 124.
— voyage du conseiller Bertrand Pons, II, 121, 127.

Amortissements (examen de lettres d'), III, 140, 149; de biens (préjudice causé par les), III, 113.

Ananhe, lire Anagni, I, 84.

Anceaume (Gilet), meunier à Paris, I, 377, 378.

Anchier (Raoul), lieutenant de la prévôté de Paris, I, 17, 121, 140.

Andelys (bois de chauffage amené des), I, 251.

André ou Andry (Jean), conseiller au Parlement, I, 19, 20, 30.

Angeul (Miles d'), maître en la Chambre des comptes, I, 4, 6, 16, 26, 160, 185, 191, 243; II, 77; doyen de Chartres, II, 77.

Anglais. Avocats et procureurs mis à contribution pour soutenir la guerre contre eux, I, 22; la mort de Jean, roi de Bohême, à Crécy leur est imputée, I, 82; conseil tenu au Louvre en vue de les combattre, I, 133; pays occupés par eux, I, 173; assiègent Rouen, I, 184, 186, 192-194, 220, 289; II, 63; assiègent Pontoise, I, 252; trêves avec le Dauphin, I, 270; légat du Saint-Siège chargé de négocier la paix avec eux, I, 272; pourparlers pour la paix, I, 298, 299; s'emparent de Pontoise par escalade, I, 309; font des incursions aux portes de Paris, I, 311, 312; réclament la forteresse de Beaumont-sur-Oise, I, 351, 352; tiennent en suspicion Jean de Villiers de l'Isle-Adam, II, 18 ; s'emparent de Pont-sur-Seine, II, 98 ; remportent la victoire de Cravant, II, 105; sont défaits par Jeanne d'Arc, à Orléans et Jargeau, II, 313, 343; leur expulsion de Paris, III, 194.

Anglais (allocution du roi d'Angleterre en), III, 29.
— docteurs en décret, II, 280.

Angleterre, nécessité de trouver de l'argent pour soutenir la guerre contre elle, I, 14; venue de Sigismond, empereur d'Allemagne, I, 53 ; négociations du traité de Troyes, I, 360-362; présence de barons et chevaliers de ce pays au mariage de Catherine de France, I, 365 ; à l'entrée des reines de France et d'Angleterre à Paris, I, 389 ; serment d'entretenir la paix, I, 390, 391 ; II, 1, 15, 55, 69, 73, 79, 95, 120; retour du roi Henri V, II, 19 ; de la reine, II, 90; transport du corps du roi Henri V, II, 57, 58); navire de ce pays devant le Crotoy, II, 123 ; examen du traité de Troyes, II, 174 ; chevaucheur y envoyé, II, 199 ; séjour du duc de Bedford, II, 202, 225 ; arrivée du cardinal d'Exeter, II, 316; écuyer de ce pays, capitaine de la Ferté-Bernard, II, 348; venue à Paris du comte de Stafford avec gens de guerre de cette nation, II, 368; fonds attendus de ce pays pour le payement des gages du Parlement, II, 370 ; III, 23; traversée de conseillers du Parlement entravée par des vents contraires, II, 371 ; arrivée à Paris de Henri VI avec des barons de ce pays, III, 25; peine du bannissement inscrite dans un arrêt du Parlement, III, 59; mission remplie dans ce pays au sujet du payement des gages du Parlement, III, 69.

Angleterre (Henri de Beaufort-Lancastre, évêque de Winchester, dit le cardinal d'), III, 11, 26.
— (conseil d'), III, 17.
— (nobles, monnaie d'), II, 245, 250.
— (rois d'). Voir Henri V, Henri VI.
— (Catherine de France, reine d'), II, 19, 33, 50, 51, 73 ; III, 127.
— (grand maître de l'hôtel du roi d'), Walter de Hungerford, II, 106.

Anjou (bailli d'), Bertrand de Remeneuil, I, 191.
— duché, II, 368.
— (marches d'), II, 14.
— (Louis II, duc d'), I, 168, 169, 290.

Anjouere (Jacques), procureur au Parlement, I, 36 ; III, 191.

Ansoult (Jean), sergent à verge au Châtelet, II, 11.

Antoing (Jean de Melun, sire d'), I, 160.

Appel des jugements des réformateurs, I, 372.

Approvisionnement de Paris, I, 45, 183, 184, 186, 193, 204, 257, 260, 268, 280, 281, 321, 351, 352; II, 54.
— de bois de chauffage, I, 204, 205, 234, 253, 279, 322.

Aragonnais (François de Surienne, dit l'), bailli de Saint-Pierre-le-Moutier, II, 266.

Arbitrage dans un procès pendant au Parlement, III, 156.

Argenterie déposée par Henri de Savoisy, archevêque de Sens, II, 245, 246, 249.
— du collège de Mignon (dépôt au Parlement de l'), II, 4.

Argenteuil (garnison anglaise d'), I, 311.

Armagnac (Bernard VII, comte d'), connétable de France, vient au Parlement, I, 16,

18; sollicite un emprunt, I, 19, 22; lettres royaux à son adresse, I, 34; revient du siège de Senlis, I, 120; révoque les pouvoirs des réformateurs, I, 125; est pourchassé par les Bourguignons lors de leur entrée à Paris, I, 126; ses partisans recherchés et massacrés, I, 127, 131; est incarcéré au Petit-Châtelet, I, 130; est transféré en la grosse tour du Palais, I, 134, 135; est mis à mort, I, 136; enterré dans la Couture Saint-Martin, I, 137; craintes d'agression de ses partisans, I, 153; examen de lettres enjoignant de poursuivre ses adhérents, I, 164; excès de ses partisans à Lagny, I, 166; leurs incursions dans le faubourg Saint-Germain, I, 168; rétablissement de la corporation des bouchers de la Grande-Boucherie par lui supprimée, I, 178; son excommunication par le pape Urbain V, I, 190.

Armagnac (appellation injurieuse d'), I, 128, 129, 329.
— (parti d'), I, 374; II, 104.
Armagnacs (massacre des), I, 136, 137, 150-152.
Arras (évêques d'), Martin Poiré, I, 145, 160; II, 60; Hugues de Cayeu, II, 284.
— lettres du duc de Bourgogne y données, II, 341.
— négociateurs y envoyés en vue du traité de 1435, III, 153.
— prébende, II, 353, 354.
— (traité d'), de 1414, I, 290.
Arrestation de Jean de Villiers, seigneur de l'Isle-Adam, II, 17.
Arsonval (Jean d'), évêque de Châlons-sur-Saône, I, 247, 248; III, 12, 41, 44.
Artois, départ du duc de Bourgogne pour ce pays, III, 153.

Arundel (Jean Fitz-Allan, comte d'), III, 27.
Asnières (Jean d'), procureur au Parlement, I, 37.
Assassinat de Jean-sans-Peur, duc de Bourgogne, à Montereau, I, 316-319; II, 7, 9, 10, 74.
Assemblée sur le fait de la police à l'Hôtel-de-Ville de Paris, I, 221, 225, 226.
Assencières (Pierre d'), maître ès arts, procureur de la nation de France, I, 68, 96, 107.
Athènes, citée, III, 102.
Atigny (Jacques d'), avocat au Parlement, I, 36, 117.
Aubervilliers. Église, II, 311.
— Naissance d'un enfant monstrueux, II, 310, 311.
Aubigny (Jean d'), capitaine de Bray-sur-Somme, II, 259.
Aubry (Gravier), greffier ou clerc des Requêtes du Palais, II, 262, 263.
Auchy-en-Bray (Seine-Inférieure). Abbaye de Saint-Martin, III, 91.
Audry (Jean), procureur au Parlement, I, 37; II, 128, 129.
— (Jean), dit Marcoussis, sergent du roi, II, 206, 210, 216, 232, 236, 240, 243, 249, 250, 257, 259, 263, 273, 274, 289, 291, 292, 296, 315.
Auffemont (Guy de Nesle, seigneur d'), lire Offemont, II, 39, 40.
Auffroy (Henry), bourgeois de Paris, I, 294.
Augustin (chapeau d'or trouvé sur un religieux), III, 126.
Aumône de pain aux institutions charitables de Paris, I, 378; de pain aux pauvres dans la cour du Palais, I, 378.
Aumônes (partie d'héritage convertie en), II, 286, 288; à l'église d'Aubervilliers, II,

206 TABLE ALPHABÉTIQUE.

311 ; pour les prisonniers de la Conciergerie du Palais, III, 183.
Aunoy (Guillaume d'), I, 39.
Aurie (Jean), dit Gervais, prêtre, I, 8.
Aussent (J.), bourgeois de Paris, I, 294.
Autopsie des ducs de Guyenne et de Touraine, I, 32.
Autrey (Jean de Vergy, seigneur d'), I, 182, 229, 240, 241, 243, 262, 268, 317.
Autriche (Frédéric, duc d'), III, 35.
Auvergne (Beraud III, dauphin d'), II, 162.
— (duché d'), I, 160, 161, 172, 208.
Auxerre. Bailli : Guy de Bar, II, 130.
— conférence y projetée, III, 42, 43.
— (évêque d'), Philippe des Essarts, II, 60.
— (traité d'), I, 290.
Avaugour (Guillaume d'), chevalier, I, 79 ; bailli de Touraine, I, 120.
Avignon (résidence des papes à), I, 266.
Avocats (écritures en justice réservées aux), II, 355.
Avranches (évêque d'), Jean de Saint-Avit, III, 89, 93.
Aymenon (Philippe), chanoine de Notre-Dame et de la Sainte-Chapelle, III, 145-147.
Aymery (Guillaume), conseiller au Parlement, I, 15, 148, 320, 336.
Azi (G. d'), procureur au Parlement, I, 36.

B

Bacheler (Laurent), plaideur, III, 164.
Baers, secrétaire du roi, II, 173.
Baillé (Pierre), receveur de Paris, II, 188.

Baillet (Oudard), conseiller au Parlement, I, 4, 6, 15, 16, 18, 20, 30, 35, 43.
Bailli révoqué pour ses déprédations, II, 192.
Bailliages (brigandages dans les), II, 126.
Baillis (résidence imposée aux), II, 1, 127.
Bailly (Jean), procureur au Parlement, I, 36, 117, 294 ; procureur de l'évêque de Paris, II, 324, 338 ; procureur de l'Université de Paris, III, 89.
— (Nicaise de), clerc des trésoriers et généraux des finances, III, 169 ; notaire de la Chancellerie, III, 192.
— (P.), clerc de notaire du Parlement, I, 37.
Bâle. Concile, III, 33-35, 45-48, 52, 94, 106, 134.
Baquencourt (frère Philippe de), religieux de l'abbaye de Saint-Martin-d'Auchy, III, 91.
Bar (Guy de), prévôt de Paris, I, 126, 128-130, 133, 181 ; bailli d'Auxois, I, 186, 210, 242-244, 246, 247 ; bailli de Sens et d'Auxerre, II, 130.
— (Jaquier de), habitant de Châlons, II, 136, 137.
— (J. de), procureur au Châtelet, III, 119.
— (Louis, cardinal de), I, 106, 112, 113, 128, 132, 133.
Baraton (P.), procureur au Parlement, 1, 36.
Barbasan (Arnaud-Guilhem, sire de), II, 69, 70.
Barbesil (Guy de la Roche, seigneur de), I, 167.
Barbier (Colin Le), ancien geôlier de la Conciergerie du Palais, III, 184.
— (Gilet Le), coutelier, II, 350.
— (Simon Le), procureur au Parlement, I, 36.
Bard (Jean), sergent et boulanger, I, 284.

Baroncel (Laurent), receveur des aides à Châlons, II, 292.
Barrau (Guillaume), secrétaire du roi sous Charles VI, II, 336.
— (Jean), II, 337.
Barre (Huguet de la), bourgeois de Paris, III, 192.
— (Nicole de la), conseiller du Dauphin, I, 106.
Barré (Jean), maître du collège de Mignon, II, 5.
— [Berrey] (Warnier), conservateur des privilèges de l'Université, I, 68, 79, 96, 106, 117.
Barthélemy (Guillaume), avocat, praticien au Châtelet, procureur général du Parlement, II, 39, 90, 120, 157; III, 38, 179, 182, 191.
— (Pierre), orfèvre à Paris, II, 302.
Barthélemy Prignani, archevêque de Bari, pape sous le nom d'Urbain VI, I, 84.
Bas (C. de), procureur au Parlement, I, 36.
Basan (Étienne), conseiller au Parlement, I, 141, 145, 146.
Basin (Jean), III, 117.
Basset (Jean), maître ès-arts, licencié en décret, III, 90.
Bataille (Guillaume), chevalier, I, 79.
— (Pierre), avocat au Parlement, I, 36; III, 191.
Bateaux de blés capturés sur la Seine, II, 345.
Baudier (Jean), sergent à verge au Châtelet, I, 329.
Baudoyn (N.), procureur au Parlement, I, 37.
Baudrain (Jean Le François, dit), couturier, II, 336, 337.
— (Pierre de Poix, dit Le), III, 153.
Baudribosc (Adam de), président en la Chambre des Enquêtes, I, 35, 56, 78, 142, 145, 148, 149.
Baugé (bataille de), II, 14.

Baume-Montrevel (Jean de la), chambellan de Charles VI, membre du Grand Conseil, II, 1 ; prévôt de Paris, II, 12 ; maréchal de France, II, 36.
Baume sacré (conflit entre l'évêque de Paris et le chapitre de Notre-Dame pour le), II, 124.
Baveux (Jean Le), écuyer, bailli de Chartres, II, 368.
Bavière (Louis le Barbu, duc de), I, 182.
Bay (Mahieu Le), plaidant contre le gouverneur de Lille, III, 89.
Bayart (Simon), meunier à Paris, I, 377, 378.
— (Toussaint), conseiller au Parlement, I, 163, 267; II, 150, 188, 214, 249; III, 77, 166, 177, 179, 190, 196.
Baye (Nicolas de), ex-greffier, conseiller au Parlement, I, 1, 2, 15, 21-23, 35, 120, 296, 310, 315, 383; II, 34.
Bayeux. Chantre : Nicolas de Clamenges, II, 35.
— évêque : Jean Langret, de Poligny, I, 142, 145, 266, 307.
Bazin (Jean), marchand de vins de Bourgogne, II, 193.
Beaucaire (Gard). Sénéchal : G. Seignet, I, 10, 16.
Beauce (pays de), I, 328.
Beaudrain (Pierre de Beloy, dit Le), bailli de Troyes, I, 46.
Beaugency-sur-Loire (Loiret). Forteresse occupée par les Anglais, II, 313.
Beaumont-le-Roger (Eure). Vicomté, II, 368.
Beaumont-sur-Oise (Seine-et-Oise). Château et forteresse, I, 349-352.
— passage de Charles VI et du duc de Bourgogne, I, 229, 260.
Beauquesne (Somme). Prévôté, I, 330.

Beauté (Maciot), coupable d'exactions, I, 381.
Beauvais. Archidiacre : Guillaume de Brosses, III, 146, 159.
— diocèse, III, 14.
— évêques : Bernard Chevenon, I, 142, 160, 171, 179 ; II, 22 ; Eustache de l'Aitre, I, 372, 373 ; Pierre Cauchon, membre du Grand Conseil, I, 387, 388 ; II, 2, 22, 23, 35, 39-41, 51, 60, 79, 98, 102, 125, 126, 146, 147, 149, 178, 187, 190, 196, 198, 211, 217, 252, 265, 275-277, 284, 287, 288, 290, 371 ; III, 11, 14, 27, 31, 73, 75.
— prébende, II, 23.
— receveur des aides, II, 300.
— séjour du duc de Bourgogne, I, 220, 224, 227-229, 260.
Beauvoir (Claude de), seigneur de Chastellux, I, 132, 134, 165, 256 ; II, 36.
— (Marc de), procureur au Parlement, I, 37, 357 ; procureur des ouvriers et monnoyers du serment de France, II, 354, 355.
Bechebien (Pierre), doyen de la Faculté de médecine, I, 96.
Bedford (Jean, duc de), frère de Henri V, roi d'Angleterre, assiste au conseil tenu à l'hôtel de Nesle par le roi son frère, II, 54 ; assiste à la mort du roi d'Angleterre, II, 56 ; est désigné comme exécuteur testamentaire de Charles VI, II, 60 ; son avis demandé au sujet de la désignation du nouveau roi de France et d'Angleterre, II, 66, 67 ; vient au Parlement, II, 73-75 ; est sollicité pour les gages de la Cour, II, 76, 106, 121, 271, 309, 310 ; tient conseil pour la réception de Simon de Champluisant, président, II, 76, 77 ; habite l'hôtel des Tournelles, II, 79 ; préside le Grand Conseil, II, 80, 91 ; conclut un traité à Amiens avec les ducs de Bourgogne et de Bretagne, II, 94, 96, 97 ; se porte à la rencontre du duc de Bourgogne, II, 107, 326 ; remontrances à lui adressées par le Parlement au sujet de lettres obtenues par Richard Marbry, II, 119, 120 ; tient conseil à Amiens, II, 121-123, 125 ; se plaint du retard mis au payement d'un subside de guerre, II, 127, 128 ; mainlevée du temporel de l'abbaye de Saint-Denis soumise à son approbation, II, 131, 274 ; projette de consulter les prélats sur la collation des bénéfices, II, 137 ; son chancelier reçu membre du Grand Conseil, II, 138 ; assiège et prend Ivry-la-Chaussée, II, 139, 140 ; gagne la bataille de Verneuil, II, 141, 142 ; convoque une assemblée au Palais au sujet des libertés de l'Église de France, II, 143-146 ; envoie de Rouen des ambassadeurs aux ducs de Bourgogne et de Glocester, II, 155 ; nomme Louis de Luxembourg chancelier de France, II, 258, 259 ; reçoit des lettres du duc de Bretagne, II, 162 ; investit Morhier de la prévôté de Paris, II, 163 ; litiges au sujet de ses concessions de seigneuries, II, 171, 174 ; envoi d'une députation du Parlement auprès de lui, II, 179 ; se trouve en Normandie, II, 181 ; convoque une assemblée au Palais au sujet du défi du duc de Bourgogne au duc de Glocester, II, 185 ; destitue le bailli de Vermandois, II, 191, 192 ; séjourne en Angleterre, II, 199-202 ; recommande Jacques du Châtelier pour l'évêché

de Paris, II, 220; revient d'Angleterre, II, 225; évoque au Conseil de Rouen les causes concernant les dons de terres en Normandie, II, 272, 273, 314; l'élection de deux conseillers lui est soumise, II, 275; assiste à la réception de quatre docteurs en décret, II, 280; démarche du Parlement pour être exempté d'une aide relative à la guerre, II, 292; séjourne à Corbeil, II, 313; revient à Paris avec le cardinal d'Exeter, II, 316; part avec le même cardinal, II, 317; renouvellement du serment prêté au Palais en sa présence, II, 319; fait publier les lettres de la lieutenance du duc de Bourgogne, II, 327; retourne en Normandie, II, 328; reçoit en don les duché d'Anjou et comté du Maine, II, 368; revient de Rouen, III, 2; assiste à la tenue du Parlement, III, 26; l'élection d'un président soumise à son approbation, III, 31; sa déclaration au sujet des gages du Parlement, III, 36, 37; fait publier sa réponse au cardinal de Sainte-Croix, II, 42-44; part pour Corbeil, III, 49, 50; confère avec le président de Morvilliers au sujet des gages du Parlement, III, 52-56; lève le siège de Lagny, III, 63; reçoit dans le jardin de l'hôtel des Tournelles deux conseillers du Parlement, III, 64; nouvelles démarches du Parlement, III, 69, 70, 73, 81-83, 144; fait annoncer à la Cour la mort de la duchesse de Bedford, III, 74; séjourne à Mantes, III, 79; fait célébrer un service pour sa femme aux Célestins, III, 80; part pour Rouen et Calais, III, 84; intervient dans le procès de Thomas Overton, III, 97, 98, 140; donne ses pouvoirs au Chancelier durant son absence, III, 100; revient à Paris avec la nouvelle duchesse de Bedford, nièce du Chancelier, III, 142, 143.

Bedford (Anne de Bourgogne, duchesse de), II, 106, 280; III, 2, 72, 74, 75, 80, 94.

— (Jacqueline de Luxembourg, duchesse de), III, 142, 143.

Bedos (Jacques), procureur au Parlement, I, 37; II, 189.

Begars (les), dits de Savigny, II, 286.

Begart (Girard Le), dit de Savigny, II, 286.

Bègue (Jean Le), greffier des Comptes, III, 179, 182, 190.

— (Philippe Le), conseiller au Parlement, I, 20, 35, 40, 142, 216, 218, 221, 227, 274; II, 48, 49, 111, 115, 139, 149, 228, 264, 333, 334, 340; III, 4, 50, 52, 55, 57, 58, 60, 64, 71, 93, 120, 176, 179, 190, 196.

Béguinot (Philippot), fourreur de Charles VI, II, 85.

Belle (Pierre), huissier du Parlement, I, 147, 328-331.

Bellefoye (Jean de), I, 385.

Belloy (Jean de), échevin de Paris, III, 195.

Beloy (Pierre de), dit Le Beaudrain, bailli de Troyes, I, 46.

Bénéfices (collation des), I, 62, 63, 86-91; II, 5-7, 52, 137, 148, 171, 174, 176, 197-202; III, 41, 95, 106, 121.

Benyen (Jean), neveu et héritier de Jean Audry, II, 129.

Bequerel (Barthélemy de), plaideur, III, 117.

Bequot (Pierre Le), ou Bescot, conseiller au Parlement, I, 42, 43, 45.

Bergieres (Jaquinot de), apothicaire de Charles VI, II, 85; III, 188.

Bermont (Jean), habitant de Montpellier, I, 23.
Bernardin (Jaquot ou Jacob), se portant caution pour des prisonniers de guerre, II, 351, 352.
Bernasse (Raoul), procureur de la nation de Picardie, II, 287.
Bernay (Jacques de), I, 26.
Berne (Suisse), marchand, II, 241.
Berry (Jean, duc de), I, 85, 97, 98, 190; II, 60.
— (duché de), I, 18.
— sénéchal : Pierre de Graçay, I, 12.
Bertault (Jean), notaire du roi, II, 363.
Bertholin (Pierre), habitant de Montpellier, I, 23.
Bertrand (Guy), procureur au Parlement, I, 37.
Bery (Raoul de), conseiller au Parlement, I, 141, 145, 160, 173.
Bescot (Pierre Le), conseiller au Parlement, I, 45, 78.
Besgue de Boisménart (Le), échanson de Charles VI, II, 81.
Bétail amené de Savoie, II, 53, 54.
Béthencourt (Morelet de), chevalier du guet, II, 174, 252; III, 27, 180, 182.
Bethizy (Jean de), notaire et secrétaire du roi, I, 349.
Bevre (Jacques de), bourgeois de Gand, II, 298.
— (Jeanne de), sa sœur, femme de Daniel Alard, bourgeois de Gand, II, 298.
Bèze (Guillaume de), conseiller au Parlement, I, 4, 6, 15, 20, 35, 40, 141, 160, 207, 231, 307, 308, 391; II, 156, 157, 249, 334; III, 151, 152.
— (Guillaume de), son fils aîné, III, 152, 154.
— (Marguerite), sa femme, III, 154.

Bien (G. de), procureur au Parlement, I, 37.
Bienvenu (Simon), clerc de notaire du Parlement, I, 37.
Bièvre (Henry de), dit de Mouson, conseiller au Parlement, II, 276, 278; III, 50.
Bigot (Jean Le), chevalier, I, 144.
Bihais (Gilles de), caution de l'évêque de Meaux, II, 226.
— (Nicole de), chanoine du Palais, II, 227.
Billart (Guillaume), procureur au Parlement, I, 37; III, 191.
— (Guillaume), clerc civil du Châtelet, II, 109.
Billet (Guy), avocat au Parlement, III, 191.
Billy (Jean de), dit Le Charron, I, 284.
Binet (Pierre), prêtre, détenu à la Conciergerie, II, 338.
Biseul (Jean), conseiller au Parlement, I, 142, 145.
Blaisy (Jean de), écuyer, bailli de Meaux, III, 163, 164, 178.
Blâme infligé aux auditeurs du Châtelet par le Parlement, II, 221; à un avocat au Parlement pour langage injurieux, II, 218; à un lieutenant de la prévôté par le Parlement, II, 248.
Blanche (Nicole), prisonnier de l'évêque de Paris, I, 363.
Blancs, monnaie (frappe de nouveaux), II, 29; doubles, monnaie, II, 250.
Blangy. Seigneur : Colart de Mailly, II, 191.
Blé nouveau (essai du), II, 215; (prix du), II, 15, 16.
Blés (abus commis lors de la vente de), II, 11.
Blois (Jean de Maisné, dit de), clerc du greffier criminel du Parlement, I, 37, 129.
Blosset (Romain), meunier à Paris, I, 377, 378.
Bodeau (Jean), bailli de Melun, II, 25, 26.

Bodeaux ou Boudeaux (Jean), conseiller au Parlement, II, 279; III, 57, 58, 74, 77, 135, 177, 179, 190, 196.

Bodoe (Jean), procureur au Parlement, III, 491.

Bœufs (Pierre-aux-), confesseur d'Isabeau de Bavière, prédicateur populaire, I, 188, 231.

Bœufs de Savoie (vente au marché de Paris de), II, 54.

Bohémiens (croisade contre les), II, 316; III, 35, 46.

Boileaue (Mahiet), II, 78.

Bois (Jean du), greffier criminel du Parlement, I, 12, 24, 35, 40, 41, 142, 228.
— procureur au Parlement, I, 36, 375; procureur de l'abbaye de Saint-Denis, II, 118.

Bois de Saint-Cloud et de Vincennes (coupes dans les), I, 253.

Bois de chauffage (approvisionnement de Paris en), I, 204, 205, 234, 253, 279, 322.
— pour le Parlement (achat de), I, 331, 336.
— (cherté et disette du), I, 184, 205, 322.
— (prix du), I, 251, 322.
— (taxe du), I, 216, 217, 222, 322.

Boissel (Guéroult), régent en la faculté de décret, II, 242.

Boite de quêteur prêtée par le Parlement, III, 183.

Boitel (Jean de), mouleur de bûche à Paris, I, 233.

Boitoire (veuve de Jacques), plaideuse, III, 117.

Boivin (Pierre, aliàs Jean), docteur en théologie, III, 33, 45, 52.

Bokam : lire Buchan (Jean-Stuart, comte de), II, 141.

Bonafous (G.), procureur au Parlement, I, 37.

Bondy (forêt de), I, 184, 204, 208.

Bonne-Compaigne (Ysabelet La), II, 226.

Bonneton (Jean), prêtre, prisonnier, I, 105.

Bonpain (Jean), bourgeois de Paris, II, 319.

Bonpuits (Étienne de), marchand pelletier, échevin de Paris, I, 54, 57, 117, 118.

Bontemps (Colin), prisonnier à merci, II, 345.

Boquet (un nommé), I, 129.

Bordes (Baude des), notaire du roi, I, 242; II, 60, 67, 80.
— (Laurent des), II, 195.

Bos (Henriet du), dit Potin, marchand de Lille, II, 283.

Bosc (Mahieu du), conseiller au Parlement, I, 176, 310, 311.

Bouberch : lire Boubers (Hemon, sire de), seigneur bourguignon, I, 366, 368.

Boucassier (Jean), sergent à verge au Châtelet, II, 16.

Boucher (Bureau), conseiller au Parlement, maître des Requêtes de l'Hôtel, I, 11, 26, 45; II, 362.

Bouchers de la Grande-Boucherie de Paris (corporation des), I, 124, 178; III, 194.

Boucicaut (Jean Le Meingre, dit), maréchal de France, I, 139, 165.

Boudoe (G.), procureur au Parlement, I, 36.

Bouesgue (Jean Le), aumônier de Fécamp, II, 94.
— (Jeanne, femme de Guillaume de), II, 11.

Bougis (Nicaise), secrétaire du roi, I, 39.

Bouillé (Guillaume), sous-maitre au collège de Dormans, II, 308.

Boulangers (fraudes et fautes imputées aux), I, 353-355, 374; II, 15.
— (interruption de la cuisson du pain par les), I, 353, 354.
— (pain trop petit fait par les), I, 285; II, 135.
— (règlement du Conseil du roi concernant les), I, 353.

Boulangers forains (visite des), III, 7, 8.
Boulart (Nicolas), auditeur au Châtelet, II, 224, 341.
Boulenger (Jean Le), plaidant au sujet d'un don de régale, II, 209.
— (Pierre Le), notaire du roi, II, 161, 226.
Boulengier (Noël Le), examinateur au Châtelet, II, 140.
Bouqueton (Guillaume), chevalier anglais, III, 186.
Bourbon (Charles de), comte de Clermont, I, 128, 132, 273.
— (Gérard de), frère de l'abbé de Saint-Denis, II, 113-115, 118, 119, 130; garde des foires de Champagne, I, 382; II, 126.
— (Jean de), abbé de Saint-Denis, II, 113, 116, 130, 131.
— (Jean, duc de), I, 85, 89, 98, 101, 160-162, 172, 184, 190, 208, 363, 383, 384; II, 60.
— (duchesse de), I, 384.
Bourbonnais, I, 383.
Bourdet (Nicolas), bailli du Cotentin, II, 190.
Bourdin (Jean), II, 350.
Bouret (Jean), III, 193.
Bourges. Archevêque : Guillaume III Boisratier, I, 5.
— (mission suspecte de religieux Augustins venant de), I, 264.
Bourgogne (départ de Philippe le Bon de Paris pour la), III, 152.
— forteresses réduites par les Anglais, II, 145.
— (joyaux de l'abbaye de Saint-Denis rapportés de), II, 131.
— parlement, II, 294.
— (venue du prince d'Orange en), II, 124.
— vexations des sujets, II, 156.
— vins vieux vendus aux enchères, II, 193.
— (voyage du duc Philippe le Bon en), II, 133.

Bourgogne (voyage d'un conseiller au Parlement en), I, 146.
— (Jean Sans-Peur, duc de), excès commis par les gens de guerre sous son nom, I, 15; son manifeste aux bourgeois de Rouen et autres villes, I, 17, 29-33; sa prise d'armes, I, 19, 20; lettres à son adresse pour entrer en négociations, I, 21; expulsion de conseillers et officiers du Parlement de son parti, I, 40; publication de procédures contre lui et ses partisans, I, 48; projet de lettres closes pour obtenir la mise en liberté d'un président détenu par son ordre, I, 69; mise à exécution de l'ordonnance relative à la collation des bénéfices sur ses terres, I, 85, 92, 98; négociateurs par lui envoyés à Bray-sur-Seine, I, 118; siège de Senlis occupé par ses adhérents, I, 120; entrée dans Paris de ses chevaliers et officiers, I, 126, 128-130; attaque des partisans du Dauphin repoussée par ses gens d'armes, I, 131, 132, 136; son mécontentement lors du massacre des Armagnacs, I, 152, 153; serment réciproque prêté par lui et les bourgeois de Paris, I, 157, 158; Jean de Villiers de l'Isle-Adam est envoyé par lui à l'effet de reprendre Lagny sur les Armagnacs, I, 166; se rencontre au pont de Charenton avec les ducs de Bretagne, d'Anjou et d'Alençon, I, 168; continue les négociations au château du Bois de Vincennes, I, 169; fait recommander Bertrand Fons pour le poste de conseiller, I, 182; ses gens de guerre empêchent l'arrivée des vivres à Paris, I, 183; quitte Paris pour

combattre les Anglais, I, 186, 202; annulation par l'évêque de Paris des sentences d'excommunication prononcées contre lui, I, 189, 190; est favorable à la nomination de Surreau comme lieutenant criminel de la prévôté, I, 200; reçoit à Pontoise des délégués du Parlement à l'effet de secourir Rouen, I, 218, 219; part pour Beauvais, I, 220; y séjourne, I, 224, 227-229; se transporte à Lagny, I, 229; y reçoit une députation du Parlement, I, 230, 231, 236; offre un prêt important au roi, I, 238; s'engage par lettres données à Lagny à revenir à Paris, I, 240; charge le comte de Saint-Pol de la garde de Paris au lieu du prévôt Guy de Bar, envoyé en mission, I, 243, 244; députation envoyée auprès de lui au sujet de la nomination du nouveau prévôt de Paris, I, 249; Andrieu de Valins chargé de lui exposer la situation périlleuse de Paris, I, 253; ses efforts pour l'apaisement du royaume, I, 254, 255; adresse de Provins des lettres au Parlement, I, 256; leur teneur est exposée par Guy Gelinier, conseiller du duc, I, 258, 259, 261; refus du Parlement de fournir une réponse écrite, I, 263; réponse par lui faite aux requêtes des habitants de Paris, I, 280, 281; députation du Parlement envoyée auprès de lui pour demander l'ouverture de négociations avec le Dauphin, I, 287; impute à l'entourage du Dauphin l'échec des pourparlers, II, 289-292; quitte Provins pour se rendre à Pontoise, I, 298; conclusion de trêves entre ses gens de guerre et ceux du Dauphin, I, 299; traite avec le Dauphin, I, 306-308; son absence de Paris déplorée, I, 311; est mis à mort à l'entrevue du pont de Montereau par les gens du Dauphin, I, 316-319, 361, 374; II, 74; jugement des complices de son assassinat, II, 7, 9, 10; figure parmi les exécuteurs testamentaires de Charles VI, II, 60; ses lettres closes à Jean de Pressy, envoyé à Tournai pour emprunter en vue du siège de Rouen, II, 63; obligation passée de son vivant, II, 253.

Bourgogne (Philippe le Bon, duc de), négocie des trêves avec le roi d'Angleterre, I, 331, 332; adresse de Lille des lettres closes au Parlement annonçant sa venue à Troyes, I, 340-342; lettres de Charles VI, faisant cause commune avec lui contre le Dauphin, I, 346; l'évêque de Tournai, son chancelier, fait connaître à Troyes les pourparlers avec le roi d'Angleterre, I, 359-362; est présent au traité de Troyes et au mariage de Catherine de France avec le roi d'Angleterre, I, 364, 365, 367; jure d'observer le traité, I, 368; est mis en garde par le Parlement contre le parti armagnac, I, 374; lève le siège de Saint-Riquier et défait l'armée du Dauphin, II, 24; rejoint le roi d'Angleterre au siège de Meaux, II, 35; assiste à Meaux aux discussions provoquées par les libertés de l'Église, II, 40; excès commis en Flandre par ses conseillers et officiers, II, 44; figure parmi les exécuteurs testamentaires de Charles VI, II, 60; pressenti au sujet du titre à donner au nouveau roi d'Angleterre, II, 67; adresse de Lille des lettres au Parlement, II, 68, 69; réponse faite par la Cour à la députation chargée de présenter ces lettres, II, 70; conclut un traité à Amiens avec les ducs de Bedford et de Bretagne, II, 94, 97; le Parlement refuse de publier ses lettres touchant l'enquête sur la mort de la duchesse de Bourgogne, II, 100, 102; arrive à Paris, II, 107; en part pour se rendre à Amiens, II, 121; y conclut une alliance avec les ducs de Bedford et de Bretagne, II, 123, 124; rend à Bruges une ordonnance dans un débat entre Gand et Ypres, II, 133; projette de consulter les prélats sur la collation des bénéfices, II, 137; remplace le duc de Bedford durant son absence, II, 146; lettres mentionnant le transport du comté de Mâcon à lui fait, II, 150, 151; reçoit des députés du duc de Bedford au sujet du conflit entre les ducs de Brabant et de Glocester, II, 155; se plaint des exactions infligées à ses sujets de Bourgogne par Guillaume de Bèze, conseiller au Parlement, II, 156; sa venue en Flandre, II, 171-173; reçoit un défi du duc de Glocester, II, 185; le Parlement décide d'intervenir dans leur conflit, II, 242; récit de la capture de Jeanne d'Arc par ses gens d'armes, II, 307, 343; met sur pied des troupes contre Charles VII, II, 317; serment d'observer le traité de Troyes prêté en sa présence au Palais, II, 319; fait son entrée à Paris, II, 326; armistice de Compiègne entre Charles VII et ses adversaires publié en sa présence, II, 327; retourne en Flandre pour recevoir Isabelle de Portugal, sa fiancée, II, 328; ses lettres en faveur de Courtin, auditeur au Châtelet, données à Arras, II, 341; ses lettres au Parlement contre des habitants de la châtellenie de Cassel, II, 344; conclusion d'une trêve d'une année avec le duc d'Autriche, III, 35; refus du congé demandé par le conseiller Gherbode, chargé d'une mission par le duc, III, 116; sa venue à Paris et son départ pour Arras, III, 152; la situation périlleuse de Paris en 1436 lui est signalée, III, 181, 182; sa réponse apportée par Robillart, chevaucheur du roi, III, 187; lettres d'abolition par lui octroyées aux habitants de Paris, III, 195.

Bourgogne (Michelle de France, duchesse de), I, 373; II, 23, 69, 101.
— chanceliers: Jean de Saulx, II, 160, 229; Jean de Thoisy, I, 359.
— (conseillers du duc de), II, 68.
— (Antoine de Toulongeon, maréchal de), II, 105.
— (officiers du duc de), II, 70.
— (Anne de), duchesse de Bedford, II, 94, 106, 280, 328; III, 2, 72, 74, 75, 80.
— (Marguerite de), comtesse de Richemont, II, 95.
Bourgoing (Nicole), chapelain à Notre-Dame, III, 162, 163.
Bourgois (R.), avocat au Parlement, I, 36.
Bourguignons (bataille de Cravant gagnée par les), II, 105.
— (entrée à Paris des), II, 3.
Bourju (Pierre), I, 26.
Bourmont (Simon de), bailli de Troyes, I, 46.
Bouron (Philipot ou Philippe), clerc de notaire du Parlement,

I, 37; clerc du greffe civil du Parlement, III, 173, 174.
Bouron (R.), procureur au Parlement, I, 36.
Bourrées (prix des), I, 322.
Bourrilliet (Jean), dit François, ancien conseiller au Parlement, notaire apostolique, III, 129.
Boursaut (Herbert), valet de chambre de Charles VI, II, 85.
Boursier (Alexandre Le), général des finances, I, 16.
— (Pierre Le), sommelier de Charles VI, II, 85.
Boussart (Pierre), sergent de la prévôté de Saint-Riquier, II, 220.
Boutant (Pierre), valet de garderobe de Charles VI, II, 85.
Bouteillier (Guillaume Le), chevalier, I, 26.
— (Raoul Le), chevalier anglais, III, 27.
Boz ou Boc (Mahieu du), conseiller au Parlement, I, 4, 11, 35, 42, 43, 135, 310, 311. Voy. Bosc (Mahieu du).
Brabant (Jean de Bourgogne, duc de), I, 182; II, 155.
— (Phelippot de), vieux serviteur de Charles VI, II, 86.
— (Pierre de), curateur d'Arnault de l'Aitre, III, 156.
Brancestre (Henri), Anglais prisonnier, II, 282.
Branlart (Jacques), conseiller, puis président au Parlement; chargé avec d'autres conseillers de la rédaction d'une cédule portée au grand Conseil, I, 15, 16; présent à une délibération relative au duc de Bourgogne, I, 20; prête le serment de fidélité, I, 35; inscrit sur la liste des conseillers proscrits comme partisans du duc de Bourgogne, I, 40; siège comme président de la Chambre des enquêtes, I, 142, 145, 197; proteste contre les nominations faites en vertu de bulles du pape Jean XXIII, I, 154; assiste à la publication du traité de Saint-Maur, I, 171; est envoyé à Pontoise auprès du roi pour le presser de secourir les assiégés de Rouen, I, 216, 218, 219; envoyé de nouveau à Pontoise et à Beauvais aux mêmes fins, I, 220, 227, 228; se rend à Lagny auprès du roi et du duc de Bourgogne, I, 231; fait partie de la députation envoyée auprès de Tanneguy du Châtel, capitaine du Dauphin, I, 264; l'un des commissaires sur le fait de la police de Paris, I, 227, 274; chargé de mission par la Cour auprès du roi à Provins et à Meulan, I, 284, 288, 293, 299; est envoyé par le roi auprès du Dauphin, I, 300; obtient du Parlement un privilège pour la jouissance de ses bénéfices, I, 372; est envoyé auprès du roi d'Angleterre au sujet de procès touchant les libertés de l'Église, II, 35, 40; assiste à la délibération relative à l'exécution testamentaire de Charles VI, II, 60; assiste aux débats d'une cause d'appel en la Chambre des comptes, II, 63; intervient dans une question de préséance à la Chambre des enquêtes, II, 99, 100; présent à un litige entre l'échevinage et le clergé d'Amiens au sujet du payement d'un impôt, II, 103; chargé de réclamer le paiement des gages du Parlement, II, 106; assiste à la séance de rentrée au Parlement en 1423, II, 111; en 1424, II, 149; en 1425, II, 137; en 1426, II, 217; en 1427, II, 252; en 1428, II, 290; en 1429, II, 329; en 1434, III, 137; envoyé au concile de

Pavie, II, 115; est chargé de la juridiction contentieuse entre l'abbaye de Sainte-Geneviève et l'évêque de Paris, II, 130; présent au jugement d'un procès, II, 150; prend part à une délibération sur des ordonnances portant règlement pour les officiers du Châtelet, II, 157; se rend auprès du duc de Bedford à l'occasion du remplacement du chancelier Jean Le Clerc, II, 158; chargé d'examiner l'état du payement des gages du Parlement, II, 177; donne son avis sur une question de préséance, II, 222; seul président présent à une séance pendant les vacations, II, 249; assiste à une délibération sur un registre du Châtelet, II, 250; chargé de rechercher le testament de Nicolas de Savigny, avocat en la Cour, II, 260; participe à une délibération en faveur de Robert Agode, exécuteur testamentaire d'un huissier du Parlement, II, 264; fait partie d'une députation chargée de réclamer au Chancelier les gages arriérés de la Cour, II, 270, 272; assiste à une délibération relative à des bulles concernant les juridictions ecclésiastique et temporelle, II, 284; commissaire chargé de régler l'emploi en aumônes et prières d'une somme prélevée sur l'avoir de Nicolas de Savigny, II, 286, 288; chargé de conférer avec l'échevinage parisien, II, 316; siège au Conseil, II, 324; en procès avec Jean d'Aigny au sujet de prébende, II, 332; délégué par le Parlement pour aviser sur des lettres à envoyer en cour de Rome, II, 334; chargé de régler le cérémonial de la Cour à l'occasion de la venue du roi d'Angleterre, II, 340; instructions à lui données comme député de la Cour à Rouen au sujet des gages, II, 364, 366-368; réponse à lui faite par le roi d'Angleterre, II, 369, 370; prend part à la délibération relative à la prorogation du Parlement, III, 3; à la discussion de l'arrêt à intervenir entre les drapiers et les fripiers de Paris, III, 6; envoyé auprès du Chancelier à Rouen pour la question des gages, III, 15, 17-24; présent au procès entre les pelletiers et les propriétaires des basses merceries, III, 40; envoyé auprès du Chancelier au sujet de son refus de sceller un accord touchant une sergenterie à Évreux, III, 62; refuse d'accepter une mission auprès du duc de Bedford relativement aux gages de la Cour, III, 70, 71; adhère à l'interruption du Parlement décidée jusqu'au payement des gages arriérés, III, 72, 75, 77, 81, 97, 135; assiste à la séance de la Chambre du Conseil pour le jugement de divers procès, III, 89, 91, 92, 96, 97, 99, 109, 117, 119, 121, 155-158, 160-162; fait connaître les intentions du Chancelier au sujet du payement des gages d'Érard Gherbode, III, 99; assiste à la publication d'office par le Chancelier de l'alternative, III, 105; prend part à la délibération relative aux amortissements du domaine, III, 112, 149; en procès avec Pierre de Brenne pour le doyenné de Beauvais, III, 114-116; chargé de représenter au duc de Bedford le nombre insuffisant des conseillers, III, 144; chargé de recouvrer les biens de l'exécution testamentaire de G. Intrant, III, 151, 153 ; chargé de s'occuper de la question des gages, III, 170; expose la situation périlleuse de Paris, III, 175; assiste aux délibérations à ce sujet, III, 176, 179, 182; commissaire dans un procès relatif au prieuré de Saint-Éloi, III, 183; assiste à la délibération au sujet de Jean de la Haie, prisonnier à la Conciergerie, III, 185; chargé de demander au prévôt des marchands son avis sur des lettres du duc de Bourgogne, III, 187; participe à la nouvelle prestation du serment d'observer le traité de Troyes, III, 190; présent à la séance du Parlement qui reconnaît l'autorité de Charles VII, III, 196; archiprêtre de Saint-Séverin, I, 372; II, 160, 162; III, 109; chevecier de Saint-Merry, III, 32.

Braque (Blanchet), général des finances, I, 181, 185, 198, 210.

Braquemont (Marguerite de), I, 386.

— (Robert de), amiral de France, I, 134, 147.

Bray (Miles de), clerc des Comptes, III, 190.

— (Nicolas de), maître ès arts, I, 68, 107.

Bray-sur-Seine (Seine-et-Marne). Conférences de 1418 avec le duc de Bourgogne, I, 118.

— conférence y proposée par le duc de Bedford, III, 43.

Bray-sur-Somme (Somme). Capitaine, II, 259.

Brenne (Gilles de), frère de Pierre, III, 115.

— (Pierre de), maître ès arts, III, 114-116.

Bretagne (Arthur de), comte de Richemont, III, 193.

— (Jean VI, duc de), I, 168, 169, 290; II, 55, 60, 79, 89, 94, 97, 162.

Bretagne (ambassadeurs du duc de), II, 54, 55, 79, 89.

— (marches de), I, 144.

— (procureur général du duc de), II, 54.

Breteau (Guillaume), receveur des confiscations et forfaitures, I, 369.

— (P.), bourgeois de Paris, I, 294.

Breton (Denisot Le), changeur, I, 73, 74; receveur des aides à Paris, I, 7.

— (Guillaume Le), conseiller au Parlement, I, 142, 144; II, 139, 217, 248, 249, 264, 334, 340; III, 4, 5, 55, 60, 77, 124, 137, 166, 176, 177, 190, 196; archidiacre de Provins en l'église de Sens, III, 147.

Bricquebec (Manche). Château, I, 13.

— (terre de), I, 14.

Brie. Expédition du comte de Stafford, II, 360.

— forteresses conquises par les Anglais, II, 145.

— (garde des foires de Champagne et de), I, 382; II, 180.

— (maître des Eaux et forêts de), I, 204.

— occupation par l'armée de Charles VII, II, 317.

Brie-Comte-Robert (Seine-et-Marne). Châtellenie, II, 130.

— conférence y proposée par le duc de Bedford, III, 43.

— députation y envoyée, I, 260.

— (passage du duc de Bretagne à), I, 169.

Brigandages (répression des), II, 126.

Brigant (J.), bourgeois de Paris, I, 294.

Brillot (Jean), conseiller au Parlement, I, 147, 207.

Brimeu (Florimond de), sénéchal de Ponthieu, III, 147.

218 TABLE ALPHABÉTIQUE.

Brosses (Guillaume de), archidiacre de Beauvais, III, 146, 147, 159.
Brueil (J. du), avocat au Parlement, I, 36.
Bruges (Grand Conseil du duc de Bourgogne tenu à), II, 133.
Brun (J. Le), secrétaire du duc de Bretagne, II, 97.
Bruneau (Étienne), notaire de la Chancellerie, III, 192.
Brunel (Louis), demandeur en lettres de marque, I, 279.
— (Nicolas), poursuivant sa réception comme ouvrier monnoyer du serment de l'Empire, II, 358, 359.
Bûche (marchands de), I, 320, 322.
— de mole (prix de la), I, 251, 322, 335, 336.
Buffet (Guillaume), procureur du roi au bailliage de Senlis, II, 27; bailli de Senlis, II, 27, 125, 126.
Buffeteau (P.), procureur au Parlement, I, 36.
Buffière (Pierre), conseiller au Parlement, I, 4, 6, 15, 19, 20, 35, 42, 74, 119; II, 57, 63, 72, 111, 124.
Bugle (J. Le), procureur au Parlement, I, 37, 117; procureur de la ville de Paris, I, 50, 125.
Bureau (Jean), III, 180, 182.
Burges (Jacques), conseiller aux Requêtes du Palais, III, 93, 120.
Bury (Jean de), clerc du Trésor, II, 319.
Bustangnier (Thomas), procureur au Parlement, I, 37; III, 193.
Busteux (Jean Le), sergent en la prévôté de Vimeu, II, 58, 59.
Buxule (Alain), chevalier, II, 282.
Buy (Jean de), clerc du Trésor, III, 190.

Buymont (Guillaume de), huissier du Parlement, I, 36, 40, 144, 216, 218; II, 177, 188, 288; III, 13-15, 191.
— (Jacques de), huissier du Parlement, I, 40, 316; III, 20, 191.

C

Cachemarée (Aleaume), huissier du Parlement, I, 35, 40.
Caen. Chambre des comptes, II, 138.
— école de droit, III, 111, 112.
Caignol (Laurent), marchand de bétail, II, 53.
Caille (Jean La), maître de l'hôpital Saint-Jean d'Amiens, III, 153.
Calais. Débarquement de Henri VI, roi d'Angleterre, II, 338, 340.
— passage du duc de Bedford, III, 84.
Calices soustraits aux églises de Saint-Jean-en-Grève et de Saint-André-des-Arts, III, 126, 127.
Calonne (Jeanne de), III, 97.
Calot (Laurent), secrétaire du roi d'Angleterre, II, 370.
Calus (Pierre Le), bailli du duché de Valois, II, 52.
Calvi (J.), exécuteur testamentaire de Nicolas Viaud, évêque de Limoges, I, 311.
Cambier (J.), procureur au Parlement, I, 37.
Cambrai. Chanoine, III, 141, 171; chapitre III, 141.
— conférence y proposée, III, 42.
— départ de Clément de Fauquembergue pour cette ville, III, 166, 169, 171.
— (Adam de), conseiller au Parlement, I, 35, 42, 43, 78, 96.
Camp (Lambert du), bachelier

en théologie, religieux jacobin, II, 46.
Campion (J.), procureur au Parlement, I, 36.
— (Jean), secrétaire du Dauphin, I, 111, 113.
Camus (Hébert), procureur au Parlement, I, 36, 375; II, 46, 142, 190.
— (Henri), secrétaire, ambassadeur du duc de Bretagne, II, 88.
Canape (Pierre), III, 5.
Canivet (Gilles), maître en médecine, II, 168.
Canteleu (Pierre de), maître en la Chambre des comptes, I, 243, 245, 275; II, 63, 77, 363; III, 190; trésorier et gouverneur des finances, II, 181, 194, 195, 229.
Canu (Mahieu), conseiller au Parlement, I, 4, 35.
Cany (Aubert de), chevalier bourguignon, I, 341.
Caours (J. de), secrétaire du roi, I, 35, 79.
Capeluche, bourreau, capitaine du quartier des Halles, I, 155, 156.
Cardon (Jean), dit Tout Rond, geôlier de la Conciergerie du Palais, III, 184.
Capitulation du Mans, I, 182, 183; de Rouen, I, 232.
Caramaing : lire Carmain (Arnaud, vicomte de), sénéchal de Toulouse, I, 179.
Carcassonne (cité de), I, 57, 58.
— rébellion des habitants, I, 58.
— sénéchaux : Charles de Clermont, I, 173, 174, 272; Arnaud de Carmain, seigneur de Nègrepelisse, I, 58, 174, 272.
Cardon (Jacques), examinateur au Châtelet, III, 118, 119.
Caron (Robert Le), bourgeois de Paris, I, 227; II, 168.
Carpentier (Colin Le), sergent de la prévôté de Saint-Riquier, II, 220.
Carpentier (Nicolas Le), meurtrier, II, 107.
Cassel. Châtellenie, II, 344.
— vallée, II, 352.
Castelnaudary (Aude). Naissance d'un enfant phénoménal, II, 311.
Castillon (Pons de), sénéchal d'Agenois et de Gascogne, II, 186.
Catalan (J.), procureur au Parlement, I, 36.
Cathelin (Lambert), huissier du Parlement, II, 305.
Catherine de France, fille de Charles VI, reine d'Angleterre, I, 299, 364-367, 388; II, 19, 33, 50, 51, 73.
Cathin (Audebert), II, 238.
Catilina (citation empruntée à la conjuration de), par Salluste, II, 329.
Cauchon (Pierre), maître des Requêtes de l'Hôtel, I, 143-145, 160, 177, 191, 229, 257; évêque de Beauvais, I, 387; III, 14; évêque de Lisieux, III, 73, 75.
Caumesnil (J. de), écuyer, I, 297.
Caux (bailli de), I, 39.
— (pays de), II, 348.
Cayet (Simon), notaire de la Chancellerie, III, 192.
Cécité d'un conseiller au Parlement, I, 267.
Ceintures (port des), interdit aux femmes de mauvaise vie, II, 163; d'argent, reçues en dépôt par les religieux de Saint-Denis de Reims, II, 276; d'orfèvrerie (saisie chez les merciers du Palais de), II, 302-304.
Ceinturiers de Paris, II, 361.
Celsoy (Guillaume de), conseiller au Parlement, I, 4, 6, 15, 20, 35, 40, 141, 145, 160, 207, 216, 218, 227, 228, 231; II, 72, 111, 149, 187, 217, 249,

252, 290, 329; III, 73, 76, 77.
Cename ou Cenesme (Guillaume), marchand à Paris, III, 60, 192.
Cesarins (Julian des), docteur en lois et en décrets, II, 169.
Cessenseriis (Pierre de), lire *Assenseriis* (Pierre de), maître ès arts, I, 96.
Chaigne (Guillaume de), maître de l'Hôtel-Dieu de Saint-Gervais, II, 132.
Chalant (Antoine de), cardinal, I, 90.
Chaligault (Miles), notaire et secrétaire du roi, II, 269.
Challiau (Jean), procureur de l'église de France, III, 67, 68.
Châlon (Jean de), prince d'Orange, grand chambrier de France, I, 185.
Chalon-sur-Saône (bailli de), Gérard de Bourbon, I, 382.
— chapitre et doyen de l'église, III, 11, 12, 41, 44, 94.
— évêques : Jean d'Arsonval, I, 248; III, 12, 41, 44; Hugues d'Orges, II, 149, 187.
Châlons (J. de), procureur au Parlement, I, 36.
Châlons-sur-Marne (N. de Baye, archidiacre de), I, 296.
— évêque : Jean IV de Sarrebruck, II, 206, 284, 290.
— (monnaie de), II, 137.
— occupation par l'armée de Charles VII, II, 317.
— receveur des aides, II, 292.
Chambaut (Jean), notaire de la Chancellerie, III, 192.
Chambre (Guillaume de la), maître ès arts et en médecine, III, 192.
— (florins de), II, 233.
Chambre apostolique (auditeur de la), II, 169.

Chambre des comptes de Caen (suppression de la), II, 138.
— des comptes de Paris, I, 3, 4, 6-8, 13, 22, 24, 164, 172, 182, 203, 204, 208, 210, 212, 243, 266, 271, 272, 277, 280, 314, 323, 325, 334, 342, 349, 357, 358; II, 27, 40, 62, 63, 66, 73, 78, 110, 138, 174, 300, 301, 319, 346; III, 59, 60, 149, 177, 182, 186, 187, 190.
— du Trésor, I, 358; III, 184.
Champagne. Forteresses conquises par les Anglais, II, 145, 147.
— garde des foires, I, 381, 382; II, 127, 180.
— (maitre des Eaux et forêts de), I, 204.
Champdivers (Guillaume de), chevalier, I, 340.
— (Henri de), I, 210.
Champignolles ou Campignolles (Pierre de), massacré au Châtelet, III, 158.
Champluisant (Simon de), prévôt de Paris, II, 37, 76, 77; président au Parlement, II, 76, 77, 83, 97, 109, 112, 118, 121, 123, 124, 149, 157, 161, 183, 192, 199, 212, 213, 220.
Champs (Adam des), clerc des Comptes, III, 190.
— (Gilles des), conseiller au Parlement, I, 147, 160, 165, 221, 304.
— (Gilles des), bailli de Meaux, I, 391; II, 27.
— (Jeannin des), son fils, II, 27.
— (Ymbert des), bourgeois de Paris, I, 224; III, 182.
Chancelier (démission de l'office de), II, 159.
Chancey (Richard de), président au Parlement, intervient comme bailli de Dijon dans un appel de Jean Moreau au Parlement de Paris, II, 156; est reçu en qualité de quatrième président au Par-

lement, II, 290 ; prononce les arrêts, II, 294 ; assiste aux séances du Parlement, II, 301, 314, 331, 332, 347, 358; III, 6, 11 ; fait partie d'une mission envoyée auprès du duc de Bedford pour la question des gages du Parlement, II, 309 ; reçoit des décharges sur le receveur des aides de Langres, II, 315 ; est désigné pour conférer avec l'échevinage de Paris, II, 316 ; somme en dépôt remise sur son rapport au receveur de Paris, II, 321 ; est chargé de délibérer au sujet des lettres que le Parlement se propose d'envoyer à la cour de Rome, II, 334 ; chargé d'aviser aux résolutions à prendre en vue de l'arrivée prochaine du roi d'Angleterre, II, 340 ; chargé de faire des représentations au roi au sujet de l'exercice de la justice, II, 342 ; chargé d'accorder des plaideurs, II, 352 ; 357 ; assiste à une délibération relative au payement des gages arriérés, II, 364 ; prend part à une délibération décidant la prorogation du Parlement, III, 3 ; se rend auprès du Chancelier, revenu de Rouen à Paris, III, 15, 17 ; est envoyé à Rouen auprès du roi d'Angleterre pour la question des gages, III, 18-21; rend compte de sa mission, III, 22, 24 ; est nommé l'un des gouverneurs du collège de Beauvais, III, 29, 30 ; absent de Paris pour mission spéciale à lui confiée par le duc de Bourgogne, III, 44 ; chargé de recevoir le serment du bailli de Saint-Gengoux, III, 117, 133.

Chandelier (Jean Le), III, 120.

Change (exercice illicite par les orfèvres du), II, 232, 233.

Changeurs (procès entre les orfèvres de Paris et les), II, 232.

Chanteprime (Gaucher), commissaire pour le fait des emprunts du roi, I, 41.

— (Guillaume), maître des Requêtes de l'Hôtel, I, 15, 26, 52, 117, 121 ; II, 218.

— (J.), avocat au Parlement, I, 36.

— (Jean et Érard, dits), frères, II, 214.

Chantilly (Jacqueline Paynel, dame de), II, 129.

Chapelle Saint-Denis (la). Réception de Henri VI, roi d'Angleterre, III, 25 ; réception des duc de Bourgogne et comte de Richemont, II, 107.

Chapons exigés des sergents du Châtelet par les clercs de la prévôté, II, 86, 87, 97, 163.

Chappelain (J.), I, 185.

Chappelle (Jean de la), clerc des Comptes, II, 336, 337, 358, 362.

— (seigneur de la), III, 161.

Charenton (pont de), I, 168, 169, 278 ; III, 178, 181.

— (Mathieu ou Macé de), receveur des aides à Noyon, II, 206, 232, 240, 259, 300, 301, 305.

Charité (Étienne de la), notaire et secrétaire du roi, I, 210 ; II, 43.

Charlemagne, cité, III, 102.

Charles VI, roi de France, ordonne de recevoir le serment du seigneur de La Fayette, nouveau bailli de Rouen, I, 28 ; se propose de quitter Paris pour se porter au secours de Rouen, I, 186, 193 ; entend la messe à Notre-Dame, I, 192; reçoit à Saint-Pol l'Echevinage et le Parlement, I, 193, 194, 197 ; révoque le pouvoir de lieutenant général donné au Dauphin, I, 195 ; envoie une députation auprès du roi d'Angleterre, I, 198; quitte Paris avec la reine et le duc de Bourgogne, I, 202; fait publier l'arrière-ban, I, 203; donne pouvoir d'engager le Domaine, I, 210; une députation du Parlement se rend auprès de lui à Pontoise afin de secourir Rouen, I, 216, 218, 219, 224; le président de Morvilliers se propose d'aller le trouver à Pontoise, I, 226; nouvelle députation du Parlement envoyée auprès de lui à Beauvais, I, 227-229; envoyée à Lagny pour le prier de revenir à Paris, I, 230, 231, 236; reste à Provins et nomme le comte de Saint-Pol capitaine de Paris, I, 237, 243, 244; excuses qui doivent lui être présentées au sujet du choix d'un nouveau prévôt de Paris, I, 249; Andrieu de Valins est chargé de lui exposer la situation périlleuse de Paris, I, 252; exposé par Philippe de Morvilliers des efforts du roi pour rétablir la paix, I, 254, 255; lettres par lui adressées de Provins au Parlement, à l'Université et à l'Échevinage, I, 256; exposé du contenu de ces lettres, I, 257-261; réponse par écrit refusée par le Parlement, I, 262, 263; députation envoyée au nom du roi à Tanneguy du Châtel, I, 264; ses lettres au Parlement et à l'Échevinage apportées de Provins par Hue de Lannoy et Nicolas Rolin, I, 280, 284; une députation du Parlement se rend auprès de lui à Provins au sujet des négociations de paix, I, 287, 288; la réponse du roi est présentée par le président Rapiout, I, 289-293; envoi de lettres closes au comte de Saint-Pol pour contracter un emprunt sur la monnaie de Paris, I, 298; mission auprès du Dauphin, confiée par le roi à J. Branlart et P. Le Voyer, I, 300; faiblesse de la garnison de Paris par suite de l'absence du roi, I, 311; négociation de trêves avec le roi d'Angleterre par ses ambassadeurs, I, 331, 332; sa présence à Troyes en vue de la conclusion du traité, I, 340, 341; vœu pour son retour à Paris, I, 342; lecture de ses lettres closes demandant l'envoi à Troyes de conseillers du Parlement, I, 343; inconvénient de prendre aucune décision en son absence, I, 344; le Dauphin désavoué en vertu de lettres royaux, I, 346; narré des lettres annonçant la conclusion du traité de Troyes, I, 355-362, 366-369; remis en possession de Sens, I, 369; lettres par lui envoyées de Sens au Parlement, I, 374; sa présence à Corbeil, I, 383, 389; Philippe de Morvilliers dépêché auprès de lui, I, 386; il établit son logis au château du Bois de Vincennes, II, 21, 49; reddition du marché de Meaux assiégé par lui et par le roi d'Angleterre, II, 44; procession à Sainte-Catherine-du-Val-des-Écoliers pour sa santé, II, 53; revient du Bois de Vincennes et de Senlis en l'hôtel de Saint-Pol, II, 58; y décède d'une fièvre quarte, II, 59 : son exécution testamentaire, II, 60, 62; désignation de son successeur dans les lettres officielles, II, 66; ses obsèques, II, 67, 68, 71; Henri VI est proclamé son successeur par le duc de Bedford, II, 73; liste de ses officiers dressée au Parlement en vue de l'attribution des legs contenus dans son testament, II, 80-82, 84, 87, 92; service célébré à Saint-Denis pour le repos de son âme, II, 110, 111; châtellenie de Brie-Comte-Robert attribuée à sa veuve, II, 130; privilèges par lui accordés à l'Université, II, 151; procès relatifs aux concessions de terres et bénéfices faites sous son règne, II, 174, 273; amortissements par lui interdits, III, 113; décès d'Isabeau de Bavière, sa veuve, III, 165, 167; elle est enterrée à Saint-Denis auprès de son mari, III, 167, 168.

Charles VII, roi de France, III, 193.

Charolais (comte de), fils du duc de Bourgogne, III, 152.

Charreton (J.), conseiller au Parlement, I, 4, 5, 20, 35; doyen de Saint-Germain-de-l'Auxerrois, I, 171.

Charron (Jean de Billy, dit Le), I, 284.

Charronne (Pierre de), plaideur, II, 150.

Charte normande, III, 124.

Chartres. Baillis : E. Després, I, 297; G. de Pourbail, I, 297; Nicolas Surreau, II, 1; Jean Le Baveux, II, 368.
— chapitre, II, 154.
— (doyen de), II, 77.
— (église de), prévôté de Normandie, II, 35.
— (évêché de), I, 271.
— évêques : Philippe de Boisgilloud, I, 16, 21; Jean de Fétigny, II, 284.
— garnison bourguignonne, I, 257, 258.
— (paix fourrée de), I, 290.
— (siège de), II, 19, 20.

Chartres (Hector de), maître de l'hôtel de Charles VI, I, 151.
— (Regnault de), archevêque de Reims, chancelier de Charles VII, II, 326.

Chasotes (P. de), procureur au Parlement, I, 37.
— (Pierre de), secrétaire du roi, clerc des commissaires réformateurs, I, 198.

Chassaigne (Hugues de), conseiller au Parlement, I, 141, 160, 182, 197.

Chasse (la). Forteresse sur les confins de l'Ile-de-France, II, 351.

Châsse (reliques de saint Cloud placées dans une nouvelle), II, 306.

Châsses de saint Marcel et de sainte Geneviève portées dans les processions, II, 282.

Chastel (Olivier du), sénéchal de Saintonge, capitaine de Saint-Jean-d'Angély, I, 167.

Chastellain (Jean Le), clerc d'Audry du Molin, bourgeois de Paris, I, 160, 163.

Chastellux (Claude de), seigneur de Beauvoir, I, 126, 132, 133, 165, 167, 171, 174, 240, 243, 256; II, 36.

Chastenier (Jean), secrétaire du Dauphin, I, 121, 122.

Châtel (Tanneguy du), prévôt de Paris, I, 16, 18, 19, 130, 253, 254, 264; II, 162.

Châtelet. Abbesse de l'abbaye de Saint-Antoine y incarcérée, III, 65.
— abus et excès des clercs de la prévôté, II, 109, 110.
— appointements (enregistrement des), II, 228.
— auditeur (exercice de la profession d'avocat par un), II, 341.
— auditeurs (règlement pour les audiences des), II, 160, 161; (blâme infligé par le Parlement à des), II, 221, 354; (défenses de recevoir des dépôts faites aux), III, 7, 8.

Châtelet. Auditoire, I, 368, 369; II, 238, 239.
— auditoires d'en haut et d'en bas, II, 186.
— avocat praticien, nommé procureur général du Parlement, II, 39.
— avocat du roi, II, 52, 157.
— avocats (exactions des), II, 21.
— clerc civil de la prévôté, II, 86, 87, 229.
— (conseillers au), I, 232, 233; III, 166.
— continuation de causes, I, 357.
— criées, III, 4.
— (examinateur au), empiétements, I, 176; (examen de témoin pestiféré par un), II, 22; suspendu de son office, II, 10.
— examinateurs, I, 355, 371; II, 21.
— fripières étalagistes (poursuites exercées contre les), II, 359, 360.
— (gens du roi au), I, 203, 355, 371; II, 21.
— (geôle et geôliers du Grand et du Petit), II, 164, 344.
— geôle (clerc de la), II, 250.
— greffe civil et criminel, III, 118.
— langage arrogant d'un huissier du Parlement, II, 248.
— lettres du duc de Bourgogne y publiées, II, 102.
— lieutenant civil (enquête sur l'exercice de l'office de), II, 271; (négligence du), II, 247.
— (massacre des Armagnacs au Grand et au Petit), I, 150-152.
— notaires, II, 226.
— (officiers du), I, 177, 201, 323, 347, 349, 354, 355; II, 21, 157-159, 175, 176; III, 8, 118, 182, 186, 187.
— ordonnances, II, 21, 157-159, 175-177, 215; ordonnances (inobservation des), II, 247, 248, 354; y publiées, I, 115; II, 18, 19.
Châtelet. Prévôt de Paris installé par le premier président du Parlement, I, 247.
— prisonniers, I, 20, 26, 218, 274, 333; II, 43, 50, 78, 98, 109, 154, 170, 185, 339, 353; III, 130.
— procureur du roi (action de l'Université contre le), II, 152.
— procureurs (présence requise des), II, 161; (règlement pour les 40), II, 186, 255.
— publication y faite, II, 113, 177, 215.
— registre d'écrou, III, 117.
— registre des serches, II, 250.
— sergent (visite des boulangers par un boulanger assisté d'un), III, 7.
— sergent à verge (conseiller du Parlement injurié par un), II, 16; en défaut emprisonné par ordre du Parlement, III, 160.
— sergents (exactions commises par des), II, 11; (exactions au préjudice des), II, 86, 87, 97, 163; (obligation de se marier imposée aux), II, 215.
— style usité, III, 119.
— tableaux des nouvelles ordonnances, II, 177.
— traité de Troyes y publié, I, 368.
— (transfèrement d'un chevalier de la Conciergerie au Grand), III, 185.
Châtelier (Jacques du), évêque de Paris, II, 219, 234, 235.
Châtillon. Abbé : Hugues de Noyers, II, 286, 319.
— (Guillaume, seigneur de), II, 116, 277.
— (Jean de), maître ès arts et en théologie, I, 68, 79, 106.

TABLE ALPHABÉTIQUE. 225

Chauffecire (Thibaut), III. 192.
Chauffour (le), moulin, II, 362.
Chaumont (Jean de), notaire de la Chancellerie, III, 192.
Chaussée (Pierre), libraire de l'Université de Paris, II, 152.
Chef de saint Denis (reliquaire du), II, 113, 117.
Chef-d'œuvre pour la réception des maitres orfèvres, II, 305.
Chehaigne (Guillaume de), maitre de l'Hôtel-Dieu de Saint-Gervais, II, 180.
Chemins (insécurité des), II, 283.
Chenau (Pierre), procureur au Parlement, III, 194.
Cherté de la main-d'œuvre à Paris, II, 109; des vivres à Paris, I, 184-187, 206, 207; II, 109; III, 166.
Chevalier (Raoul), abbé de Saint-Martin-d'Auchy, III, 91.
Chevalier du guet (exercice de l'office de), II, 253.
Chevenon (Bernard de), évêque de Beauvais, I, 142, 179; II, 22.
— (Jean, seigneur de), capitaine du château de Vincennes, I, 179.
Chevreuse (Jean, sire de), chevalier, I, 240, 243.
— (dame de), I, 316.
Chevry (Jean de), chevalier, bailli de Vitry, II, 88, 89, 147.
Choart (Jean), examinateur au Châtelet, lieutenant du prévôt de Paris, I, 144, 242; bailli de Meaux, II, 43; procureur du roi au Châtelet, III, 166, 180, 182.
Chouat (P. Le), avocat au Parlement, I, 36; conseiller au Parlement, I, 142, 145, 160, 197.
Chuffart (Jean), chanoine et chancelier de Notre-Dame, II, 319.
Chypre (drap d'or de), II, 117.
Cicéron (citation empruntée au livre 1er des Offices de), II, 328.
Cimetière (Pierre du), II, 102.
Cirasse ou Cyrace (Guillaume), prévôt des marchands de Paris, I, 51, 117, 125.
Cité de Dieu de Saint-Augustin (citation du livre V de la), II, 329.
Clamecy (Gilles de), conseiller au Parlement, I, 24, 42, 45; maitre en la Chambre des comptes, I, 185, 187, 227, 232, 235, 243, 245-247, 249; III, 27; prévôt de Paris, I, 246, 247, 249, 264, 323, 324; III, 80, 105, 121, 148, 156, 177-179, 182, 185, 186, 190.
Clamenges (Nicolas de), chantre de Bayeux, II, 35.
Clarence (Thomas de Lancastre, duc de), I, 312, 365, 367; II, 14.
— (Marguerite Holland, duchesse de), I, 365, 367.
Claustre (G.), avocat au Parlement, I, 36, 117, 120.
— (Michel), conseiller au Parlement, I, 328; II, 150, 249, 324; III, 145, 146, 176, 179, 190, 196.
Clément VII, pape, I, 84.
Clepier (O.), avocat au Parlement, I, 36.
Clerc (Guillaume Le), maitre en la Chambre des comptes, I, 4, 6, 13, 14, 16, 18, 54, 59, 74, 106, 117, 121, 122, 227, 243, 245, 249, 274; général des finances, I, 321, 326, 332, 349.
— (Jean Le), maitre des Requêtes de l'Hôtel, puis chancelier de France: est institué maitre des Requêtes de l'Hôtel, I, 143; assiste à une séance du Parlement au sujet de la demande de révocation

de l'ordonnance sur les libertés de l'Église, I, 145; assiste à une délibération touchant le don du duché d'Auvergne au duc de Bourbon, I, 160; prend part à une délibération relative à un emprunt du roi sur la monnaie de Paris, I, 197; expose les négociations préparatoires du traité de Troyes, I, 358, 359, 361; est envoyé à Pontoise auprès du roi d'Angleterre, I, 362; est nommé chancelier de France, I, 375; apporte la nouvelle de la reddition de Melun, I, 387; tient le Parlement, I, 388; II, 32, 72; démarche du Parlement auprès de lui au sujet de la collation des bénéfices, II, 6; charge les lieutenants du prévôt de Paris d'occuper le siège vacant par le décès de Jean du Mesnil, II, 11; participe au jugement des prisonniers de Melun, II, 12; se rend auprès du roi d'Angleterre au siège de Meaux, II, 35; correction de lettres à son adresse nommant Simon de Champluisant prévôt de Paris, II, 37; apporte lettres du roi d'Angleterre annonçant l'attaque du sire d'Offemont contre Meaux, II, 39, 40; rapporte l'avis émis par le même roi dans la question des libertés de l'Église gallicane, II, 40, 41; est chargé de pourvoir le conseiller Philippe Le Bègue d'un poste convenable, II, 48; vient au Conseil tenu par le roi d'Angleterre en l'hôtel de Nesle, II, 51; confère une sergenterie en la prévôté de Vimeu, II, 58; règle la question de l'exécution testamentaire de Charles VI et de l'inventaire de son mobilier, II, 59-61; fait lire une ordonnance du Grand Conseil réglant l'ordre de succession au trône, II, 65-67; préside au serment d'observer le traité de Troyes prêté en présence du duc de Bedford, II, 73-75; est requis par le Parlement d'entretenir le duc de Bedford de la question de ses gages, II, 76; le Parlement lui signifie sa résolution de cesser ses séances, II, 77; enjoint aux présidents et conseillers de faire sceller de nouvelles lettres de leurs offices, II, 80; ordonne de préparer une lettre au sujet des legs aux officiers de Charles VI, II, 81; fait difficulté pour relever des appellations au Parlement, II, 92; vient au Parlement pour conseiller un arrêt au criminel, II, 98; demande l'avis de la Cour au sujet de lettres présentées par l'échevinage d'Amiens, II, 102-104; assiste au service célébré à Saint-Denis pour Charles VI, II, 110; délibère un arrêt de mainmise du temporel de l'abbaye de Saint-Denis, II, 112; assiste à la séance de rentrée du Parlement, en 1423, II, 111; en 1424, II, 149; en 1432, II, 73; en 1433, III, 110; en 1434, III, 137; exprime au Parlement le mécontentement du duc de Bedford, II, 127; porte la parole dans l'assemblée convoquée au Palais par le duc de Bedford, II, 144, 145; transmet une cédule sur les abus en cour de Rome, II, 148; prend la défense du procureur du roi au Châtelet contre l'Université, II, 153; donne sa démission de l'office de chancelier, II, 158, 159; assiste à la séance du Parlement présidée par le roi d'Angleterre, III, 27; présent à la réception d'un appel de l'Université de Paris contre le bailli de Rouen, II, 93; assiste à la publication de lettres touchant la collation des bénéfices, II, 105; assiste au jugement d'un procès entre l'hôpital Saint-Antoine et l'église du Sépulcre, III, 121; participe à la délibération de la Cour sur des lettres royaux autorisant les amortissements, III, 149; est en procès avec les tuteurs des enfants de feu Philippe de Corbie, III, 157-159; est convoqué à l'assemblée tenue en 1436 pour veiller à la sûreté de Paris, III, 177, 179; est chargé d'une mission auprès du roi d'Angleterre, III, 181; assiste à la lecture de la minute de lettres à l'adresse du duc de Bourgogne, III, 182; prête de nouveau serment en qualité de membre du Grand Conseil, III, 190.

Clerc (Jean Le), avocat en Parlement, III, 191.
— (Jean Le), notaire de la Chancellerie, III, 192.
— (Renaud Le), huissier du Parlement, I, 329, 330.

Clergé (impôt sur le), I, 25; (réforme des mœurs du), III, 34.

Clermont (Charles de Bourbon, comte de), sénéchal de Carcassonne, I, 173, 174, 272, 273.

Clermont (Martin Gouge de Charpaigne, évêque de), I, 16, 18, 53-55, 106.

Cliquarts, monnaies d'or flamandes, II, 245.

Clouet (Geoffroy), suicidé, III, 49.

Clugny (Jean de), conseiller au Parlement, I, 147.

Cluny (procureur de), III, 129; (vicaire de), II, 324.

Cochet (Pierre), procureur au Parlement, III, 191.

Codard (Perrenet), serviteur de Charles VI, II, 85.

Coesmerel (Tanguy de), prisonnier de Melun, condamné à être écartelé, II, 13.

Cogier (Michel), plaideur, II, 150.

Cohem (Jean de Berghes, seigneur de), grand veneur de France, maître des Eaux et Forêts, I, 138, 139.

Coignet (Jean), général des finances, I, 16, 55.

Coincy (prieur de), II, 324.

Cointin (Jean) ou Quentin, II, 237, 238.

Col (Gontier), secrétaire du roi, I, 59, 60, 79.

Coleau (Étienne), curé de l'église des Innocents à Paris, III, 109.

Coletier (Jean), examinateur au Châtelet de Paris, II, 324.

Combes (Jean de), procureur au Parlement, I, 36, 117, 138.

Combourg (Geoffroy de Malestroit, seigneur de), II, 54.

Comines (Jean, seigneur de), chambellan du duc de Bourgogne, II, 101, 352.

Commissaires sur le fait des conspirations, II, 91.
— sur le fait des confiscations et forfaitures, I, 494; III, 158, 159.
— sur le fait de la police de Paris, I, 226, 227, 232, 233, 238, 239, 242, 245, 246, 248-250, 275, 276, 279, 326.
— sur le fait de la réformation, I, 198, 202, 211, 336, 337, 371, 372.

Compans (Jean de), changeur, I, 221, 227, 242.

Compasseur (O. Le), procureur au Parlement, I, 36, 44.

Compère (Thomas), Anglais, II, 283.

Compiègne. Abbaye de Saint-

Corneille, II, 228; abbé de Saint-Corneille, I, 59, 68.
Compiègne (bœufs amenés au marché de), II, 54.
— négociations y projetées, I, 21.
— reddition aux Anglais, II, 51.
— capture de la Pucelle sous les murs de cette place, II, 343; III, 13.
Comptes de l'Hôtel-Dieu de Saint-Gervais, II, 132.
— du receveur des aides de Noyon (reddition des), II, 300, 301.
Comtaut (J.), bourgeois de Paris, I, 117.
Conan (Jean), prêtre, détenu en la Conciergerie, II, 338.
Concile de Bâle, III, 33-35, 45-48, 52, 94, 106, 134.
— de Constance, I, 49, 67, 75, 83, 85, 89, 91, 101, 102, 107, 112, 115, 116; II, 202; III, 66, 67.
— de Pavie, II, 115.
Condette (Alard de), clerc de notaire du Parlement, I, 37; huissier du Parlement, II, 254, 269.
Confiscations (gages du Parlement assignés sur les), I, 356, 369.
Conflans-Sainte-Honorine (Seine-et-Oise) (passage du duc de Bourgogne à), I, 168.
— péage, II, 258.
Conspirations contre les Anglais (découverte de), II, 336, 337; III, 65.
Constance (concile de), I, 49, 67, 75, 83, 85, 89, 91, 101, 102, 107, 112, 115, 116; II, 202; III, 66, 67.
Constantinople (Jean de la Rochetaillée, patriarche de), II, 72.
Contesse (Étienne), notaire au Châtelet de Paris, II, 169.
Contribution de guerre levée à Paris, I, 57, 235, 268, 334, 335; II, 321.
Conty (Colart de Mailly, seigneur de), II, 281.
Copin de Zélande, taillandier, I, 273, 274.
Coq (Girard Le), avocat au Parlement, I, 36, 294; II, 3-5; III, 179, 182, 191; bailli de l'abbaye de Saint-Denis, II, 118.
— (Guillaume Zeman dit), III, 120.
— (Hugues Le), conseiller au Parlement, I, 15, 20, 78, 142, 145, 187, 207, 221, 231, 320; II, 316, 352, 358, 362, 364, 366-370; III, 8, 31, 70, 75, 77, 94, 108, 137; prévôt des marchands, III, 176, 180, 182, 192.
Coquillain (J.), conseiller au Parlement, II, 249, 309.
Corbeil (ambassade de Philippe de Morvilliers à), I, 386.
— séjour du duc de Bedford, II, 313; séjour du duc de Bourgogne, I, 306, 307; séjour de Charles VI, I, 383; séjour d'Isabeau de Bavière et de Catherine de France, I, 389; séjour de Henri V, roi d'Angleterre, II, 56.
— conférence y proposée par le duc de Bedford, III, 43, 50.
— capitaine anglo-bourguignon (Ferrières), III, 181.
— prieur, II, 319.
Corbie (Arnaud de), chancelier de France, I, 138, 139; II, 60.
— (Jean de), évêque de Mende, I, 139.
— (Philippe de), maître des Requêtes de l'Hôtel, I, 57, 78, 106; III, 157, 158; Jeanne Chanteprime, sa femme, III, 158; Arnaude et Guillaume, ses enfants, III, 157, 158.
Corbye (Huet de), III, 192.

Cordelier prisonnier (calice trouvé sur un), III, 126.
— (transport à l'Hôtel-Dieu de Paris d'un), II, 267.
Cordeliers (enquête sur la vie désordonnée de), II, 217.
Cordier (Gilles), député de l'Université de Paris, II. 287.
— (P.), bourgeois de Paris, I, 227.
Corgne (Henri Le), dit de Marle, chancelier de France, I, 137.
Cormeilles (Thomas de), procureur au Parlement, I, 37.
Cornays (Guillaume), III, 65.
Cornes (Guillaume), avocat au Parlement, III, 191.
Correl (Oudard), procureur au Parlement, I, 37, 138.
Cortilz (Philippe des), avocat au Parlement, I, 36.
Cosson (G.), procureur au Parlement, I, 37.
Costion (Robin du Coste, dit), habitant d'Évreux, III, 62.
Cotentin. Baillis : Nicolas Bourdet, II, 190; Jean de Harpeley, II, 190.
Coterel (Jaquot), visiteur des monnaies à Tournai, I, 13.
Cothereau (Robert), procureur au Parlement, I, 36, 375; III, 183, 191; procureur des habitants de Nemours, II, 221.
Cotin (André), avocat, I, 26; avocat du roi au Parlement, I, 36.
— (Guillaume), licencié en droit canon et civil, I, 2; conseiller au Parlement, I, 15, 35, 43, 78, 96, 120, 142, 145, 231, 299, 313, 346, 380, 391; II, 23, 63, 120, 121, 129, 158, 162, 177, 187, 199, 203, 217, 224, 228, 249, 269, 270, 272, 275, 286, 288, 290, 300, 329, 331, 334, 340, 357; III, 4, 7, 12, 15, 17, 18, 24, 32, 35, 36, 41, 44, 60, 68, 70, 73, 77, 97, 108, 112, 117, 121, 137, 144, 149, 151, 154, 155, 162, 170, 172, 173, 176, 183, 190, 196, 197, 198; gouverneur du collège de Beauvais, III, 29, 30.
Coullart (Tassin), II, 237, 238.
Coulompne (cardinal de la), lire Colonna (Eudes), I, 82.
Coulon (J.), bourgeois de Paris, I, 117, 194.
Coulons (Regnault de), II, 60. 266.
Courcelles (Jean de), II, 9, 12, 60, 65, 147, 178, 187, 217, 284; III, 27, 148, 190.
Courel (Évrard), religieux de Fécamp, II, 94.
Courses des gens de guerre autour de Paris, I, 282, 311, 312; II, 279, 318, 324; III, 168.
Courtableau (Guillemin), couturier, II, 308, 309.
Courtecuisse (Jean), docteur en théologie, aumônier de Charles VI, I, 183; évêque de Paris, II, 24.
Courtevache (André), maitre en la Chambre des comptes, II, 300.
Courtiamble (Jacques de), chevalier, I, 142; membre du Grand Conseil, II, 37.
Courtin (Pierre), auditeur au Châtelet, II, 341, 353, 354.
Courtois (Mahieu), conseiller au Parlement, I, 386; II, 158, 249; III, 31, 77, 97, 117, 177, 179, 188, 190, 196.
— (Robinet), huissier du Trésor, III, 137, 139, 191.
— (Simon), conseiller au Parlement, II, 38, 249.
Cousinot (Guillaume), chancelier du duc d'Orléans, I, 16, 59, 68.
Cousseau (G.), procureur au Parlement, I, 37.
Coustel (Guy), official de Paris, II, 108.
Coustellier (Jean Lefèvre, dit), prisonnier au Châtelet, I. 26.

Coutances. Évêques : Jean de Marle, I, 44, 59, 127, 134, 137 ; Pandolfe de Malatesta, II, 51 ; Philibert de Montjeu, II, 149, 210, 213, 217, 234, 284.
Coutume de la prévôté de Paris au sujet du payement des rentes, III, 119.
Cramery (Jacques de), ou Cremery (Jacquet de), huissier du Parlement, I, 36, 147, 316, 330 ; III, 137, 139, 193.
Cramoel (Raoul), premier chambellan du roi d'Angleterre, III, 27.
Crannes (Guillaume de), bailli d'Évreux, I, 173.
Crasset (Étienne), lire Grasset, maître des Requêtes de l'Hôtel, I, 239, 297.
Cravant (bataille de), II, 105, 106.
Creil (Oise). Séjour de Charles VI et de son conseil, I, 57, 67, 75, 80, 107, 112, 113, 119 ; départ de Charles VI, I, 120.
— (P. de), suppôt de l'Université de Paris, II, 153.
Crepon (Jean de), I, 375.
Crespy (Guillemot de), barbier de Charles VI, II, 85.
Creté (J.), maître en la Chambre des comptes, II, 60.
Criées des biens de Philippe de Corbie, massacré en 1418, III, 158.
Crochet (Gilet), meunier à Paris, I, 377, 378.
Crois ou Creux (Jean du), bourgeois de Paris, I, 221 ; III, 60, 61, 92.
— (Thomas de la), bourgeois de Paris, I, 294.
Croix (J. de la), maître en la Chambre des comptes, I, 4, 6.
Croix (ostension au peuple de la vraie), par le duc de Bedford, II, 128.
— de Saint-André, insigne du parti bourguignon, I, 128 ; (Parisiens arborant la), I, 318.
Croquet (B. du), conseiller au Parlement, II, 150.
— (Gérardin du), prisonnier rendu à l'évêque de Tournai, I, 8.
— (Lucien du), conseiller au Parlement, I, 142, 145 ; II, 333, 358, 362 ; III, 55, 70, 137, 179, 190, 196.
Crotoy (reddition aux Anglais de la ville et du château du), II, 122.
Croy (Jean de), chambellan du duc de Bourgogne, III, 147.
Cuer (Nicole), exécuteur testamentaire de Nicolas Viaud, évêque de Limoges, I, 311.
Culant (Louis de), bailli de Melun, I, 43.
Culdoe (Charles), ancien prévôt des marchands, I, 153.
— (Louis), maître général des monnaies, I, 313-315.

D

Dalbeuf (J.), bourgeois de Paris, I, 117.
Dammartin (Bureau de), changeur, I, 73, 74 ; trésorier de France, I, 16.
Dampierre (Jean de), mercier au Palais, II, 302 ; échevin de Paris, III, 180, 192.
Dancre (Mahieu), huissier du Parlement, III, 191.
Danisy (J.), procureur au Parlement, I, 37.
Dardenay (Étienne), procureur au Parlement, I, 37.
Daron (Pierre), procureur de la ville de Rouen, II, 211.
Dauphin (le) (Charles), fils de Charles VI. Le Parlement lui renvoie des ordonnances sur la justice et le domaine royal, I, 4 ; prisonnier délivré à la requête de son pro-

cureur, I, 9; lecture de lettres lui donnant les duché de Berry et comté de Poitou, I, 18; dépense de son hôtel, I, 25; avis demandé au Parlement par un maitre des requêtes de son hôtel sur les entreprises du roi de Piémont, I, 26, 27; manifeste du duc de Bourgogne à examiner par le Grand Conseil en sa présence, I, 30; lettres sur les libertés de l'Église de France et du Dauphiné à passer en sa présence, I, 49; apaisement des discordes soumis à son appréciation, I, 53; tient conseil au Parlement au sujet de l'élection du pape Martin V et des libertés de l'Église, I, 60-64; reçoit lettres du roi sur cette matière, I, 67; ordonne l'arrestation de maitres de l'Université, I, 67; tenue d'un conseil par ses ordres au sujet des libertés de l'Église, I, 68, 69; démarches de l'Université auprès de lui pour la mise en liberté de ses suppôts prisonniers, I, 70, 71, 75, 76; vient au Parlement et entend la lecture d'avis touchant le gouvernement du royaume et l'élection du pape, I, 78-81, 93, 95, 104, 105; assiste à un conseil au sujet des exactions des officiers du pape, I, 98; envoie au Conseil du roi à Creil un double des avis touchant les libertés de l'Église, I, 107; envoie par son secrétaire les ordonnances faites à ce sujet, I, 112, 113; grand conseil tenu en sa présence, I, 114; présentation par Louis de Flisco des bulles concernant l'élection du pape Martin V, I, 115; fait réunir un conseil pour délibérer sur les propositions de paix du duc de Bourgogne, I, 119; demande l'enregistrement des lettres d'amortissement des étaux de la boucherie de Beauvais, I, 122; doit présider le Grand Conseil pour entendre l'objet de la mission du cardinal de Saint-Marc, I, 124; adhère à la révocation des pouvoirs des réformateurs, I, 125; arrestation de ses officiers lors de l'entrée des Bourguignons, I, 126; dessein de lui dépêcher à Melun une députation pour l'engager à revenir à Paris, I, 133; conseillers du Parlement envoyés auprès de lui en vue de la paix, I, 135; négociations avec ses conseillers ouvertes à Charenton et au château du Bois de Vincennes, I, 169, 170; révocation des pouvoirs de lieutenant général à lui conférés, I, 194, 195; avantage du séjour du roi à Provins pour les négociations engagées avec lui, I, 237, 238; intercession du comte de Vertus, l'un de ses partisans, désirée, I, 249; opposition de Tanneguy du Châtel et d'autres capitaines du Dauphin à la conclusion de la paix, I, 253-255; députés envoyés auprès de ces capitaines, I, 264; lettres à l'adresse de l'Échevinage apportées par l'un de ses hérauts d'armes, I, 268, 269, 277; conclusion de trêves entre ses ambassadeurs et ceux du roi d'Angleterre, I, 270; protestations du Parlement contre la régence qu'il s'attribue, I, 278, 292; tentative de ses partisans contre le pont de Charenton, I, 278; sommation à ses gens, I, 281; lecture de ses lettres closes avec sauf-conduit à l'Échevinage qui insiste pour la conclusion de trêves, I, 287, 288; ses conseillers hostiles à tout accord avec le duc de Bourgogne, I, 290-292; publication des trêves conclues entre ses partisans et ceux du duc de Bourgogne, I, 299, 300; conclusion du traité avec le duc de Bourgogne, I, 306-308; constatation de son absence de Paris, I, 314; assassinat du duc de Bourgogne sur le pont de Montereau par ses partisans, I, 316-318, 361; départ de conseillers et huissiers du Parlement pour faire partie de son Parlement à Poitiers, I, 328-330; lettres de Charles VI le désavouant, I, 346, 361; reddition de Sens aux Anglais par la garnison du Dauphin, I, 370; victoire de Baugé par ses gens de guerre, II, 14; dessein de lui livrer Paris imputé à Jean de Villiers, sire de l'Isle-Adam, II, 17; ses gens assiègent Chartres, II, 19, 20; sont assiégés à Meaux, II, 28, 42; est déchu de ses droits au trône, II, 73; ses gens rendent le Crotoy au duc de Bedford, II, 122; fausse nouvelle du meurtre du dauphin d'Auvergne par Tanneguy du Châtel en sa présence, II, 162; prise de la bastille des Tourelles à Orléans par ses gens d'armes, II, 307; prise de Jargeau par les mêmes, II, 312. Voir Charles VII.

Dauphiné, I, 27, 48, 50, 64, 68, 69, 72, 81, 85, 86-95, 97-105, 107, 109-112, 114, 145, 156, 265, 285; II, 196.

Dauvillier (Jean), premier huissier du Parlement, I, 7, 35, 42, 143, 147, 354; II, 32.

David (Guillaume), procureur au Parlement, III, 183, 194.

Delamare (Thomas), religieux augustin, I, 264.

Delebecque (Olivier), député de la ville d'Ypres, II, 132, 135, 171, 173.

Delenuffle (Liévin), conseiller et avocat de l'Echevinage de Gand, II, 296.

Delorme (Jean), prêtre, II, 330.
— (Lambin), sergent du Châtelet, II, 238.

Delsy (J.), membre d'un Conseil de la ville de Paris, I, 221.

Démolition du château de Diant, II, 288; de la forteresse de la Queue-en-Brie, II, 368.

Démolitions de maisons tombant en ruine à Paris, II, 236, 250.

Denrées (taxe des), II, 27.

Dénûment des prisonniers de la Conciergerie du Palais, III, 183.

Dépens excessifs taxés au Châtelet, II, 221.

Dépôt de trois mille écus d'or en l'abbaye de Saint-Denis de Reims, II, 266, 276.

Dépôts (défenses aux auditeurs du Châtelet de recevoir des), III, 8, 9.

Déprédations du bailli de Vermandois, II, 192.

Derian (Martin), secrétaire du Roi, I, 122.

Derot (Guillaume), III, 186.

Desbert (P.), suppôt de l'Université de Paris, II, 153.

Desguez (Denis), huissier du Parlement, II, 131.

Despiés (G.), procureur au Parlement, I, 36.

Després (Etienne), écuyer, bailli de Chartres, I, 296, 297.

Destorbes (Barthélemy), procureur au Parlement, I, 36, 184, 247, 386; II, 151.

Deudin (Pierre), prisonnier en la Conciergerie du Palais, I, 9.

Diant (Seine-et-Marne). Château (démolition du), II, 288.

Dicquemue (Louis de), député de la ville d'Ypres, II, 132, 135.

TABLE ALPHABÉTIQUE.

Dicy (Hue de), conseiller au Parlement, I, 15, 35, 78, 142, 145, 216, 220, 227, 228, 231, 299; II, 23, 111, 132, 187, 199, 217, 249, 252, 272, 281, 290, 309; III, 4, 32, 70, 112, 137, 176, 179, 190, 198.
Dieulesache (G.), procureur au Parlement, I, 37.
Dijon (habitants de), II, 156.
Dîner offert par l'évêque de Paris pour sa consécration, II, 234.
— des funérailles de la duchesse de Bedford, III, 80, 81.
— des nouveaux docteurs en décret, II, 207.
— d'apparat pour la réception de quatre docteurs en décret, II, 280.
— traditionnel des notaires du roi, II, 174, 175.
Dionis (H.), avocat au Parlement, I, 36, 147.
Dôle, École de droit, III, 111.
— (Jean) ou Doule, avocat au Parlement, I, 36; maître des Requêtes de l'Hôtel, II, 12; gouverneur des finances, II, 26.
Domaine royal (amortissements préjudiciables au), III, 113.
— (engagement du), I, 210.
Dominique (G.), procureur au Parlement, I, 36.
Domremi (Jean de), médecin et chirurgien, II, 223, 224.
Dons de terres en Normandie (causes relatives aux), II, 273.
Dorches (J.), II, 319.
Doriac (Regnaudin), maître de la Chambre aux deniers de Charles VI, II, 60, 62, 82; maître des Comptes, trésorier général des finances, II, 229 ; maître en la Chambre des comptes, III, 75, 179, 190.
Doriot (Arnoul), bachelier en décret, III, 162.
Douaire (procès en réclamation de), II, 258.
— de la veuve d'un conspira-teur exécuté (règlement du), II, 358, 362.
Doubles tournois (cours des), II, 108, 109; à la fleur de lis couronnée (frappe de), II, 31.
Doulxsire (Jean), clerc civil de la Prévôté de Paris, II, 86, 87, 229, 236.
Doulzmesnil (J. de), I, 54, 59, 106.
Dourdin (Raoul), échevin de Paris, III, 180, 182.
Dourdrets, monnaies d'or bourguignonnes, II, 245, 250.
Douzonville (Mathelin de), II, 281.
Doyen (Dreux), régent de la Faculté de médecine, I, 96; II, 168.
Drac (Philippe du), avocat au Parlement, III, 191; conseiller au Châtelet, II, 219.
Drapiers de Paris (procès des fripiers contre les), III, 7, 9.
Draps neufs (défenses aux fripiers d'ouvrer de), III, 9.
Drobille (Pierre), procureur au Parlement, I, 37 ; II, 48.
Droit coutumier (Normandie régie par le), III, 111.
Drouart (G.), avocat du roi au Châtelet, II, 21.
— (Guillaume), marchand de bois de chauffage, I, 222, 223.
Dru (Jean Le), dit de Noyon, sergent des Requêtes du Palais, II, 352.
Drujon (Guillaume), I, 375, 376.
Druy (Hugues de), II, 266.
Dubois (Jean), greffier criminel et receveur des assignations des gages du Parlement, I, 247.
Duc (Guillaume Le), conseiller au Parlement, I, 15, 20, 35, 43, 78, 227, 320; II, 111, 129, 162, 187, 333, 366, 370, 371 ; président au Parlement, III 40, 41, 44, 49, 69, 72, 73, 80, 81, 105, 109, 110, 112, 117, 119-121.
— (Jean Le), conseiller aux

Requêtes du Palais, III, 93, 120, 179, 190, 196; conseiller en la Chambre du Trésor, III, 184.
Duhamel (Jacques), panetier de l'abbaye de Saint-Denis, II, 118.
Duquesne (Thomas), messager, I, 364.
Durdre (Thomas), procureur au Parlement, III, 191.
Durey (Laurent), lire Duroy, conseiller au Parlement, I, 142, 146, 197.
Dyerre [d'Yerres] (Pierre), chanoine du Palais, curé de Saint-André-des-Arts, I, 66, 68, 106.
Dyespay (Nicolas), marchand de Berne, II, 241.
Dynadam (Jean de Rius, dit), bourgeois de Paris, II, 319.

E

Écartelés (conspirateurs), II, 337; (prisonniers condamnés à être), II, 13.
Écoles de décret, II, 207, 208, 280; III, 111.
Écoliers du collège de Mignon (vaisselle réclamée par les), II, 3.
— de l'Université de Paris (faux), II, 244.
— théologiens du collège de Lisieux, II, 347, 348, 350.
Écossais, contingent de cette nation à la bataille de Cravant, II, 104; à la bataille de Verneuil, II, 141.
Écosse (rois d'), voir Jacques Ier.
Église (villageois réfugiés et habitant dans une), II, 356.
— de France (Conseil de l'), II, 196, 201.
— (libertés de l'), I, 47-50, 64, 68, 69, 72, 75, 81, 85, 89, 91, 102, 107-109, 114, 145, 156, 258, 261, 265-267, 270, 281, 283, 285, 286, 288, 309, 339; II, 6, 35, 40, 41, 135, 144, 146, 148, 176, 184, 196, 198, 201-203, 353; III, 67, 100-102, 106, 121.
Église (procureur de l'), III, 67, 95, 96, 99.
Églises de France (cessation du service divin dans les), II, 144.
Elbeuf (Jean d'), marchand à Paris, I, 227; II, 345.
Élection du chancelier de France, I, 374, 375; II, 158, 159; de l'évêque de Beauvais (confirmation de l'), I, 373; d'un président de la Chambre des Enquêtes, I, 448, 449; du prévôt de Paris par le Parlement, I, 246, 261, 323, 324.
Emery (G.), conseiller au Parlement, I, 35, 42, 43, 78, 227, 273; II, 109, 150, 249, 333; III, 70.
— (P.), bourgeois de Paris, I, 117.
Émotion populaire à Paris, II, 18.
Empoisonnement des ducs de Guyenne et de Touraine (prétendu), I, 32.
Enfant phénoménal (naissance à Aubervilliers d'un), II, 310, 311.
— (naissance à Castelnaudary d'un), II, 311.
Enquête au sujet de l'église de Saint-Séverin, II, 160; pour Jacqueline Paynel, dame de Chantilly, II, 129; sur les abus et excès au Châtelet, II, 110; sur l'administration de l'abbaye de Saint-Denis, II, 274; sur la descendance de Philippe de Corbie, III, 157, 158; sur la divulgation de délibérations du Parlement, II, 195; sur des dispositions testamentaires, II, 269; sur les exactions des procureurs, II, 158; sur l'exercice de l'office de lieutenant civil du Châtelet, II, 271; sur la gestion de l'Hôtel-Dieu de Saint-

TABLE ALPHABÉTIQUE. 235

Gervais, II, 132; sur la mort de la duchesse de Bourgogne, II, 101; sur les propos outrageants tenus par le lieutenant civil de la Prévôté, II, 248; sur les usages des ouvriers et monnoyers du serment de l'Empire, II, 355; sur la vie désordonnée de certains Cordeliers, II, 217, 218.

Enquête de *commodo et incommodo* sur la visite du métier de ceinturier, II, 361.

— secrète dans un procès entre les drapiers et les fripiers de Paris, III, 7.

Enquêtes sur reproches et salvations (procédure pour les), II, 255, 256.

Entrée à Paris de Henri V, roi d'Angleterre, II, 19, 59; de Henri VI, roi d'Angleterre, II, 342, 345, 346; III, 21, 24-26; du cardinal d'Exeter, II, 316; du duc de Bedford, II, 142; des Bourguignons en 1418, I, 126; des Français en 1436, III, 193.

Épernay (Jean d'), receveur de Vermandois, II, 206, 289, 290.

Épernon (Andry d'), changeur, bourgeois de Paris, I, 117, 235, 239, 241, 294; trésorier des guerres, II, 277.

Épices (exactions des procureurs à l'occasion des), II, 158.

Épidémie à Paris, I, 175, 184, 188, 189; II, 20, 53; dans le diocèse de Sens, I, 373.

Épine (Guillaume de L'), huissier du Parlement, I, 14.

Épître de saint Paul aux Colossiens (citation empruntée à l'), III, 33.

Érart (Guillaume), docteur en théologie, II, 287; III, 69, 88, 90, 92, 101, 111, 115.

Ermenier (Guy), lire Armenier, docteur en lois, président au Parlement, I, 141.

Escarmoucheur (Jean l'), examinateur au Châtelet, II, 10.

Eschalas, sergent, II, 346.

Esclat (Pierre de l'), maître des Requêtes de l'Hôtel, I, 4, 5, 16, 44, 45, 47.

Espoisse (Nicolas de L'), greffier des présentations du Parlement, I, 35, 79, 162, 163, 170, 180, 242, 354, 355, 379.

Esquiens (Morard d'), bailli de Vermandois, I, 391.

Essarts (Antoine des), garde de l'Épargne, I, 358.

Essenceriis (P. de), lire Assenceriis, I, 107.

Estaignon (Bech d'), I, 10.

Estournel (Jean), III, 97.

Estouteville (Guillaume d'), évêque de Lisieux, II, 347.

Eugène IV, pape, III, 33, 34, 42, 45.

Évangiles de l'abbaye de Saint-Denis, avec couverture d'or, II, 113, 118.

Évreux (baillis d'). Andry Marchant, I, 173; Guillaume de Crannes, I, 173.

— (évêques d'). Guillaume de Cantiers, I, 4, 59, 68, 106, 127; Martial Fourmier, II, 284, 290, 294; III, 27.

— diocèse, III, 124.

— prébende, II, 267, 269.

— sergenteries, III, 62.

Exactions de Simon Morhier, prévôt de Paris, II, 162, 163.

Excommunication de chanoines de Saint-Germain-l'Auxerrois, II, 230.

Exécution capitale de conspirateurs aux Halles, II, 336; de capitaines de la garnison de Meaux, II, 49.

Exécutions testamentaires (droit revendiqué par les notaires du Châtelet de faire les), II, 226.

Exeter (Henri de Lancastre, cardinal d'), II, 316, 317, 326, 327.

Exeter (John Holland, duc d'),

capitaine de Paris, II, 9, 17, 51, 56.

F

Facier (Thomas), bailli de Sens, II, 39.
Fagot (J.), avocat au Parlement, I, 36.
— (Regnault), représentant des habitants de Melun, II, 288.
Fale (Jacques), aumônier de l'abbaye de Saint-Denis, II, 112, 118.
— (Jaquet), serviteur de Charles VI, II, 85.
— (Morinot), valet de chambre de Charles VI, II, 85.
Falourdes (prix des), I, 322.
Famine à Rouen lors du siège des Anglais, I, 213.
Fanuche (François), changeur, III, 127.
Farrechal (Guillaume de), abbé de Saint-Denis, III, 35.
Fassier (Thomas), maître des Requêtes de l'Hôtel, II, 149, 152, 157, 187, 211, 217, 219, 252, 257; III, 27, 65, 73, 94, 105, 109, 110, 120, 121, 137, 148.
Fastolf (Jean), capitaine anglais, II, 312, 313; III, 59, 98, 140.
Fatinent (Vincent et Nicolas), Génois, II, 213.
Faudin (Robert), prisonnier en la Conciergerie, II, 46-48.
Fauquembergue (Clément de), conseiller au Parlement, I, 1, 2; greffier civil du Parlement, I, 1, 2, 20, 35, 147, 327, 329, 330, 348, 357, 373, 379, 386, 388; II, 32, 72, 93, 111, 149, 187, 217, 251, 281, 289, 328, 372; III, 26, 73, 87, 110, 136, 165, 166, 169, 171-174; chanoine et doyen du chapitre d'Amiens, I, 379; II, 17, 72, 111, 149, 187, 217, 251, 289, 328, 372; III, 26, 73, 110, 136; chanoine d'Arras, II, 353; exécuteur testamentaire de Dreux Doyen, régent de la Faculté de médecine, II, 168.
Fautrac (Jean), procureur au Parlement, I, 36.
Fécamp (Guillaume de), religieux, II, 291.
— (abbé de), Gilles de Duremort, III, 93.
— (aumônier et religieux de), II, 94.
Femme maltraitée par son mari (intervention du Parlement en faveur d'une), II, 283.
Femmes amoureuses, appellation des femmes de mauvaise vie, II, 163.
Fer (Jacques Le), procureur au Parlement, I, 36, 191.
— (Jean Le), conseiller au Parlement, I, 142, 145, 187.
— (Oudart Le), procureur au Parlement, II, 151, 171, 173, 209.
— Ferbouc, lire Ferreboue (Grégoire), notaire de la Chancellerie, III, 192.
Ferme de la geôle de la Conciergerie, III, 184.
— des monnaies de Tournai et de Saint-Quentin, II, 63.
Feron (Pierre), sergent à verge au Châtelet, I, 329.
Ferrechat (Guillaume de), abbé de Saint-Denis, III, 35. Voy. Farrechal.
Ferrières, capitaine anglo-bourguignon de Corbeil, III, 178, 181.
Ferté-Bernard (La), Sarthe. Château occupé par les Anglais, II, 348, 349.
Fervagu (Tassart), plaideur, II, 214.
Ferville (Étienne), procureur au Parlement, I, 37.
Festu (Jean Gente, dit), mercier au Palais, II, 302.
Fevre (Gobert Le), plaideur, III, 97.
— (Guillaume Le), dit Forget, II, 278.
— (Jean Le), religieux de l'abbaye de Sainte-Geneviève,

curé de Saint-Étienne-du-Mont, II, 130.
Fevre (Junien Le), avocat au Parlement, I, 36.
— (Pierre Le), président au Parlement, I, 15, 35, 39, 69.
— (Pierre Le), sergent en la prévôté de Vimeu, II, 58.
— (Thevenin Le), sergent de la douzaine au Châtelet, II, 11.
Fiennes (B. de), procureur au Parlement, I, 36.
Fiévé (Thomas), licencié en décret, II, 207.
Filleul (Jean), avocat au Parlement, I, 36 ; exécuteur testamentaire de Mahieu du Bosc, I, 310 ; conseiller au Parlement, II, 170, 213, 249, 264, 309.
Finances (abus au fait et réformation des), I, 275, 276, 279.
Flamand (traduction française d'un procès en), III, 464.
Flament (Guillaume), député de l'Université de Paris, II, 287.
Flandre (comtes de), II, 297.
— (Grand Conseil du duc de Bourgogne au pays de), II, 133 ; III, 116.
— (marchands de), II, 44.
— (officiers du duc de Bourgogne en), II, 44.
— pays, III, 116.
— (procureur général de), III, 464.
— (retour du duc de Bourgogne en), II, 328 ; III, 153.
— (séjour du duc de Bourgogne en), II, 69, 172.
Fleury (Hubert), sommelier des épices de Charles VI, II, 85.
— (Jean de), procureur du collège des notaires du roi, receveur des amendes du Parlement, I, 180, 370 ; II, 188, 290, 330 ; III, 87 ; contrôleur de l'audience, II, 188, 214, 290.
Flisco (Louis ou Lucas de), lire Fieschi (Louis), ambassadeur du pape Martin V, I, 81, 85, 93, 108, 115, 116.

Florence (mailles de), monnaie, II, 233.
Florensac (Philippe de Lévis, seigneur de), I, 10.
Florins de chambre, monnaie, II, 233.
Floury ou Flory (Jean de), contrôleur de la Chancellerie, III, 192 ; secrétaire du roi, I, 353 ; II, 37.
Foguille, marchand de Fribourg, II, 241.
Foire Saint-Laurent à Paris (suppression de la), I, 312.
Foires de Champagne (garde des), I, 381, 382.
Fons (Bertrand), conseiller au Parlement, I, 182, 183, 197, 200 ; II, 113, 118, 120, 121, 127, 137, 138, 149, 150, 158, 178, 206, 210, 214, 216, 217, 228, 260, 270-272, 300, 305, 334, 340, 363 ; III, 7, 11, 48.
Fontaine (J. de), procureur au Parlement, I, 37.
— (J. de la), suppôt de l'Université de Paris, II, 153.
— (Jean de la), meunier à Paris, I, 377, 378.
Fontaines (Jean de), procureur au Parlement, III, 191.
— (Gobin de), sergent à verge au Châtelet, II, 11.
— (Renaud de), confesseur de Charles VI, II, 59-64.
Fontenai (Jean de), trésorier et gouverneur des finances, II, 481.
Fontenay (Catherine de), femme de Richard Marbry, capitaine anglais, II, 119.
— notaire de la Chancellerie, III, 192.
— (Pierre de), chevalier, premier maître de l'hôtel du roi, général des finances, I, 256 ; II, 23, 60, 64, 66, 229.
Foras (Marc de), archidiacre de Thiérache, maître des Comptes, I, 185 ; II, 320 ; III, 60, 179, 182, 190.

TABLE ALPHABÉTIQUE.

Forêts voisines de Paris (coupes dans les), I, 204, 207.
For-l'Évêque (juridiction du), II, 331.
Forme (Jean), conseiller aux Requêtes du Palais, I, 142, 145, 155, 197.
Formelles (Simon de), docteur en lois, conseiller du duc de Bourgogne, II, 68.
Formier ou Fourmier (Martial), official de l'évêque de Paris, I, 358; évêque d'Évreux, II, 294.
Fortier (Jean), marchand de Paris, II, 345.
Fortou (Jean de), conseiller au Parlement, I, 173.
Fossé (Barthélemy du), plaidant contre Fauquembergue pour une prébende à Arras, II, 353, 354.
Foucault (Jean), procureur au Parlement, II, 129.
Fougeray (Philippe), procureur au Parlement, I, 37.
Four (J. du), II, 319.
Fournier (Étienne), plaideur, III, 117.
— (Jean), mercier au Palais, II, 302.
Fourquaut ou Fouquaut (J.), procureur au Parlement, I, 36; III, 191.
Fourqueval (Jean), sommelier de Charles VI, II, 85.
Fraillon (Nicolas), maître des Requêtes de l'Hôtel, I, 4, 26; II, 59, 72, 102, 111, 112, 149, 150, 152, 187, 199, 200, 202, 217, 219, 252, 257, 284, 290, 329, 333; III, 27, 73, 93, 105, 109, 137, 148, 179, 182, 190; archidiacre de Paris, III, 109.
France (Ile-de-), forteresses conquises par les Anglais, II, 145.
François (Jean), conseiller au Parlement, I, 142, 145.
— (Jean Bourrilliet, dit), ancien conseiller au Parlement, notaire apostolique, III, 129.

François (Jean Le), dit Baudrain, couturier, II, 336.
Francs à pied, monnaie d'or, II, 276.
Frenin (Simon), prisonnier en la Conciergerie, II, 353.
Fresnes (Gilet de), barbier de Charles VI, II, 85.
Fribourg (Suisse), marchand, II, 241.
Fripières étalagistes (poursuites exercées par le Châtelet contre les), II, 359, 360.
Fripiers de Paris (procès des drapiers et des taillandiers contre les), III, 7, 9.
Frohen ou Frohen (Jean), receveur des aides à Laon, II, 206, 210, 236, 254, 257, 263, 274, 289.
Froid intense à Paris en 1423, II, 83.
Fromont (Jean), clerc des Comptes, III, 156, 179, 182, 190.
Fumel (Jean), marchand de bois, I, 251; II, 334.
Furets (Jean et Pierre Les), maîtres particuliers de la monnaie de Mâcon, II, 241.
Fusée (Pierre), procureur au Parlement, III, 191.

G

Gadifer (Jean), procureur au Parlement, I, 36; III, 191.
Gage de bataille entre les ducs de Bourgogne et de Glocester, II, 185.
Gaillart. Voy. Petit-Sayne.
Gaillon (Roger de), proviseur du collège d'Harcourt, II, 136, 142.
Galet (Jacques), promoteur de l'Université de Paris, II, 153, 287.
— (Louis), échevin de Paris, III, 192.
Gallardon (prise de), II, 49.
— (sergent du roi à), I, 270.
Gamaches (Guillaume de), bailli

TABLE ALPHABÉTIQUE.

de Rouen, I, 38, 39; grand veneur de France, I, 138.
Gamaches (Ysabeau de), veuve de Barthélemy Spifame, II, 258.
Gand, bourgeois, II, 133.
— chambre du Conseil du duc de Bourgogne, III, 116.
— chambre de justice, II, 297, 299.
— conseillers et avocats de la ville, II, 296-300.
— échevinage, II, 133, 296-299.
Gard (Jacques ou Jean du), conseiller au Parlement, I, 6, 11, 15, 16, 19, 20, 30, 42, 43, 57, 113, 142.
Garde (Jean de la), plaideur, III, 124.
Garges (Raoul de), huissier du Parlement, I, 36.
Garitel (Jean), conseiller au Parlement, I, 4, 35, 141, 145, 160; II, 25, 72, 83.
Garnier (Thomas), bourgeois de Paris, III, 192.
Garnisaires en l'hôtel d'un général des finances, I, 321, 322.
Gascogne. Sénéchal : Pons de Castillon, II. 186.
Gascons, leur défaite à Cravant, II, 104.
Gast (Louis), bailli de Meaux, II, 49.
Gastillon (Guillaume), huissier du Parlement, III, 191.
Gâtinais. Huissier du Parlement y réfugié, I, 328.
Gaucourt (Jean de), frère de Raoul, I, 29.
— (Jean de), chanoine et archidiacre de Joinville, II, 179, 193, 314.
— (Raoul de), bailli de Rouen, I, 29.
Gaudichon (Marc), II, 251.
Gault (Jean), prisonnier de Melun, écartelé, II, 13.
Gautier (Jean), receveur général des aides, I, 7.
— (Pierre), procureur au Parlement, I, 117, 119.

Gautier (Robert), bourgeois de Paris, III, 179, 182, 193.
Gehe (Girard), recteur de l'Université de Paris, II, 287.
Gelée extraordinaire à Paris le 1er avril 1424, II, 124.
Gelinier (Guy), membre du Grand Conseil du roi, I, 177, 182, 257-259.
Gencien (Benoit), maitre en théologie, I, 59, 68, 79, 96, 106.
— (Jean), conseiller au Parlement, I, 15, 20, 35, 43, 78.
— (Oudard), conseiller au Parlement, I, 15, 20, 30, 35, 42, 43, 138, 140.
Gendreau (G.), procureur au Parlement, I, 36.
Genève, marchand, II, 241.
Genilhac (Marcelot de), lire Genouilhac, bourgeois de Paris, III, 192.
Génois (serment de la paix prêté par des), II, 213.
Gens de guerre (assignation de gages aux), I, 298.
— (commerce de bétail par des), II, 54.
— (emprunts aux églises pour le payement des), II, 321.
— (étudiant rançonné par des), I, 385.
— (excès des), I, 15; II, 126.
— (incursions entre Paris et Saint-Denis des), III, 168.
— (incursions à Villejuif des), II, 279.
— (monnaie fabriquée à Mâcon affectée au payement des), II, 241.
— (occupation des places et forteresses autour de Paris par les), II, 318.
— (Parlement vacant à cause des incursions des), II, 321.
— (villageois obligés d'entretenir des), II, 356.
Gente (Guillaume), secrétaire du roi, II, 258.
— (Jean), dit Festu, mercier au Palais, II, 302; III, 192.

Gentilly, église, III, 5.
Gernin (Thibaut), exécuteur testamentaire de Dreux Doyen, régent en médecine, II, 168.
Gervais, secrétaire du Grand Conseil, III, 142.
— (Jean Aurie, dit), prêtre, I, 8.
Gherbode (Évrard), conseiller au Parlement, II, 170, 258; III, 55, 99, 116, 117.
Gien (séjour du Dauphin à), I, 277.
Gilbert (Jean), bourgeois de Paris, III, 154.
— (frère), de l'ordre de Saint-Jean de Jérusalem, I, 171.
Giles (Jean), serviteur de Charles VI, II, 85.
Gilocourt (Simon de), quatrième prieur et cuisinier de l'abbaye de Saint-Denis, II, 229.
Girart (J.), conseiller au Parlement, I, 120.
Gisors (capitaine anglais de), II, 119.
— (passage de Henri V, roi d'Angleterre, à), II, 19.
Glais, lire Douglas (Archibald, comte de), II, 141.
Glasdale (Guillaume), capitaine anglais, II, 307.
Glocester (Humphroi, duc de), II, 155, 185, 242.
Gobert (Louis), marchand à Paris, II, 345.
Godefroy (Jean), prisonnier, II, 278.
Godet (Pierre), sommelier du linge de Charles VI, II, 85.
Gois (Guillaume Le), banni comme partisan de la faction cabochienne, I, 316.
Gomont (Jean de), procureur du collège de Reims, II, 287.
Gondrecourt (Nicolas de), maître ès arts, I, 68, 96, 107.
Gonesse (procureur du roi à), II, 53.
— (séjour du duc de Bourgogne à), I, 260.
Gorremont (Pierre de), receveur général des finances, I, 228.
Gossuyn (Gautier de), huissier du Parlement, III, 191.
Gouge (Colart Le), grènetier de Laon, II, 273.
Gouillart (Pierre), père de Nicolas de Savigny, II, 276.
Goul (J. du), bourgeois de Paris, I, 147, 191, 198.
Gouppil (Jean Le), candidat à l'archidiaconé d'Ouche, III, 124, 125.
Gouvieux (garde et concierge de l'hôtel du roi à), I, 337.
Graçay (Pierre de), sénéchal de Berry, I, 12.
Grâces expectatives (suppression des), I, 50, 90; II, 6.
Grand chambrier de France (office de), I, 363, 383, 384.
Grandchamp (Gérard de), bourgeois de Paris, I, 227, 231, 242, 245.
Grand Conseil de Charles VI, est avisé des fautes commises au fait du gouvernement, I, 16; membres présents à une délibération de la Cour au sujet d'un prêt d'argent exigé par le connétable d'Armagnac, I, 19; convoqué à la Tournelle criminelle, I, 20; apporte avec le Chancelier lettres royaux au profit de l'Échevinage, I, 24; son avis pour procurer finances, I, 25; son avis est demandé au sujet des lettres envoyées aux villes par le duc de Bourgogne, I, 30, 31; expulsion de conseillers du Parlement par lui décidée, I, 39; chargé de passer lettres au sujet de la collation des bénéfices, I, 49; doit s'employer à l'apaisement des guerres, I, 53, 54; envoie des lettres closes au Parlement sur la rébellion de Carcassonne, I, 57, 58; ordonnances par lui délibérées indûment soumises à la juri-

diction ecclésiastique, I, 59;
est convoqué pour délibérer
sur l'élection du pape Martin V et la question des libertés de l'Église de France, I,
67-69, 72, 73, 75-78, 89-92,
95, 97-99, 101, 108, 112-114;
lettres d'amortissement au
profit de l'abbaye de Saint-Denis par lui libellées, I, 122,
123; exposé de la mission du
cardinal de Saint-Marc, légat
du Saint-Siège, I, 124; décide
la révocation des pouvoirs
des réformateurs, I, 125; mission de ses délégués auprès
de la reine et du Dauphin, I,
135; son déplaisir du massacre des Armagnacs, I, 152,
153; donne son avis sur une
requête du duc de Bourbon
touchant le duché d'Auvergne, I, 162; participe à la
conclusion du traité de Vincennes, I, 169, 171; réception
de Guy Gelinier comme membre, I, 182; mesures par lui
prises pour le ravitaillement
de Paris, I, 187; révoque
l'interdit prononcé en 1409,
I, 190; confirmation du traité
de paix de Saint-Maur-des-Fossés par lui libellée, I, 194;
lettres relatives aux officiers
du Châtelet par lui adoptées
en séance du Parlement, I,
201; délibère sur la suppression des commissaires réformateurs, I, 202; reçoit une
députation du Parlement à
Pontoise, I, 218, 219, 226;
est appelé à délibérer sur le
fait des finances et des monnaies, I, 275, 276; conseillers du Parlement chargés de
conférer avec lui, I, 313; démission de Gilles de Clamecy, prévôt de Paris, donnée
en sa présence, I, 323; donne
son avis au sujet des ouvertures de paix faites par le
duc de Bourgogne, I, 340-344; élabore un règlement
pour les boulangers de Paris,
I, 353; participe à la conclusion du traité de Troyes, I,
359, 360, 362; Christophe de
Harcourt est cité parmi ses
membres, I, 380; nomination
et prestation de serment de
Jean de la Baume-Montrevel
comme membre, II, 1; fixation des gages de ses membres,
II, 2; présence de ses membres
au procès des complices de
l'assassinat du duc de Bourgogne, II, 9; enjoint aux
membres du Parlement d'observer le traité de paix avec
l'Angleterre, II, 15; ordonne
l'arrestation de Jean de Villiers de l'Isle-Adam, II, 17;
élabore des lettres sur le nouveau cours des monnaies, II,
19; accompagne le roi d'Angleterre à Notre-Dame, II,
20; réception de Jacques de
Courtiamble comme membre,
II, 37; participe aux débats
sur les libertés de l'Église de
France, II, 40; ordonne des
processions d'actions de grâces pour la prise du Marché
de Meaux, II, 44; lecture au
Parlement de l'ordonnance
qu'il avait rendue en 1407
pour régler la succession au
trône, II, 66, 67.

Grand Conseil de Henri VI, roi
de France et d'Angleterre;
lettres libellées depuis la mort
de Charles VI en son nom et
en celui du Chancelier, II,
70; assiste à la délibération du
Parlement touchant ses gages,
II, 75; est réuni par le duc
de Bedford pour régler l'exécution testamentaire de Charles VI, II, 80; un appel interjeté par des prisonniers lui
est renvoyé par le duc de
Bedford, II, 91; procède à la
publication de lettres du duc
de Bourgogne au sujet de la

mort de la duchesse, sa femme, II, 102; instructions par lui données au conseiller Bertrand Fons, II, 121; son avis est demandé sur la mainlevée du temporel de l'abbaye de Saint-Denis, II, 130, 131; reçoit la requête d'un plaideur, II, 137; gratification sollicitée auprès de lui pour le conseiller Bertrand Fons, II, 138; doit être consulté au sujet des dons de terres antérieurs à la mort de Charles VI. II, 174; projet de lui signifier l'intention du Parlement d'interrompre ses séances, II, 181; est convoqué au Palais par le duc de Bedford au sujet du défi du duc de Glocester, II, 185; son opinion relativement à des lettres concernant la collation des bénéfices passées à l'instigation du duc de Bedford, II, 201-203; procède à l'élection d'Andry Marguerie en qualité de conseiller clerc du Parlement, II, 221; députation du Parlement envoyée auprès de lui pour la question des gages, II, 270, 271; enquête faite par son ordre sur l'administration de l'abbaye de Saint-Denis, II, 274; nomination de Martial Fourmier, évêque d'Évreux, comme membre, II, 294; requête à lui présentée par l'Échevinage de Gand pour le maintien de ses privilèges, II, 298, 299; requête du receveur des aides à Noyon à lui soumise, II, 301; requête injurieuse contre un conseiller à lui adressée par un couturier, II, 308; est chargé de statuer sur le retrait de garnisaires installés chez un conseiller du Parlement, II, 325; décide l'envoi d'une députation à l'effet de traiter avec les conseillers de Charles VII, II, 326; fait chanter un *Te Deum* à Notre-Dame pour la venue prochaine du roi d'Angleterre et ordonne des processions, II, 338, 339; accompagne le Chancelier au Parlement, III, 18; députation du Parlement envoyée à Rouen pour lui exposer la question des gages, III, 22-24; nouveau serment qu'il prête au roi d'Angleterre, III, 28; est convoqué par le duc de Bedford en l'hôtel des Tournelles, III, 36; supplique de l'avocat et du procureur du roi au Parlement pour le payement de leurs gages arriérés, III, 38-40; publication par son ordre de la réponse du duc de Bedford au cardinal de Sainte-Croix, III, 42; reçoit lettres du concile de Bâle, III, 48; se rend à Corbeil pour conférer avec le cardinal de Sainte-Croix, III, 49; revient à Paris, III, 50; payement de ses gages, III, 55; démarches infructueuses du Parlement auprès de lui pour obtenir le payement des gages arriérés, III, 70, 71; reçoit mandat d'examiner avec le Parlement l'état des finances, III, 77, 78, 83; arrêt contre Philippe de Morvilliers rendu en sa présence, III, 84; offres par lui faites pour le payement des gages arriérés du Parlement, III, 85; statue au sujet des gages du conseiller Gherbode, III, 99; les réclamations de l'Université lui sont renvoyées, III, 105; assiste à la publication de l'alternative, III, 105; la protestation de l'Université contre la création d'une école de droit à Caen lui est soumise, III, 111; assiste au délibéré d'un arrêt entre l'hôpital Saint-Antoine et l'église du Sépulcre, III, 122; annonce au Parlement la prochaine entrée du duc et de la duchesse de Bedford, III, 142, 143; investit Jean de l'Espine, greffier criminel du Parlement, des fonctions de greffier civil, III, 171, 172; envoie Gilles de Clamecy au Parlement, III, 178; deux de ses membres siègent à l'Hôtel-de-Ville avec l'Échevinage, III, 181; fait annoncer au Parlement une tentative de sédition populaire contre la Conciergerie, III, 185; assiste à la lecture de lettres du duc de Bourgogne en 1436, III, 186; ordonne une nouvelle prestation du serment d'observer le traité de Troyes, III, 188; y participe, III, 190.

Grand Conseil du duc de Bourgogne, II, 133.

Grand Conseil de la ville d'Ypres, II, 132.

Grand fauconnier de France (interrogatoire du), II, 81.

Grand maître des arbalétriers (office de), II, 37.

Grandpré (Ferry, comte de), I, 136.

Grantrue (Jean de), clerc des Comptes, échevin de Paris, III, 196.

— (N. de), procureur au Parlement, I, 117.

Gras (Renaud Le), licencié en décret, I, 68, 107.

— (Simon Le), procureur au Parlement, III, 191.

Grasset (Étienne), maître des Requêtes de l'Hôtel, I, 143, 145, 160, 239, 243, 245, 256, 297, 308, 309, 358.

— (Hugues), bourgeois de Paris, I, 294.

Gravençon (Perrin de), II, 11.

Graville (Jean Malet, sire de), grand panetier de France, I, 146.

Grégoire XI, pape, I, 84.

Grenoble, enquête sur les devoirs féodaux, I, 27.

Greslé (G.), notaire du roi, II, 67.

Grimault (Hugues), conseiller au Parlement, I, 6; conseiller au parlement de Poitiers, I, 328.

Grimoart (J.), procureur au Parlement, I, 36.

Grippel (G.), avocat au Parlement, I, 36.

Grisy (Simon de), plaideur, I, 357.

Grolée (Ymbert de), chambellan du roi, I, 54.

Gros (frappe de nouveaux), II, 29, 30; à la fleur de lis (frappe de), II, 30; à l'œillet (frappe de), II, 30.

Grouchy (Robert de), III, 192.

Gruel (Raoul), écuyer, ambassadeur du duc de Bretagne, II, 88.

Gudin (Simon), conseiller aux Requêtes du Palais, I, 142.

Guérard (Thomas), capitaine anglais, III, 127.

Guérin (Guillaume), conseiller au Parlement, I, 35, 43, 78.

— (Jean), trésorier de France, général des finances, I, 185, 198, 210, 239, 245; maître des Comptes, II, 119; III, 60, 149, 179, 182, 190.

— (Jean), procureur au Parlement, I, 37; III, 191.

— (Simonnet), prisonnier de la garnison de la Chasse, II, 352.

Guerre (Raymonnet de la), maître des Eaux et Forêts de Languedoc et de Guyenne, I, 126, 137.

Guez (Denis des), huissier du Parlement, I, 36, 147.

Guiche (Gérard de la), bailli de Mâcon, I, 324.

Guillebert (Guillemin), prisonnier à merci, II, 345.

Guillemette, femme de Pierre Belle, huissier du Parlement, I, 328.

Guingant, serviteur de Charles VI, II, 85.
Guiot (Jean), conseiller au Parlement, I, 326.
Guirault (Pierre), bourgeois de Paris, II, 319, 336, 337.
Guiraut (J.), procureur du roi à Montpellier, I, 171.
Guyenne, forteresses conquises par les Anglais, II, 145.
— (Louis, duc de), I, 32, 98, 140.
Guygnies (Gosset de), héritier de Nicolas de Savigny, II, 265.
Gy (Guillaume de), conseiller au Parlement, I, 15, 20, 35, 40, 142, 144, 173; II, 72, 99, 100, 111, 130, 149, 187, 217, 249, 252, 275, 276, 278.

H

Habits dissolus (défenses aux femmes de mauvaise vie de porter des), II, 163.
Haie (Guillaume de la), avocat du roi au Châtelet, II, 157; III, 119, 162, 163, 180, 182.
— (Jean de la), chevalier, prisonnier à la Conciergerie, III, 185.
— (Robert de la), avocat au Parlement, I, 36; II, 253; III, 32, 191.
Hainselin (Jaquet), valet de chambre de Charles VI, II, 85.
Hambuye (seigneur de), I, 14.
— (terre de), I, 14.
Hamelin (Barthélemy), conseiller au Parlement, I, 35, 42, 78, 142, 145; conseiller au parlement de Poitiers, I, 328.
Han (Guillaume de), chevalier, bailli de Senlis, I, 124.
Hanequin, alias Hennequin (Guy), procureur au Parlement, I, 37, 297.
Harcourt (Christophe d'), conseiller au Parlement, membre du Grand Conseil, I, 380.
Harcourt (Jacques d'), lieutenant général de Charles VII en Picardie, II, 122.
— (Jean VII, comte d'), I, 128, 132, 133.
— (Jean d'), évêque d'Amiens, I, 386; II, 32.
Hareng (prix du), I, 347.
Harent (Jean), rôtisseur, II, 350.
Harfleur (siège d'), I, 311.
Harlant (Jean), plaideur, II, 177.
Harpeley (Jean de), chevalier anglais, bailli du Cotentin, II, 190.
Hay (G.), suppôt de l'Université de Paris, II, 153.
— (L') (Seine), hôtel et vignes, II, 108.
Hemart (J.), avocat au Parlement, I, 36.
Hennequin (Guy), procureur au Parlement. I, 294-296.
Henri V, roi d'Angleterre : assiège Rouen, I, 199, 202, 203, 213, 230; s'empare de cette ville, I, 232; de Mantes, I, 252; conclut une trêve avec le Dauphin, I, 270; négocie des trêves avec le duc de Bourgogne, I, 331, 332; se propose d'assiéger Beaumont-sur-Oise, I, 349, 350; négocie sa reddition, I, 352; conclut le traité de Troyes, I, 360-362, 364-369, 374; II, 73, 144; correspond avec le Parlement, I, 383, 384; assiège Melun, I, 389; son frère, le duc de Clarence, tué à Baugé, II, 14; vient de Gisors à Paris, II, 19; part de Paris pour Pontoise, II, 20, 21; Jean Courtecuisse, évêque de Paris, lui est recommandé par le Parlement, II, 24; s'empare de Villeneuve-sur-Yonne, II, 27; naissance de son fils, II, 33, 50; assiège Meaux, II, 35, 36, 39, 40; s'en empare, II, 41, 42, 44;

recommande le conseiller Philippe Le Bègue au Parlement, II, 48; retourne au château du Bois de Vincennes, II, 49; vient à Paris, II, 50; quitte Paris et couche à Saint-Denis, II, 51; tombe malade et retourne à Vincennes, II, 53, 55; y meurt, II, 56, 57, 66, 67, 74; est transporté à Saint-Denis, II, 58; avait nommé le bâtard de Thian bailli de Senlis, II, 125; dons de terres par lui consentis, II, 171, 172, 174, 273; veillait au payement des gages du Parlement, II, 365.

Henri VI, roi d'Angleterre, fils de Henri V : sa naissance, II, 50, 73; son nom inscrit dans les actes royaux, II, 66, 70, 74; ses lettres concernant la ville d'Ypres, II, 132, 171; voyage du duc de Bedford auprès de sa personne, II, 146; dons de terres en Normandie par lui faits, II, 272; serment de vivre sous son obéissance, II, 320; son arrivée à Calais, II, 338; sa venue à Paris, II, 342, 345, 346; son séjour à Rouen, II, 364, 367; ses lettres closes au Parlement, II, 369, 370; ses instructions au chancelier de Luxembourg au sujet des gages du Parlement, III, 15, 16; envoi de deux présidents auprès de lui à Rouen, III, 18-24; son entrée à Paris, III, 25; tient le Parlement, III, 26; serment y prêté entre ses mains, III, 28; hommages par lui reçus, III, 29; pouvoirs par lui donnés au duc de Bedford, son oncle, III, 36; sa promesse de payer les gages du Parlement lors de sa visite au Palais, III, 53; refus d'entériner certaines lettres, vu son jeune âge, III, 113; ses lettres commettant Jean de l'Espine à l'exercice de l'office de greffier civil, III, 171; prescrit le renouvellement en 1436 du serment d'observer le traité de Troyes, III, 185; est représenté à Paris par le chancelier de Luxembourg, III, 193.

Henry (Jean), procureur et receveur des habitants de Melun, II, 288.

Herbelin (Guillaume), serviteur de Guillaume Intrant, avocat au Parlement, III, 154, 155.

Hérésie (poursuites pour), II, 46, 47; III, 34.

— hussite, II, 316; III, 34, 35.

Herleville (Mahieu de), chanoine de l'église de Cambrai, III, 141.

Héron (Macé), trésorier des guerres, I, 7, 55, 73, 74.

Heuce (Guillaume de la), II, 346.

Hobé (Thomas), boursier du collège d'Harcourt, II, 135, 136, 142.

Hodierne (Guillaume), garde des foires de Champagne, I, 381, 382.

— (Guillaume), habitant de Reims, II, 276-278.

Honneford (Jean de), chevalier anglais, capitaine du Bois de Vincennes, II, 179, 193, 314.

Hôpitaux (pain faible de poids distribué aux), II, 15.

Houel (R.), conseiller au Parlement, I, 15, 20, 22, 23, 35, 42, 74, 78.

Houguet (N.), procureur au Parlement, I, 36.

Housseau (Jean), plaideur, III, 121.

Houssière (frère de la), prétendant au prieuré de Saint-Éloi, III, 183.

Hubert (M.), procureur au Parlement, I, 36.

Hucherat (Guillaume Le), fermier du moulin de Saint-Magloire, I, 377, 378.

Hue (J.), notaire du Parlement, I, 35, 40.
— (Raoulet), mouleur de bûche à Paris, I, 233.
Huffel (Liévin Detenuffle, *alias* de), conseiller et avocat de l'échevinage de Gand, II, 296.
Hugo (Jean), mandataire du Parlement, I, 369.
Hussites (croisade contre les), II, 316.
Hutin (Jean), clerc de greffier du Parlement, I, 37, 330, 387.
Hypothèques (ordonnances relatives aux), II, 175.

I

Ile-de-France, forteresses conquises par les Anglais, II, 145.
Incursions des gens de guerre autour de Paris, I, 468, 311, 312; II, 279, 318; III, 188.
Infamante (condamnation de meuniers déclarée non), I, 378.
Inondations à Paris en 1427, II, 235, 236.
Inquisiteur de la foi (procès pour hérésie intenté par l'), II, 46, 47.
Instructions du Parlement à des conseillers, II, 121, 364.
Interrogatoire de Guillaume de la Haie, III, 162; de Nicolas Le Carpentier, inculpé d'homicide, II, 107; de Bernard Nivart, régent en la Faculté de médecine, II, 237-240; des clercs de la Prévôté, II, 86, 87; des officiers du Châtelet, III, 119; des officiers de l'Hôtel de Charles, II, 81; d'un sergent à verge du Châtelet par des conseillers du Parlement, III, 160.
Intrant (Guillaume), avocat au Parlement, I, 36, 120, 227, 245, 275, 294, 304, 371; II, 253; III, 32, 124, 147, 150, 151, 154, 155, 159, 161, 170.

Inventaire des biens de Charles VI, II, 60, 61, 80; des biens de Dreux Doyen, maître en médecine, II, 169; des biens de Jacques Bedos, II, 189; des biens de Jean Bertault, notaire du Roi, II, 363; des biens de Guillaume Intrant, avocat au Parlement, III, 151; des biens d'Étienne Joffron, conseiller au Parlement, I, 387; des biens de Jean de Marcilly, huissier du Parlement, II, 330; des biens de Philippe de Vitry, chanoine de Saint-Germain-de-l'Auxerrois, III, 137-139; des biens d'un chapelain de Notre-Dame, II, 339; des biens de la duchesse de Bedford, III, 75; des reliques et joyaux de l'abbaye de Saint-Denis, II, 116-118; III, 41.
Inventaires (notaires du Châtelet revendiquant le droit exclusif de faire les), II, 226.
Isabeau de Bavière, reine de France; avis du Grand Conseil pour restreindre les dépenses de son hôtel, I, 25; pour réaliser ses joyaux, I, 26; députations envoyées auprès d'elle touchant la paix, I, 133, 135; assiste aux négociations du château du Bois de Vincennes, I, 169; Pierre aux Bœufs, son confesseur, prononce un sermon à Notre-Dame, I, 188; son départ de Paris, I, 202; se trouve à Provins avec le roi, I, 258; traité de Saint-Maur conclu en sa présence, I, 290; revient de Provins au château du Bois de Vincennes, I, 298; son absence de Paris, I, 311; donne son approbation aux trêves négociées avec le roi d'Angleterre, I, 332; vœu du Grand Conseil pour sa résidence proche de Paris, I, 342; participe aux négociations de

Troyes, I, 359, 360, 362; assiste au mariage de sa fille avec le roi d'Angleterre, I, 364, 365, 367; revient de Corbeil à Paris, I, 388, 389; quitte Paris pour résider au château du Bois de Vincennes, II, 21, 50; séjourne à Senlis et revient à Paris à l'hôtel de Saint-Pol, II, 58; exécuteurs testamentaires de Charles VI désignés de son consentement, II, 60; reçoit à Saint-Pol la visite du duc de Bedford, II, 67; celle du duc de Bourgogne, II, 107; est gratifiée de la châtellenie de Brie-Comte-Robert, II, 130; son décès à Saint-Pol, III, 165; ses obsèques à Saint-Denis, III, 167, 168.

Isle-Adam (Jean de Villiers, seigneur de l'), prête serment pour l'office de maître des Eaux et Forêts de Normandie, I, 3; entre par surprise à Paris, au nom du duc de Bourgogne, le 29 mai 1418, I, 126; les prisons sont envahies par le peuple, malgré ses défenses, I, 136; présente au Parlement ses lettres de maréchal de France, I, 139; est reçu à cet office, I, 165; reprend Lagny sur les Armagnacs, I, 166; s'oppose à la réception du seigneur de Montberon en qualité de maréchal de France, I, 167; assiste au conseil tenu au Parlement pour la réalisation de ressources financières, I, 210; assiste à une délibération au sujet du ravitaillement de Paris, I, 268; prend part à une délibération touchant des lettres closes du roi et du duc de Bourgogne demandant un emprunt sur les Monnaies, I, 297; assiste à un exposé de l'état des finances présenté par Guillaume Le Clerc, I, 325; est arrêté par le capitaine anglais de Paris et incarcéré à la Bastille, II, 17; participe à la prise d'assaut de Pont-sur-Seine, II, 98; est en procès avec la veuve du conspirateur Jean de la Chapelle, II, 358, 362; prête à nouveau serment comme maréchal de France, III, 57; assiste à la publication des lettres royaux touchant la collation des bénéfices, III, 105; entre à Paris par la porte Saint-Jacques, au nom du roi de France, le 13 avril 1436, III, 193.

Ivrande (Michault), jardinier, III, 160.

Ivry (Arthur de Richemont, comte d'), II, 95.

Ivry-la-Chaussée, château et ville, II, 139-141.

J

Jaisse (Jean de la), lire Jaille, conseiller au Parlement, I, 142, 145.

Janeilhac (Thévenin de), clerc non marié, prisonnier en la Conciergerie, II, 214.

Jannins, monnaie étrangère, II, 233.

Jard (Jean), queux de Charles VI, II, 81.

Jargeau, prise par la Pucelle, II, 312, 313, 343.

Jarroceau (J.), procureur au Parlement, I, 36.

Jay (Pierre Le), conseiller aux Requêtes du Palais, I, 35, 78, 142, 145; II, 188.

Jayer (Gaucher), conseiller aux Requêtes du Palais, I, 20, 141, 145, 160, 320; procureur général du Parlement, II, 11; gouverneur du collège de Beauvais, II, 2, 308; III, 29; garde par intérim de la prévôté de Paris, II, 11; conseiller en la Grand'Chambre,

II, 39, 63, 111, 113, 118, 122, 129, 132, 200, 203, 217, 245, 249, 333, 334, 352, 357, 358, 362; III, 12, 18, 44.
Jean (Geoffroy), procureur au Parlement, I, 37.
Jean XXIII, pape, I, 50, 61, 87-90, 100, 105, 154.
Joffron (Étienne), conseiller au Parlement, I, 35, 40, 141, 145, 160, 304, 387.
Joigny, bourgeois, II, 48.
Joinville, chanoine et archidiacre, II, 179, 193.
Jonvelle (Jean de la Trimouille, seigneur de), II, 101.
Josseaume (J.), procureur au Parlement, I, 37.
Josselin (Thomas), député de l'Université de Paris, II, 287.
Jouan (Ange), médecin juré du roi, II, 10.
— (P.), *alias* Johan, conseiller au Parlement, I, 35, 42, 78.
Joudrier (Regnault), notaire de la Chancellerie, III, 192.
Jouglet (Jean), clerc du greffe civil du Parlement, III, 173, 174.
Joules (Jean et Pierre Les), plaideurs, II, 259.
Jouvenel (Jean), avocat au Parlement, I, 36; avocat du roi au Parlement, I, 53, 59, 68, 121; président en la Chambre des généraux des aides, I, 106.
Jovis (T. des), avocat au Parlement, I, 36.
Joyaux de l'abbaye de Saint-Denis (dépôt en Bourgogne des), II, 131; (vente des), I, 121-123.
Joye-les-Nemours, abbaye, II, 221.
Julian (J.), avocat au Parlement, I, 36; conseiller au Parlement, I, 147, 197.
— (Pierre), harpeur de Charles VI, II, 85.
Julinanse (évêque de), Jean Morin, II, 120.
Juridiction de l'échevinage de Gand, II, 297; de l'évêque de Paris, III, 6, 49, 126, 138, 145; ecclésiastique, II, 284.
Jurisprudence du Châtelet, III, 119, 120; pour les causes d'appel au bailliage d'Amiens, II, 83, 84.
Juval (Silvestre), légataire de Thomas Raart, huissier du Parlement, II, 265.

K

Kaer (G. de), I, 117.
Kathelin (Lambert), huissier du Parlement, II, 26; III, 193.

L

Labbat (J.), avocat au Parlement, II, 211, 253; III, 32.
Laboureur d'Aubervilliers (enfant phénoménal d'un), II, 310.
Laboureurs des environs de Paris (procession des), II, 279.
Labret ou Lebret, lire Albret (Charles d'), connétable de France, I, 89, 104.
Lachenal (G.), procureur au Parlement, I, 36.
Lafayette (Gilbert Motier III, seigneur de), bailli de Rouen, I, 29.
Lagny, capitaine (Jean Foucault), III, 156.
— (séjour de Charles VI et du duc de Bourgogne à), I, 32, 229-231, 236, 240, 257, 260, 281.
— siège mis par le duc de Bedford, III, 63.
— (ville et fort de), I, 166.
Lagode (P.), avocat au Parlement, I, 36, 117.
Laignel (Nicole), maître ès arts, II, 168.
Laignelet (Lorin), prisonnier au Châtelet, III, 117-119.
Laillier (Guillaume), conseiller au Parlement, I, 15, 16, 20, 35.

Laillier (J. de), bourgeois de Paris, I, 117.
— (Michel de), maitre en la Chambre des comptes, I, 4, 18, 210; II, 60, 61, 63-65, 300; III, 60, 121, 149, 179, 182, 190; prévôt des marchands, III, 195.
Laistre (Jean de), prisonnier au Châtelet, II, 78.
Lalen (Jean de), licencié en lois, III, 90.
Lalaing (Simon de), chevalier, III, 193.
Laloe (Jean), procureur au Parlement, III, 191.
Lamban (Jacques), garde de la prévôté de Paris, I, 181.
Lamelin (J.), conseiller au Parlement, II, 150, 340; III, 77.
Lamy (J.), procureur au Parlement, I, 36.
— (Nicolas), licencié en théologie, III, 44, 47, 52.
Laudes (Pierre de), échevin de Paris, III, 135, 196.
Landreau (Pierre), serviteur de Charles VI, II, 85.
Langeac (Pons, seigneur de), I, 3.
Langres, clerc du diocèse fidèle au parti français, III, 115.
— (élection de), II, 180.
— (évêque de), Charles de Poitiers, I, 142, 266; II, 149.
— (receveur des aides de), II, 296, 315, 333.
Lannoy (Hue de), chevalier, chambellan de Charles VI, I, 171, 239-241, 243, 245, 250, 260, 262, 264, 268, 269, 280, 282, 358; II, 326; grand maitre des arbalétriers, II, 37; gouverneur de Lille, II, 68.
— lire Launoy.
Lansac (Guillotin de), chevalier, III, 192.
Laon (bailli de), II, 169.
— (évêque de), Jean de Roucy, I, 44, 47, 48, 52, 53, 59, 68, 106, 117, 120, 127.
— grenetier, II, 273.

Laon, occupation par l'armée de Charles VII, II, 317.
— (prévôt de), II, 169.
— (receveur des aides de), II, 206, 210, 236, 251, 257, 263, 274, 289.
Larcher (Jean), lieutenant criminel de la prévôté de Paris, III, 65, 179, 182, 194.
— (Jean), maitre ès arts et en théologie, II, 151, 153.
Lasne (Jean), exécuteur testamentaire d'Arnaud de Corbie, I, 139.
Laubigois (J.), procureur au Parlement, I, 37.
Launoy (Guillaume de), conseiller au Parlement, I, 42, 78.
Laval (Guy Turpin, seigneur de), I, 27.
Laye (forêt de), I, 184, 204, 208.
Layre (Robert de), bailli de Montargis, I, 43.
Lebras (Pierre), maitre en médecine, II, 168.
Leduc (J.), procureur au Parlement, I, 37.
Lefèvre (Jean), dit Coustellier, prisonnier au Châtelet, I, 26.
— (Colart), plaideur au Châtelet, II, 237.
— (Jean), dit Leplat, meunier à Paris, I, 377, 378.
Lefort (J.), bourgeois de Paris, I, 294.
Legras (Simon), procureur au Parlement, I, 37; II, 258; procureur du chapitre de Saint-Germain-l'Auxerrois, II, 198; procureur du chapitre de Notre-Dame, II, 338.
Legs de Charles VI à ses serviteurs, II, 80, 82, 84, 85.
Le Jeune (R.), conseiller au Parlement, I, 145, 160.
— (Robert), bailli d'Amiens, I, 391.
Leleu (Guillaume), meunier à Paris, I, 377, 378.
Lendit (bénédiction du), II, 206, 235, 314.

Lendit (champ du), II, 142.
Lenoir (Pierre), huissier du Parlement, II, 186.
Lens (Charles de), amiral de France, I, 134, 147, 289.
— (Denis de), chirurgien, II, 344, 350; III, 192.
Lepetit (J.), procureur au Parlement, I, 37.
Leplat (Jean Lefèvre, dit), meunier à Paris, I, 377, 378.
Leroy (J.), clerc de notaire du Parlement, I, 37.
Lescale (sire de), [Scales (Thomas)], capitaine anglais, II, 312, 313.
Lesguisié (Gilles), garde et chancelier des foires de Brie et de Champagne, II, 180.
Lespaignot (Pierre), bourgeois de Paris, III, 192.
Lespine (Jacques de), procureur au Parlement, I, 37.
L'Espine (Jean de), notaire du roi, I, 242, 320; greffier criminel du Parlement, II, 2, 3, 9, 12, 13, 14, 16, 17, 24, 25, 49, 92, 98, 107, 109, 188, 192, 211, 252, 281, 282, 290, 330, 344, 350, 352, 354; III, 56, 65, 75, 87, 117, 128, 165, 170-174, 190.
Lestandart (Guillaume), panetier de Charles VI, II, 81.
Lestine (Jean), chapelain de Charles VI, II, 81.
Lestranges (Hélie de), évêque du Puy, I, 23.
Lettres du duc de Bourgogne (lacération et brûlement de), I, 33; de l'archevêque de Sens, scellées du sceau du Parlement, II, 8; de l'échevinage de Gand au Parlement, II, 296.
— du Parlement en cour de Rome, II, 334.
— adirées (recherche de), II, 231.
— closes du duc de Bourgogne à Charles VI, I, 21; au Parlement, I, 340; II, 344; aux villes de France, I, 29, 30, 33.
Lettres closes de Henri VI, roi d'Angleterre, au Parlement, II, 369.
— obligatoires (procédure pour les appels d'exécutions de), II, 256.
— de commission pour l'office de greffier civil du Parlement, III, 171.
— de justice en la Chancellerie, II, 344.
— de surséance en faveur des bourgeois d'Ypres, II, 132.
Lévis (Philippe de), seigneur de Florensac, I, 10.
Leyot (Richard), Anglais, chancelier du duc de Bedford, II, 138.
Liéjard (Raoul), sous-chantre de l'église de Paris, II, 124.
Liévreville (Jaquet de), vieux serviteur de Charles VI, II, 86.
Ligier (Étienne), procureur au Parlement, I, 37.
Lignières (Mahieu de), maître en la Chambre des comptes, I, 4, 6, 117; II, 60.
Lihons-en-Santerre [Somme] (Bertrand du Chêne, prieur de), II, 207.
Lille, chapitre de Saint-Pierre, III, 161.
— (gouverneur de), II, 68; III, 89.
— (lettres closes du duc de Bourgogne datées de), I, 340.
— marchand, II, 283.
— (séjour du duc de Bourgogne à), II, 69.
Limoges (évêque de), Nicolas Viaud, I, 311.
Limousin (sénéchal du), Jean de Saint-Savin, I, 173.
Linot (Bernard de), III, 193.
— (Jacques de), procureur au Parlement, I, 37.
Lintelles (Jean de), lieutenant du bailli de Vitry, III, 59, 60.

Lipperleet (l'Yperlée), rivière de Belgique, II, 133.
Lisieux (doyen de), Nicolas de Savigny, II, 285.
— écoliers du diocèse, II, 347, 348, 350.
— évêché, II, 348.
— évêques : Guillaume d'Estouteville, II, 347; Zano di Castiglione, II, 350; Pierre Cauchon, III, 73, 75, 77, 120, 121; Pierre Fresnel, I, 4, 26, 44, 47, 48, 52, 53, 59, 68, 106, 117, 120, 127; II, 187, 217; III, 105, 189.
L'Isle (Anceau de), II, 119.
— (Antoine de), avocat au Parlement, I, 36.
Livres (Jean de), III, 157.
— de droit contentieux, II, 128, 129.
Loans (Hector de), maître d'hôtel d'Isabeau de Bavière, II, 60.
Loigny (Eure-et-Loir), châtellenie, II, 284.
Loire (bastilles au delà de la), II, 307.
— (tour du pont d'Orléans sur la), II, 307.
— (trêves entre la Seine et la), I, 270.
Lombart (Eustache), notaire de la Chancellerie, III, 192.
— (Gilet le), mercier au Palais, II, 302.
Londres (évêque de), Jean Kemp, II, 106.
Longpont (prieur de), II, 130, 275.
Longueil (Jean de), conseiller, puis président au Parlement : figure parmi les conseillers, I, 4, 15, 35; est cité parmi les membres du Parlement suspectés d'appartenir au parti bourguignon, I, 40; est reçu quatrième président, I, 169; assiste à la publication du traité de Saint-Maur, I, 171; prononce les derniers arrêts du Parlement de 1418, I, 176; se rend à la procession générale à Saint-Victor, I, 179; participe à la délibération touchant le ravitaillement de Paris, I, 183; assiste à la rentrée du Parlement, en novembre 1418, I, 191; en novembre 1421, II, 32; en novembre 1422, II, 72; en novembre 1423, II, 114; en novembre 1424, II, 149; en novembre 1425, II, 187; en novembre 1426, II, 217; en novembre 1427, II, 252; en novembre 1428, II, 290; entend l'exposé par Philippe de Morvilliers de ce qui avait été décidé à Saint-Pol, I, 197; est envoyé auprès du Chancelier pour lui représenter l'incompétence du Parlement en matière de finances, I, 212; assiste au conseil tenu par le comte de Saint-Pol, capitaine de Paris, I, 241; assiste aux conseils tenus au sujet des décisions prises par les commissaires de la police de Paris, I, 245, 248; présent au sujet de la réponse à faire aux ambassadeurs du roi et du duc de Bourgogne, I, 284; conseille un arrêt entre l'Échevinage de Paris et le procureur Hennequin, I, 296; répond aux députés de l'Université requérant l'enregistrement de leurs privilèges, I, 303; participe à une décision de la Cour en faveur d'un conseiller absent, I, 304; entend les explications du maître général des Monnaies données sur un ton arrogant, I, 331; assiste au jugement de procès criminels, I, 321; prend part à une délibération au sujet de l'union des habitants de Paris, I, 322; est présent à l'élection du prévôt de Paris après la démission de Gilles de Cla-

mecy, I, 324; entend la lecture d'avis envoyés par le Chancelier au sujet des négociations de paix, I, 340; est chargé par le Parlement d'assister chaque jour au conseil tenu par le Chancelier, I, 346; prend part à une délibération de la Cour relative aux collations de bénéfices, I, 382; assiste au jugement des prisonniers de Melun, II, 16; se rend à la procession générale de Notre-Dame à Sainte-Geneviève, II, 25; participe à la désignation de nouveaux exécuteurs testamentaires de Charles VI, II, 59; fait partie de la délégation du Parlement envoyée à la Chambre des comptes à raison d'un appel interjeté par Augustin Ysebarre, II, 63; entend la lecture d'une ordonnance réglant la succession au trône, II, 65; participe à une délibération relative aux manquements du bailli d'Amiens, II, 83; à une délibération au sujet de l'administration du temporel de l'abbaye de Saint-Denis, II, 112; assiste à la procession générale de Notre-Dame à Sainte-Catherine-du-Val-des-Écoliers, II, 123; délibère sur la requête de l'évêque de Paris à l'effet d'obtenir du baume sacré, II, 124; assiste à la présentation de lettres d'institution du bailli de Vitry, II, 146; participe à l'examen d'une cedule du Chancelier relative aux abus en cour de Rome, II, 148; assiste aux délibérations ayant pour objet de réglementer les officiers du Châtelet, II, 157; se rend à l'hôtel des Tournelles en vue de l'élection d'un nouveau Chancelier, II, 158; siège au Conseil, II, 161; s'associe au blâme infligé à des conseillers hostiles à des conclusions du Parlement touchant les libertés de l'Église de France, II, 183; participe à un arrêt rendant un prisonnier à l'évêque d'Amiens, II, 208; participe au jugement d'un procès en la Chambre des enquêtes, II, 213; participe au jugement du procès en appel de Bernard Nivart, suppôt de l'Université, II, 237; est absent pour cause de maladie, II, 249; siège dans l'affaire du registre des « serches » du Châtelet, II, 250; participe à un arrêt de règlement pour les procureurs du Parlement et du Châtelet, II, 254; participe au jugement du procès d'Hugues de la Varenne, II, 259; participe à un arrêt défendant de procéder devant le maître des testaments en cour ecclésiastique, II, 264; délibère sur une requête dans une question de régale, II, 267; délibère sur des lettres d'évocation au conseil de Rouen des causes relatives aux dons de terres en Normandie, II, 272; prend part à une délibération sur des bulles touchant les juridictions ecclésiastique et temporelle, II, 284; examine les requêtes tendant à réserver des causes aux jours de Vermandois, II, 286; participe au jugement d'un procès concernant les merciers du Palais, II, 301; au jugement d'un procès entre Jean de Gaucourt et Jean de Honneford, II, 314.

Longueil (Jean de), fils du président, conseiller au Parlement, I, 197, 200, 250; II, 193, 243, 247, 346, 366; III, 7, 73; lieutenant civil du pré-

vôt de Paris. III, 119, 176, 177, 179, 182.
Longuejoue (Jacques), grand prieur de l'abbaye de Saint-Denis, II, 412.
— (Jean), avocat au Châtelet, I, 385; II, 336; avocat du roi au Châtelet. III, 119, 180, 182.
Lopiat (sire de), I, 126.
Loques (Gilbert), procureur au Parlement, I, 36.
Lor (Jacques de), II, 319.
Lorin (G.), procureur au Parlement, I, 36.
Lormiers (Guillaume et Guiot Les), III, 120.
Lortillier (J.), avocat au Parlement, I, 36.
Lostringuihien (Simon), chevalier, III, 192.
Loupe (La) (Eure-et-Loir), châtellenie, II, 284.
Louvain (Belgique), École de droit, III, 111.
Louvet (Jean), président de Provence, I, 55, 495.
— (Robert), bourgeois de Paris, I, 294; clerc de la marchandise de Paris, III, 64.
Louvre (château du), I, 70, 75, 153, 325; II, 45, 50.
— conseil royal y tenu, I, 132.
Loyer (J.), I, 107.
Lucques (seigneur de), I, 279.
Luillier (Guion), prisonnier au Châtelet, II, 185.
— (Jean), avocat au Parlement, I, 36, 117, 304, 385; II, 128, 163, 185, 253; III, 32, 177, 179, 182, 191; conseiller au Parlement, I, 4, 6, 20, 35, 42.
Lunain ou Luvain (Jacques de), notaire du Parlement, I, 37; III, 172, 182, 192.
Luperin (Clément), facteur d'un marchand lucquois, I, 41.
Luru (Louis de), bailli de Saint-Gengoux, III, 116, 117.
Luxembourg (Jacqueline de), nièce du Chancelier, duchesse de Bedford, III, 142, 143.

Luxembourg (Jean de), chevalier, frère du Chancelier, II, 326, 343; III, 13, 181.
— (Louis de), évêque de Thérouanne, chancelier de France : remplace en qualité de chancelier Jean Le Clerc, démissionnaire, II, 159; est absent, II, 161; prend part à la délibération au sujet du renvoi au Conseil de Rouen d'un procès entre Jean de Gaucourt et Jean de Honneford, chevalier anglais, II, 178, 193; se trouve en Normandie, II, 181; revient de Rouen, II, 182; tient le Parlement à la rentrée de 1425, II, 187; envoie deux maîtres des Requêtes de l'Hôtel au Parlement pour signifier la révocation du bailli de Vermandois, II, 191, 192; la Cour envoie deux conseillers auprès de lui pour annoncer son intention de suspendre ses séances, faute de payement des gages, II, 194; la Cour lui envoie une députation au sujet du refus d'enregistrer des lettres touchant la collation des bénéfices, II, 198-200; il retourne ces lettres avec corrections, II, 203; tient le Parlement à la rentrée de 1426, II, 217; assiste à l'élection de quatre conseillers, II, 219, 221; recommande Jacques du Châtelier pour l'évêché de Paris, II, 219, 220; donne un office de sergent en la prévôté de Saint-Riquier, II, 220; va en Picardie à la rencontre du duc de Bedford, II, 225; adresse au Parlement un avis de l'Université sur l'élargissement de Bernard Nivart, l'un de ses suppôts, II, 262; le procureur du roi est chargé de conférer avec lui au sujet d'un refus d'ajournement en

cas d'appel, II, 267, 269; des députations du Parlement sont chargées de lui rappeler d'urgence la question des gages arriérés, II, 270, 272, 282, 334, 335; vient au Parlement pour le remplacement de deux conseillers décédés, II, 275; assiste à une délibération relative à des bulles touchant les juridictions ecclésiastique et temporelle, II, 284; le Parlement décide de lui écrire à l'effet d'être exempté d'une aide pour la guerre, II, 292; renvoi devant lui du receveur des aides de Noyon, se plaignant d'avoir été détroussé, II, 301; assiste à la prestation du serment de fidélité au roi d'Angleterre faite en Parlement, II, 318; commet Philippe de Ruilly et Marc de Foras pour recevoir les serments des gens d'église, II, 320; assiste au *Te Deum* à Notre-Dame pour l'heureuse arrivée du roi d'Angleterre à Calais, II, 338; reçoit lettres de son frère annonçant la capture de la Pucelle, II, 342; vient au Parlement au sujet de l'évocation par le roi d'une cause entre les habitants de la vallée de Cassel et Jean de Comines, II, 352; se rend à Rouen auprès du roi d'Angleterre, II, 357; retourne à Paris, II, 367; tient le Parlement le 9 décembre 1430, II, 372; se rend de nouveau à Rouen, III, 6; fait connaître au Parlement les intentions du roi au sujet du payement des gages arriérés, III, 15; le premier président de Morvilliers est envoyé auprès de lui pour obtenir des précisions, III, 16; une députation du Parlement est chargée de lui signifier les conclusions de la Cour, III, 17; il en prend acte, III, 18; ses offres ne sont pas acceptées, III, 22, 23; assiste à la tenue du Parlement par le roi d'Angleterre, le 21 décembre 1431, III, 26, 27; procède en la Tournelle criminelle à l'élection d'un président du Parlement, III, 30, 31; conseillers envoyés auprès de lui pour le payement des gages de la Cour, III, 35, 50, 54; réponse qu'il fait à deux conseillers dépêchés auprès de lui pour la collation des bénéfices, III, 42; part pour Corbeil en vue de conférer avec le cardinal de Sainte-Croix, III, 49; le Parlement lui envoie un président et un conseiller à l'occasion de son refus de sceller un permis d'accorder, III, 62; tient le Parlement à la rentrée de 1432, III, 73; il déclare l'impossibilité de payer plus de vingt-deux conseillers, III, 75, 76; reçoit la réponse du Parlement et l'invite à se rendre compte de l'état des finances, III, 77, 78; annonce qu'il transmettra au duc de Bedford la décision du Parlement, III, 79; démarche du procureur et de l'avocat du roi auprès de lui, sa promesse d'en entretenir le duc de Bedford, III, 81-83; prononce l'arrêt de déchéance contre le premier président de Morvilliers, III, 84, 87, 89; reçoit le serment de Robert Piédefer, nommé en son lieu et place, III, 85; revient sur la question du payement des gages, III, 85, 86; notifie l'intention du Conseil du roi quant au payement des gages du conseiller Gherbode, III, 99; est chargé de la régence pendant l'absence du duc de Bedford,

III, 100 ; fait publier des lettres royaux sur la collation des bénéfices par alternatives, III, 105, 106; tient le Parlement, III, 110; reçoit une protestation de l'Université contre la création d'une école de droit à Caen, III, 111; contre les empiétements du Conseil de Rouen, III, 124, 125; nouvelle députation du Parlement auprès de lui pour la question des gages, III, 138; autre députation au sujet de lettres d'amortissement qui lui sont renvoyées, III, 139, 140; arrête en séance du Grand Conseil les résolutions touchant l'entrée à Paris du duc et de la duchesse de Bedford, III, 142; les reçoit en son hôtel, III, 143; reçoit une députation du Parlement chargée de lui représenter le nombre insuffisant de conseillers, III, 143, 144; demande l'avis du Parlement sur la faculté d'amortir concédée par le roi, III, 146, 149; est absent en Normandie au début de novembre 1435, III, 168, 169, 174; envoi auprès de lui de deux présidents et trois conseillers pour la question des gages, III, 170; son intervention auprès du duc de Bourgogne sollicitée en raison du danger qui menace Paris, III, 181, 182; sa venue prochaine espérée en février 1436, III, 187; dessein de lui envoyer une députation, III, 188; vient au Parlement et reçoit une nouvelle prestation du serment d'observer le traité de Troyes, III, 188, 189; est obligé, lors de l'entrée des Français le 13 avril 1436, de se réfugier à la Bastille, III, 193.

Lyon (archevêque de), Amédée de Talaru, I, 6.

Lyon (sénéchal et capitaine de), Gérard de la Guiche, I, 225; Philibert de Saint-Léger, II, 150.
— (ville de), I, 162.
Lys (rivière de la), II, 133.

M

Machet (Gérard), maître en théologie, chanoine de Paris, I, 54, 70, 96.
Mâcon (bailli de), Gérard de la Guiche, I, 225; II, 240.
— bailliage, II, 150.
— comté, II, 150.
— fortifications, II, 241.
— monnaie, II, 241.
Maçon (Jean Le), orfèvre à Paris, II, 302.
— (Robert Le), chancelier du Dauphin, I, 16, 18, 53, 54, 59, 67, 106, 194, 195.
Mailles de Florence, monnaie, II, 233.
Mailly (Colart de), seigneur de Blangy, bailli de Vermandois, II, 191-193, 284.
— (Jean de), maître des Requêtes de l'Hôtel, I, 143, 185, 289; doyen de Saint-Germain-l'Auxerrois, II, 59, 60; président en la Chambre des comptes, II, 174.
— (Robert de), chevalier, grand panetier de France, I, 145.
Maine (bailli du), Bertrand de Remeneuil, I, 191.
— comté, II, 368.
— (marches du), II, 14.
Maisné (Jean de), dit de Blois, clerc du greffier criminel du Parlement, I, 129.
Maisons-sur-Seine (Seine-et-Oise), péage, II, 258.
Makville (Édouard), écuyer anglais, bailli de Mantes et de Meulan, II, 143.
Maladie de Henri V, roi d'Angleterre, II, 53, 56; de la duchesse de Bedford, III, 72.

Malche (Piétremant), marchand étranger, II, 241.
Malicorne (Jacques), procureur au Parlement, I, 37.
Manerot (Jaquin), receveur des aides à Soissons, II, 246.
Mangin (Jean), conseiller au Parlement, I, 4, 35, 42, 141, 145, 159, 160, 180.
Maunier (frère Jean Le), prieur de Saint-Denis-de-la-Chartre, III, 5.
Mans (Le), reddition de la ville aux Anglais, II, 182, 183.
Mauteau de nuit de Charles VI, II, 92.
Mantes, bailli, Édouard Makville, II, 143.
— (passage des Anglais à), II, 19.
— (reddition de), I, 252.
— séjour du duc de Bedford, III, 79.
Maquart (Bertrand), III, 193.
Marbury (Richard), capitaine anglais de Gisors, II, 119.
Marc (Georges de), notaire du roi, II, 252.
Marc d'argent (valeur du), II, 28-31, 57, 64.
— d'or fin (valeur du), II, 31.
Marcadé (Jaquet), sommelier de Charles VI, II, 85.
Marcel ou Marceau (J.), drapier, I, 221, 294.
Marcelle (Jeanne La), femme d'Audry du Molin, recluse, I, 37, 38, 159, 160, 163.
Marchands (argent prêté au duc de Bedford par des), II, 128.
— étrangers (billon livré aux Monnaies royales par les), II, 241, 242.
Marchant (Andry), bailli d'Évreux, I, 173.
— (Noël), prévôt des marchands, I, 297; III, 61.
Marche (comte de la), II, 51.
— (Jean de la), conseiller au Parlement, I, 4, 42, 56, 78, 142, 145, 160, 227, 245, 274, 297, 308, 340; maître des Requêtes de l'Hôtel, II, 18.

Marche (Thomas de la), conseiller au Parlement, I, 200; II, 110, 174, 211, 257; III, 73, 77, 177, 179, 190, 196; président des Requêtes du Palais, III, 93, 120.
Marcheville (Eure-et-Loir), châtellenie, II, 284.
Marcilly (Jacquot de), garde et concierge de l'hôtel du roi à Gouvieux, I, 337.
— (Jean de), huissier du Parlement, II, 330, 332; III, 191.
Marcoignet (Enguerran de), chambellan de Charles VI, I, 151.
Marcoussis (Jean Audry, dit), sergent du roi, II, 206, 210, 216, 232, 236, 240, 243, 249, 250, 257, 259, 263, 273, 274, 289, 291, 292, 296, 315.
— (Seine-et-Oise) (forteresse de), II, 127.
Mare (Guillaume de La), habitant d'Évreux, III, 62.
Mareschal (Germain Le), sergent de la douzaine, III, 192.
— (Jean Le), plaideur, III, 65.
Marescot (Guillaume), clerc ou greffier des Requêtes du Palais, I, 14, 35; II, 263.
Maret (Jacques), procureur de la nation de Picardie, II, 287.
Marguerie (Andry), conseiller au Parlement, II, 219, 221, 222, 249, 269, 300, 370, 371; III, 11.
Mariage de Catherine de France avec Henri V, roi d'Angleterre, I, 299, 364-367; II, 73; de Michelle de France avec Philippe le Bon, duc de Bourgogne, II, 69.
Marigny (Pierre de), avocat au Parlement, I, 36; avocat du roi au Parlement, I, 142, 171, 172, 227, 248, 249, 275, 297, 310, 358; II, 16, 22; maître des Requêtes de l'Hôtel, II, 16, 21, 59, 72, 111, 112, 129, 149, 152, 157, 178, 187, 191, 196, 211, 217, 219, 252, 270;

284, 290, 329, 333; III, 27, 57; prévôt de Paris, II, 17, 21.
Marin (Lanfranc de), Génois, II, 213.
Marle (Arnaud de), fils de Henri de Marle, maître des Requêtes de l'Hôtel, 1, 4, 5, 26, 45, 121.
— (Guillaume de), frère du Chancelier, conseiller au Parlement, I, 4, 5, 15, 35, 42.
Marle (Henri Le Corgne, dit de), chancelier de France : vient au Parlement et procède à l'élection de Clément de Fauquembergue en qualité de greffier civil, et à celle du conseiller Cotin, I, 1, 2; prend part à une délibération au sujet d'ordonnances sur la justice et le domaine du roi, I, 3-5; approuve l'élection de Jean Raymond en qualité de conseiller, 1, 12; déclare ne pouvoir assister à l'élection du sénéchal de Berry, I, 13; expose la nécessité de se procurer de l'argent pour combattre les Anglais, I, 14-17; assiste à la publication des lettres de don du duché de Berry au Dauphin, I, 18; assiste à la délibération relative à un prêt demandé au Parlement, I, 19; vient à la Tournelle criminelle, I, 20; apporte des lettres autorisant l'aliénation de mille livres de rente par l'Échevinage pour les fortifications de Paris, I, 24; remet au Parlement un avis du Grand Conseil pour se procurer des finances, I, 25; est présent à la délibération touchant les devoirs féodaux exigés en Dauphiné par le roi des Romains, I, 26; envoi de quatre conseillers auprès de lui au sujet d'attentats contre l'autorité judiciaire, I, 30; déclaration à son adresse apportée au Parlement, I, 34; assiste à l'entérinement de lettres royaux nommant conseiller Pierre Le Bescot, I, 42; assiste à la réception de Robert de Layre en qualité de bailli de Montargis, I, 43; tient le Parlement en novembre 1417, I, 44; vient au Parlement pour examiner les moyens de rétablir la paix, I, 53; autorise l'élection en son absence du successeur du conseiller Tarenne, I, 56; ses lettres closes au Parlement touchant la rébellion de Carcassonne, I, 57; se plaint des appellations abusives en cour de Rome au préjudice des ordonnances royales, I, 60; expose la recrudescence et l'impunité des crimes par suite du retard apporté à la nomination d'un nouveau lieutenant de la Prévôté, I, 120; refuse de sceller les lettres révoquant les pouvoirs des réformateurs, I, 125; est arrêté lors de l'entrée des Bourguignons à Paris, I, 127, 128; est incarcéré en la grosse tour du Palais, I, 134; est mis à mort et enterré à la Couture-Saint-Martin, I, 137.
Marlière (Robert), secrétaire du roi, I, 79.
Marquant (Jaquin Le), tuteur des enfants de Jean de Billy, I, 284.
— (Jean Le), prisonnier, III, 127, 128.
Marque (lettres de), I, 279.
Martin (Berthelemin), marchand à Paris, I, 23, 41, 74.
— (Étienne), plaidant contre l'abbaye de Saint-Denis, II, 22.
— (Guillaume), tailleur de robes et valet de chambre de Charles VI, II, 85.
— V, pape, I, 61, 67, 72, 75, 81, 84, 89, 90, 92, 93, 102, 103, 107, 108, 110, 112, 115,

116, 125, 266 ; II, 169, 210 ; III, 34.

Martray (Simonnet de), orfèvre à Paris, II, 302.

— (Ytier de), lire Martreuil (Ytier du), évêque de Poitiers, I, 73.

Masle (Nicole Le), II, 350.

Masson (Robert Le), maître des Requêtes de l'Hôtel, I, 4 ; chancelier du Dauphin, I, 53, 54, 68. Voir Maçon (Robert Le).

Massue (Quentin), conseiller au Parlement, I, 35, 42, 56, 78, 146, 160, 216, 218-220, 227, 228, 231, 313, 386, 391 ; II, 16 ; maître des Requêtes de l'Hôtel, II, 102, 111, 112, 152, 157, 178, 187, 191, 199, 200, 202, 211, 217, 219, 252, 284, 329.

Mathurins (ministre des), I, 144.

Maubour (Pierre), auditeur au Châtelet, II, 160, 221.

Maucourgent (Jean), député de l'Université de Paris, II, 287.

Mauger (Robert), président, puis premier président du Parlement : assiste à une délibération au sujet d'ordonnances sur la justice et le domaine du roi, I, 3 ; prend part à une résolution chargeant sept membres de la Cour de rédiger une cédule au sujet du prêt sollicité par le Chancelier, I, 15 ; prend part à une délibération à l'effet d'empêcher la prise d'armes du duc de Bourgogne, I, 20 ; prête le serment de fidélité au roi en qualité de premier président, I, 35, 37 ; assiste à l'entérinement des lettres nommant conseiller Pierre Le Bescot, I, 42 ; à la réception de Robert de Layre comme bailli de Montargis, I, 43 ; assiste à la séance de rentrée du Parlement en 1417, I, 44 ; à l'examen d'ordonnances royaux restituant les libertés de l'Église de France, I, 47, 48 ; prend part à une délibération pour obvier au péril des guerres, I, 52 ; expose le résultat des discussions ouvertes à ce sujet, I, 54, 56 ; prend la parole au nom du Dauphin au sujet de l'attitude de l'Université lors de l'élection du pape Martin V, I, 60 ; remise en sa présence au trésorier des guerres de cédule de dépôts, I, 74 ; communique au Dauphin certains avis adoptés par le Parlement, au sujet de l'élection de Martin V, I, 79, 108 ; fait partie du conseil convoqué par le Dauphin pour examiner les propositions de paix du duc de Bourgogne, I, 119 ; assiste au conseil tenu le 6 juin 1418 pour aviser à l'apaisement des habitants de Paris, I, 133 ; participe à la nomination de deux conseillers du Parlement envoyés auprès de la reine et du Dauphin pour traiter de la paix, I, 135.

Maugier (Pierre), auditeur au Châtelet, II, 354 ; III, 8, 9.

Mauloué (Henri), audiencier, exécuteur testamentaire d'Arnaud de Corbie, I, 139.

— (J.), conseiller au Parlement, I, 35, 57, 96, 120.

Mauparillier (Guillemin), habitant du Mesnil-Aubry, II, 355.

Meaux, abbaye de Saint-Faron, II, 227, 228.

— baillis : Gilles des Champs, I, 391 ; II, 27 ; Jean Choart, II, 43 ; Jean, bâtard de Thian, III, 163, 164 ; Jean de Blaisy, écuyer, III, 163, 164.

— chanoine, II, 227.

— évêché (réparations de l'), II, 227.

— évêques : Jean IX de Briou, II, 226 ; Jean de Saints, II, 227 ; Pasquier de Vaux, III, 189.

Meaux (garnison de), I, 153, 278, 282; II, 45, 49.
— marchand, II, 228.
— négociations y projetées, I, 24.
— prise de cette ville par les Anglais, II, 40, 42.
— (reddition aux Anglais du Marché de), II, 44, 45, 49.
— (siège de) par les Anglais, II, 27, 35, 36, 39-41, 45, 49.
Médecine (exercice illégal de la), II, 223.
Meingre (Jean Le), dit Boucicaut, maréchal de France, I, 139, 165.
Melun (ambassade envoyée à), I, 257, 260.
— baillis : Louis de Culant, I, 43; Jean de Montbleru, I, 43; Guillaume de Pourbail, I, 390; II, 4, 26; Jean Bodeau, II, 25, 26.
— capitaine, III, 156.
— conférence y proposée par le duc de Bedford, III, 43.
— (garnison de), I, 153, 282.
— (présence du Dauphin à), I, 133, 307.
— prisonniers envoyés et jugés à Paris, I, 387, 388; II, 2, 3, 12-14, 16.
— receveur et procureur des habitants, II, 288.
— (reddition de), I, 387.
— (siège de) par les Anglais, I, 383, 387, 389.
— (vicomté de), II, 60.
Menart (G.), secrétaire du duc de Bourgogne, II, 97.
Mende (évêque de), Jean de Corbie, I, 139.
Menestrat (Pierre Le), valet de chambre de Charles VI, II, 85.
Menuet (G.), procureur au Parlement, I, 37.
Mercadée (femme la), bienfaitrice de l'église de Saint-Gervais, III, 155.
Merceries de ceintures, II, 124, 302.

Mercier (Charlot Le), fermier des monnaies de Tournai et de Saint-Quentin, II, 63.
— (Jean), maître des Requêtes de l'Hôtel, I, 143, 145, 160.
Merciers (visite des), II, 121.
— du Palais (orfèvres chargés de visiter les), II, 302.
Merilles (Gervaisot de), bourgeois de Paris, I, 217.
Merle (Fouquet), lieutenant du connétable de la cité de Carcassonne, I, 58.
Mesnil (Jean du), chambellan de Charles VI, I, 358; III, 105; prévôt de Paris, I, 390; II, 11, 12.
— (Martolet et Colart du), maîtres des Eaux et Forêts de Picardie et de Normandie, I, 185.
Mesnil-Aubry (le) (Seine-et-Oise). Église, II, 356.
— manoir de Simon Morhier, prévôt de Paris, II, 356.
— seigneurie, II, 355.
Mesnil-Fouchart (Étienne du), ministre des Mathurins, I, 144.
Messe de Notre-Dame (célébration de la), II, 279.
— de saint Barnabé (célébration de la grand'), II, 279.
Messes des funérailles de la duchesse de Bedford, III, 80.
— pour le Parlement (célébration par les Cordeliers de), II, 268.
Meulan (bailli de), Édouard Makville, II, 143.
— (négociations de), I, 299, 300.
— (passage des Anglais à), II, 19.
— (prise de) par les gens du Dauphin, II, 42, 43, 88; par les Anglais, II, 43, 91.
— (prise du pont de) par les Français, III, 166.
— (siège du pont et de la forteresse de), II, 88, 90, 94.
Moung-sur-Loire (Loiret), for-

260   TABLE ALPHABÉTIQUE.

teresse occupée par les Anglais, II, 313.
Meuniers (défenses aux boulangers d'être), I, 378.
— de Paris (abus et exactions des), I, 374, 376, 377.
Mezerettes (Gervaise de), procureur au Parlement, I, 37; III, 191.
Michelle de France, duchesse de Bourgogne, II, 69.
Milan (comte de) (Philippe-Marie Visconti), I, 128, 132.
Milart (Jean), avocat, II, 211.
Milet (Jean), notaire du Parlement, I, 13, 23, 35, 40, 142, 242, 332; II, 2, 41, 67, 167; III, 12, 41, 44; greffier criminel du Parlement, I, 247, 248, 273, 295, 314, 321, 346, 355, 358, 387; II, 2, 188.
Milly (Pierre de), caution de Pierre Belle, huissier du Parlement, I, 330.
Milon (Gilot), marchand de Troyes, II, 245, 246, 249, 250.
— (Jean), examinateur au Châtelet, I, 176, 177.
Miraumont (Robert de), chevalier, I, 366, 368.
Mire (Alphonse Le), receveur des aides à Amiens, III, 55, 56.
Miron (Jean), examinateur au Châtelet, II, 226.
Mistre (Symonnet Le), serviteur de Charles VI, II, 85.
Mitres d'or, garnies de perles, II, 116.
Mitry en France (Seine-et-Marne), héritages, II, 195.
Moissons (sergent du Châtelet prisonnier élargi pour faire ses), III, 160.
Molin (Andry du), bourgeois de Paris, I, 37, 38, 159, 160, 163.
— (Denis du), avocat au Parlement, I, 36, 117; substitut du procureur général du Parlement, I, 41.

Molin (Jean du), official de l'évêque de Paris, I, 59, 67, 68, 96; conseiller au Parlement, I, 77, 78, 96, 112, 113.
Molinet (Jean du), procureur au Parlement, I, 37; III, 191.
Molins (Giles des), audiencier du Parlement, II, 188, 252, 290, 330; audiencier de la Chancellerie, III, 191.
— (G. de), procureur au Parlement, I, 36.
— (Joffroy des), huissier du Parlement, I, 147; II, 108, 193, 247; III, 20, 71, 72, 191.
Monfault (Huguelin), bourgeois de Paris, III, 180, 182.
Monnaie blanche et noire (ouvriers du serment de France et d'Empire admis à fabriquer la), II, 359.
— d'or (droit de fabriquer de la) revendiqué par les ouvriers du serment de l'Empire, II, 359.
— de Mâcon (maîtres particuliers de la), II, 241.
— de Paris (bénéfices de la), I, 236; (épreuve des ouvriers et monnoyers du serment de l'Empire en la), II, 359; (maître particulier et garde de la), I, 235.
Monnaies (action intentée aux orfèvres par les maîtres des), II, 232, 233.
— (cours des), II, 18, 19, 26, 27, 108, 109.
— (erreur de compte de) commise par un conseiller du Parlement, II, 260.
— (legs payés au cours actuel des), II, 57.
— (maîtres généraux des), I, 313, 314; II, 304; III, 58.
— (réformation des), I, 275, 276, 279.
— de France (ouvriers des), II, 225.
— de Tournai et de Saint-Quentin (fermier des), I, 257.

Monnaies étrangères (achat par les orfèvres de), II, 233.
Monnoyers de la monnaie de Paris, I, 314.
— du serment de France, II, 225, 226, 340, 354, 355, 358, 359.
— du serment d'Empire, II, 225, 226, 340, 341, 354, 355, 358, 359.
Monoaldo (François de), habitant de Montpellier, I, 23.
Monstereul (Henri de), procureur au Parlement, I, 37, 117, 221, 227, 364.
— (J. de), secrétaire du roi, I, 59, 117.
Mont (Jean de), chevalier, I, 43.
Montaudier (Jean de), exécuteur testamentaire de Henri de Savoisy, II, 170.
Montargis (baillis de) : Robert de Layre, I, 43 ; Richard Pocaire, I, 43.
— siège par les Anglais (levée du), II, 247.
Montauban (Guillaume, sire de), II, 54.
Montberon (Jacques, sire de), maréchal de France, I, 167, 174, 175, 240, 241, 243-245, 256, 262, 277, 285, 297, 325, 341, 349 ; II, 36.
Montbléru (Jean de), bailli de Melun, I, 43.
Montdidier (gouverneur de), Hue de Lannoy, II, 68.
— (officiers du duc de Bourgogne à), II, 69.
Montejan (Renaud de), bailli de Touraine, I, 120.
Montenay (Guillaume de), chevalier, I, 79.
Montereau (assassinat du duc de Bourgogne à), I, 317 ; II, 10.
— capitaine, II, 331.
— conférence y proposée par le duc de Bedford, III, 43.
— plénipotentiaires français et bourguignons y envoyés, I, 118.

Montferrand (Bérard, sire de), III, 80.
Montfort (Arthur de Richemont, comte de), II, 95.
— (Jean de), exécuté pour ses démérites, II, 346.
— (Pierre de), lire Rochefort, maréchal de France, I, 134, 165.
Montjeu (Philibert de), maître des Requêtes de l'Hôtel, I, 143, 191, 239, 243, 245, 256, 297, 308, 309 ; chanoine et archidiacre de Ponthieu, pourvu de l'évêché d'Amiens, I, 386 ; II, 32 ; évêque de Coutances, II, 213.
Montjou (Jean), bailli de Senlis, II, 27.
Montlhéry (garnison de), I, 168.
— (siège de), I, 158, 165.
Montmaur (Jacques de), chevalier, I, 151.
Montpellier (habitants de), I, 23.
— (procureur du roi à), I, 171.
Montrouge (terre de), I, 316.
Mont-Saint-Éloy (Renaud du), conseiller au Parlement, I, 141, 145.
Morant (Pierre), procureur au Châtelet, II, 336.
Moreau (Jean), procureur au Parlement, I, 36 ; II, 156.
Moreuil (Hugues de), conseiller au Parlement, I, 15, 40, 142, 207, 219, 221, 241.
— (seigneur de), I, 386.
Morgal (Barthélemy), visiteur des ouvrages d'orfèvrerie, II, 357.
Morhier (Simon), prévôt de Paris : remplace Simon de Champluisant, II, 76 ; le Parlement lui interdit d'exiger certains droits ou chapons des sergents du Châtelet, II, 97 ; le Parlement lui ordonne de mettre fin aux exactions commises par les clercs de la Prévôté au préjudice des prisonniers du Châtelet, II, 109 ; fait présenter sa défense au

sujet des exactions qui lui sont reprochées, II, 162, 163; est en procès avec Jean Spifame, II, 270; III, 57; contraint les habitants du Mesnil-Aubry à nourrir ses gens de guerre dans le manoir de sa seigneurie, II, 355; assiste à la tenue du Parlement par le roi d'Angleterre, le 21 décembre 1431, III, 27; vient au Parlement à l'occasion de la conspiration tramée contre les Anglais par l'abbesse de Saint-Antoine, III, 65; prête, comme membre du Grand Conseil en 1430, le serment de fidélité au roi d'Angleterre, III, 190; se retire à la Bastille lors de l'entrée des Français, III, 194.

Morin (Jean), cordelier, évêque de Julinanse, II, 120.

Mort de Charles VI, II, 59; de Henri V, roi d'Angleterre, II, 56; de la duchesse de Bedford, III, 74.

Mortain (Édouard de Beaufort, comte de), III, 27.
— (Louis de Bavière, comte de), I, 182.

Mortalité à Paris, I, 168, 175, 184, 188, 389; à Corbeil, I, 169, 175, 179.

Morvilliers (Philippe de), premier président du Parlement: prête serment à la rentrée du Parlement, le 25 juillet 1418, I, 141; assiste à la séance où est proposée la révocation des ordonnances relatives aux libertés de l'Église de France, I, 144; rentre en son hôtel par crainte d'émotion populaire, le 22 août 1418, I, 152; reproche au lieutenant civil et au procureur du roi les désordres qui venaient de se produire, I, 153; prend part à la délibération sur une requête du duc de Bourbon au sujet du duché d'Auvergne, I, 160; assiste à la publication du traité de Saint-Maur, I, 171; prend part à la délibération concernant le ravitaillement de Paris entravé par les gens de guerre, I, 183; assiste à la rentrée du Parlement en 1418, I, 191; rapporte les résolutions prises à l'hôtel de Saint-Pol pour l'observation du traité de Saint-Maur, I, 196, 197; annonce au Parlement son prochain départ pour Rouen, I, 202; doit se rendre auprès du roi et de son Conseil à Pontoise, I, 226; fait partie d'une députation envoyée à Lagny auprès du roi et du duc de Bourgogne, I, 231; rend compte de sa mission, I, 236; assiste au conseil tenu au Parlement par le comte de Saint-Pol au sujet du remplacement du prévôt Guy de Bar, I, 241; assiste au conseil tenu pour la mise à exécution des avis des commissaires de la police de Paris, I, 245, 248; présent à l'élection de Gilles de Clamecy comme prévôt de Paris, I, 246; se rend au Châtelet pour l'installer, I, 247; présent à la lecture de lettres touchant la paix, I, 250; expose les efforts faits par le duc de Bourgogne pour le rétablissement de la paix, I, 254; répond aux ambassadeurs du duc de Bourgogne, porteurs de lettres à l'adresse du Parlement et de l'Échevinage, I, 263, 264; assiste à la délibération relative à la révocation des ordonnances sur les libertés de l'Église de France, I, 283; délibère sur la réponse aux lettres de créance apportées par Nicolas Rolin, I, 284; prononce vingt-sept arrêts importants, I, 288;

prend part à l'élaboration d'un arrêt entre l'Échevinage et un procureur du Parlement, I, 296; se rend à Meulan auprès du roi, I, 299; inflige un blâme au maître général des Monnaies pour avoir méconnu l'autorité du Parlement, I, 314; expose les graves inconvénients de la levée d'une taille sur les habitants de Paris, I, 335; expose devant le Chancelier et l'Échevinage la situation du Parlement par suite du non-payement de ses gages, I, 337; entend la lecture d'avis envoyés par le Chancelier au sujet de la paix, I, 340; fait connaître l'opinion du Parlement au sujet des lettres du duc de Bourgogne à la Cour, I, 342; se rend à Pontoise auprès du roi d'Angleterre, I, 362; annonce la conclusion du traité de Troyes et le mariage de Catherine de France avec le roi d'Angleterre, I, 366-369; quitte le Parlement lors du débat provoqué par le remplacement du chancelier de l'Aitre, I, 375; se trouve au siège de Melun, I, 383; envoie de Corbeil lettres closes au Parlement, I, 384, 386; reçoit en son hôtel le serment de Guillaume de Pourbail, nouveau bailli de Melun, I, 390; II, 4; enjoint aux membres du Parlement d'observer la paix conclue entre les rois de France et d'Angleterre, II, 14; assiste au jugement des prisonniers de Melun, II, 16; assiste à la procession de Notre-Dame à Sainte-Geneviève, II, 25; se rend chez le Chancelier pour ouïr une requête relative à l'évêché d'Amiens, II, 32; expose la créance donnée par la Cour à deux de ses membres envoyés auprès du roi d'Angleterre, II, 35; confère à ce sujet avec le Chancelier et deux évêques, II, 41; assiste au conseil tenu par le roi d'Angleterre à l'hôtel de Nesle, II, 51; prononce les arrêts de clôture, II, 56, 141, 185, 215, 243, 325, 364; entend le compte de l'exécution testamentaire de Philippe Paillart, archidiacre de Noyon, II, 57; est envoyé en ambassade auprès du duc de Bretagne, II, 79; prend part à une délibération touchant les causes d'appel du bailliage d'Amiens, II, 83; s'associe à la décision de la Cour au sujet de la participation de ses membres aux processions dans chaque paroisse, II, 89; assiste à la rentrée du Parlement en 1423, II, 111; prend part à une délibération au sujet de l'administration du temporel de l'abbaye de Saint-Denis, II, 112; est présent à l'arrêt réglementant la délivrance du baume sacré à l'évêque de Paris, II, 124; assiste au conseil tenu par le duc de Bedford pour le remplacement du bailli de Senlis, II, 125, 126; apporte de Rouen des lettres du duc de Bedford au Parlement, II, 155; prend part à la délibération au sujet des règlements nouveaux des officiers du Châtelet, II, 157; se rend à l'hôtel des Tournelles pour procéder à l'élection d'un nouveau Chancelier, II, 158; est chargé de la garde du petit sceau pendant l'absence du Chancelier, II, 161; publie le règlement nouveau des officiers du Châtelet, II, 175; participe à la décision de la Cour sur le maintien des ordonnances touchant les libertés de l'Église de France, II, 176, 183; revient de Rouen et apporte la capitulation de la ville du Mans, II, 182; assiste à la rentrée du Parlement en 1425, II, 187; en 1426, II, 217; participe au jugement d'un procès concernant l'évêque d'Amiens, II, 208; notifie aux représentants de la ville de Rouen un arrêt au profit de l'Échevinage parisien contre plusieurs villes de Normandie, II, 211; participe au jugement d'un procès de la Chambre des enquêtes, II, 213; chargé d'entendre le compte de l'administration des biens de l'abbaye de Saint-Denis, II, 222; assiste au procès de Bernard Nivart, régent en médecine, II, 237; est absent en Normandie, II, 249; s'occupe du registre des « serches » du Châtelet, II, 250; règle des questions de procédure, II, 254; assiste à un procès instruit en la Chambre des enquêtes, II, 258; participe au règlement d'un conflit de juridiction en matière testamentaire, II, 264; siège dans un procès au sujet de la prébende d'Évreux, II, 267, 270; apporte des lettres d'évocation au Conseil de Rouen des causes concernant les dons de terres en Normandie, II, 272, 273; prend part à une délibération sur des bulles relatives aux juridictions ecclésiastique et temporelle, II, 284; est chargé par le duc de Bedford d'exposer au Parlement la question de la levée d'une aide pour la guerre, II, 292; assiste aux débats d'un appel interjeté de la Chambre des comptes par le receveur des aides à Noyon, II, 300; s'occupe d'un arrêt concernant les merciers du Palais, II, 301; son absence constatée, II, 305; participe aux débats d'un procès entre Jean de Gaucourt et Jean de Honneford, II, 314; sur son rapport, une somme en dépôt est remise au receveur de Paris, II, 321; mise en liberté provisoire d'un conseiller emprisonné par ses ordres, II, 324; préside la rentrée du Parlement en 1429, II, 329; siège dans un procès des exécuteurs testamentaires d'Alexandre Nacart contre l'évêque de Paris, II, 331; dans un procès de Jean d'Aigny contre le président Branlart, II, 332, 333; est absent lors d'une discussion au sujet des gages arriérés de la Cour, II, 335; assiste à la délibération ouverte à l'occasion de la prochaine venue du roi d'Angleterre, II, 340; prend part à un arrêt fixant le nombre des boursiers du collège de Lisieux, II, 347; entend les doléances des habitants du Mesnil-Aubry, II, 355; prend part au jugement d'un procès entre les ouvriers et monnoyers du serment de France et ceux de l'Empire, II, 358; au jugement d'un procès entre les ceinturiers de Paris et ceux de Saint-Marcel, II, 361; au jugement d'un procès entre le collège de Dormans et les exécuteurs testamentaires de Jean Bertault, II, 362; à la discussion relative aux gages arriérés de la Cour, II, 364; adhère à la prorogation du Parlement, III, 3; participe au jugement du procès entre les drapiers et fripiers de Paris, III, 6; entend le rapport de la visite des boulangers, III, 8; participe au jugement d'un procès touchant l'exécution testamentaire de Jean d'Arsonval, évêque de Chalon, III, 11; convoque le Parlement pour délibérer sur la cessation des séances, III, 12; est envoyé auprès du Chancelier au sujet des gages arriérés, III, 16-18; reçoit les excuses du conseiller Jean de Voton, III, 24; porte la parole à l'entrée du roi d'Angleterre, III, 26; assiste aux débats du procès entre Jacques Branlart, chevecier de Saint-Merry, et les marguilliers de cette église, III, 32; fait connaître les intentions du duc de Bedford au sujet du payement des gages de la Cour, III, 36; assiste au jugement du procès entre les propriétaires des basses merceries et les pelletiers de Paris, III, 40, 63; accompagne le duc de Bedford à Corbeil pour conférer avec le cardinal de Sainte-Croix, III, 49; fait part à la Cour de son entretien avec le duc de Bedford au sujet des gages, III, 54; prend part au jugement d'un procès intenté aux affineurs d'or et d'argent de Paris, III, 58; au jugement d'appels interjetés de la Chambre des comptes, III, 59, 60; refuse de notifier au duc de Bedford l'interruption des séances du Parlement, III, 70; est sommé de venir au Parlement, III, 71; refuse de comparaitre, III, 72; le greffier, au nom de la Cour, lui signifie la décision prise au sujet de la tenue du Parlement, III, 72; assiste à la séance de rentrée du Parlement en 1432, présidée par le Chancelier, III, 73; entend l'exposé fait par le Chancelier et lui signifie la délibération de la Cour se déclarant incompétente en matière de finances, III, 77-79; présent à la délibération du Parlement refusant les offres du duc de Bedford, III, 81; est l'objet de poursuites et disgracié, III, 84; est remplacé par Robert Piédefer, III, 85, 87, 89; présent, en qualité de président, à la séance tenue par le Parlement le 16 avril 1436, III, 196; fait partie de la députation envoyée auprès du connétable de Richemont, III, 197; rencontre le connétable près de Saint-Germain-des-Prés et communique à la Cour sa réponse pour la tenue du Parlement, III, 198.

Mote (J. de la), secrétaire du roi, II, 134, 172.

Motot (Guichard), bourgeois de Joigny, II, 48.

Mouleurs de bûche (rapports des jurés), I, 234.

Moulins (Jeanne des), femme de Thomas Compère, anglais, II, 283.

Moulins de l'abbaye de Saint-Denis, I, 356.

— des églises de Paris (rendement des), III, 130, 131; (séquestre du revenu des), III, 331.

— de Paris (ferme des), I, 376-378.

Mouret (Pierre), commis à la recette des aides à Noyon, II, 263.

Mouson (Henry de Bièvre, dit de), conseiller au Parlement, II, 276.

Moustier (B. du), procureur au Parlement, I, 36.

— (Charlot du), valet de chambre de Charles VI, II, 85.

— (P. de), avocat au Parlement, I, 36.

Moutardier (Jean Le), maître en théologie, III, 66.

Mouton (Guillaume), orfèvre à Paris, II, 214.

Moutonnets, monnaie, II, 260.
Moutons d'or, monnaie, II, 245.
Muet (Guillaume Le), contrôleur de la Chambre aux deniers de Charles VI, II, 85; changeur du Trésor, III, 60, 179, 185, 186, 190.
Murray (Jean), habitant de Paris, II, 319.
Mystère de saint Georges (représentation à Paris du), II, 50, 51.

N

Nacart (Alexandre), procureur au Parlement, I, 36; II, 330, 331.
Najac (Aveyron). Capitainerie, I, 224.
Nanterre (Jean de), conseiller au Parlement, I, 35, 120.
— (Philippe de), conseiller au Parlement, II, 249, 250, 271, 294, 334; III, 31, 41, 44, 69, 72, 77, 78, 99, 108, 124, 144, 155, 164, 170, 172, 173, 177, 179, 190, 196, 198; gouverneur par intérim du collège de Beauvais, III, 30.
— (Simon de), président au Parlement, I, 44, 47, 48, 52, 54, 60, 74, 78, 108, 112, 135, 139.
Nantes (évêque de), Jean de Malestroit, II, 54, 284.
— lettres du duc de Bretagne y écrites, II, 79.
Narbonne (Guillaume d'Avaugour, vicomte de), I, 126.
Naudon (J.), procureur au Parlement, I, 36.
Navarre (roi de), I, 375.
— (officiers à Nemours du roi de), II, 102.
— (Jean), bourgeois de Paris, I, 221, 294.
Navars (Bertrand), habitant de Montpellier, I, 23.
Neauville (Guillaume de), I, 240.
— (Martin de), drapier, I, 239, 297; III, 38.
— (Pierre de), conseiller au Parlement, I, 145; II, 150, 187, 245, 249, 334.
Neelly (François de), créancier du Parlement, I, 7.
Nègrepelisse (Arnaud de Carmaing, seigneur de), sénéchal de Carcassonne, I, 174.
Neige extraordinaire à Paris, II, 124.
Nelle (Guillaume), notaire de la Chancellerie, III, 192.
Nemours. Habitants, II, 221.
— officiers du roi de Navarre, II, 102.
Nérac (P. de), procureur au Parlement, I, 36.
Nesple (J.), procureur au Parlement, I, 37.
Neufchâtel (Thibaut de), grand maître de l'Hôtel, I, 240, 331, 341.
Neufville (Jean, seigneur de), bailli de Saint-Pierre-le-Moutier, I, 175.
— (Nicolas de), échevin de Paris, III, 196.
Neuville (Jean de), député de l'Université de Paris, II, 287.
Nevers (Philippe de Bourgogne, comte de), I, 85, 384.
— (Bonne d'Artois, comtesse de), I, 248, 249.
— conférence y projetée, III, 42.
Nicolas (Denis), commissaire pour la police de Paris, I, 221.
— (Paul), bachelier en théologie, III, 88, 108, 109, 170.
Nielle (Jean), sergent à verge du Châtelet, II, 10.
Niquet (Nicole), plaideur, III, 164.
Nivart (Bernard), régent en médecine, II, 237-240, 262, 264, 271.
Nobles d'Angleterre, monnaie, II, 245, 246, 250.
Noé (Gilbert), procureur au Parlement, I, 36, 117.
Nogent-le-Roi (Eure-et-Loir). Prise par l'armée du Dauphin, II, 20.

Noir (B. Le), procureur au Parlement, I, 37.
Normandie (chancelier de), II, 51.
— (conseil de), II, 66.
— (duché et pays de), I, 290, 311; II, 74, 244, 273; III, 14, 111.
— forteresses conquises par les Anglais, II, 145.
— (guerre en), I, 255.
— maîtres des Eaux et Forêts : Jean de Villiers, I, 3 ; Martelet et Colart du Mesnil, I, 185.
— présence du chancelier Louis de Luxembourg, III, 168.
— (prévôté de) en l'église de Chartres, II, 35.
— séjour du duc de Bedford II, 181, 328; du président de Morvilliers, II, 249.
— (vivres pour l'approvisionnement de Paris chargés en), I, 351.
Normant (Étienne), procureur au Parlement, I, 36.
— (Guibert Le), clerc de notaire du Parlement, I, 37 ; II, 336 ; III, 128.
— (Guillaume Le), procureur au Parlement, III, 191.
Norrys (Jean de), archevêque de Sens, I, 44, 270.
Notaires du roi (collège des), I, 180 ; II, 174, 175.
— (procès des péagers de Conflans avec les), II, 258.
Nourry (Jean de), maître des Requêtes de l'Hôtel, I, 4, 43.
Novare (Ardicin de la Porte, de), cardinal, II, 197, 204, 215.
Noviant (Étienne de), procureur au Parlement, I, 354; III, 191.
— (Étienne de), le jeune, procureur au Parlement, III, 191.
Noyelle (Baudot de), gouverneur de Péronne, II, 68.
Noyer (Jean du), conseiller au Parlement, I, 142, 145, 200.
Noyers (Hugues de), abbé de Châtillon, II, 286.

Noyon (archidiacre de), Philippe Paillart, II, 57.
— (évêque de), Jean de Mailly, II, 217, 219, 275, 284, 290, 300, 329, 372; III, 27, 34, 60, 93, 105, 148, 181, 187.
— grènetier, II, 240.
— négociations y projetées, I, 24.
— (pays de), II, 305.
— receveur des aides, II, 206, 232, 240, 259, 300, 305.
— (J. de), clerc de notaire du Parlement, I, 37.
— (Jean Le Dru, dit de), sergent des Requêtes du Palais, II, 352, 353.

O

Obsèques de la duchesse de Bedford, III, 75, 80, 81 ; de Charles VI, II, 71, 110; d'Isabeau de Bavière, reine de France, III, 167, 168; du président Aguenin, II, 318; du président de Champluisant, II, 220; de Jean de la Marche, maître des Requêtes de l'Hôtel, I, 18.
Offices de sergenterie du Châtelet, II, 86, 87.
Officiers de l'hôtel de Charles VI (legs aux), II, 81, 82, 84-86, 92.
Oger (Pierre d'), conseiller au Parlement, I, 4, 11, 15, 16, 20, 35.
Ogier (Catherine, veuve de Pierre), I, 307.
Oise (rivière d'), I, 252.
Olive (Jean de l'), échevin de Paris, I, 242, 245.
Orange (Jean de Chalon, prince d'), I, 142, 362, 363, 383, 384.
— (Louis de Chalon, prince d'), II, 123.
Ordre des Augustins (provincial de l'), I, 276.
— de Saint-Jean de Jérusalem (frère de l'), I, 171.
Orfèvre (Pierre L'), chancelier

du duc d'Orléans, I, 117; II, 253, 254.
Orfèvre (réception en la maîtrise du métier d'), II, 304, 305.
— (réglementation du métier d'), II, 304, 305.
Orfèvrerie (commerce de la vieille), II, 304.
— (saisie chez les merciers des ouvrages défectueux d'), II, 303.
— (visite par les généraux des Monnaies des ouvrages d'), II, 304.
Orfèvres (descentes chez les), II, 357.
— (exercice illicite du change par les), II, 232, 233.
— (visite des merciers du Palais par les), II, 302-304.
Orgemont (Guillaume d'), chevalier, seigneur de Méry-sur-Oise, I, 210.
— (Pierre II d'), maître des Requêtes de l'Hôtel, I, 11; gouverneur des finances, II, 12.
Orient (saphir d'), II, 117.
Orléans, bastille des Tourelles (prise par la Pucelle de la), II, 307, 312, 343.
— (étudiant à), I, 385.
— siège des Anglais, II, 292, 307, 312, 313.
— (Charles, duc d'), I, 354; II, 60.
— (Jean, bâtard d'), III, 193.
— (Louis, duc d'), I, 190.
— (chancelier du duc d'), I, 16.
Orléant (Thomas), échevin de Paris, III, 60, 61, 180, 182.
Orsay (Seine-et-Oise). Forteresse, II, 127.
Ostende (Georges d'), secrétaire du duc de Bourgogne, II, 68, 341.
Ouche, archidiaconé du diocèse d'Évreux, III, 124.
Ouvriers et monnoyers du serment de l'Empire (épreuve en la Monnaie de Paris des), II, 359.

Ouvriers du serment de l'Empire (privilèges des), II, 225, 226, 340, 354, 355, 359.
Ouvriers et monnoyers du serment de France (privilèges des), II, 225, 226.
Overton (Thomas), écuyer anglais, III, 59, 97, 98, 140.

P

Pacy (forteresse de), II, 127.
Paillart (Philippe), archidiacre de Noyon, II, 57.
Pain (Hue), commandeur de l'abbaye de Saint-Denis, II, 112.
Pain (cherté du), I, 206, 347; (pesée par les huissiers du Parlement du), II, 15; (taxe du), I, 347; (visite du) apporté par les boulangers forains, III, 7, 8; aumôné aux institutions charitables de Paris, I, 378; inférieur de poids (fabrication de), I, 285; II, 215.
Pains blancs (rente de) due aux chapelains de Notre-Dame, III, 48, 49, 51.
Panier (Rasse), procureur au Parlement, I, 36, 248, 249, 294.
Pantin, habitants, I, 348.
Papinot (J.), procureur au Parlement, I, 37.
Parchemin (rareté du), II, 159, 350; III, 1, 2, 26, 60, 173.
Paris (G.), clerc criminel de la prévôté de Paris, I, 17.
— (J. de), avocat au Parlement, I, 36.
— (Jean de), procureur au Parlement, I, 36, 297, 305; II, 36, 119, 147, 192, 241, 238, 267, 269, 270, 350; III, 183, 191.
— (Pierre), écolier en l'Université de Paris, II, 223.
Paris. Abbayes : de Saint-Antoine, III, 65; de Saint-Germain-des-Prés, III, 198; de Saint-Magloire, I, 116; II,

TABLE ALPHABÉTIQUE.

294; de Saint-Victor, I, 179; de Sainte-Geneviève, II, 130, 361.

Paris. Abbés : de Saint-Germain-des-Prés (Jean Bourron), II, 110; III, 179, 189; de Saint-Magloire, II, 110; de Saint-Victor (André Barré), III, 189; de Sainte-Geneviève (Pierre Caillou), II, 110; III, 189.
— Aide sur le vin, I, 177; pour le payement des gens de guerre, I, 181.
— Archidiacres de l'église de Paris, II, 8, 9.
— Assaut de la porte Saint-Honoré par Jeanne d'Arc, II, 322, 323.
— Bastille Saint-Antoine, I, 126, 131, 132, 150; II, 17, 79; III, 194, 196.
— Beguines, I, 378.
— Blancs-Manteaux, I, 378.
— Bonnes femmes de Sainte-Avoye, I, 378.
— Boucherie de Beauvais, I, 121, 122.
— Grande boucherie, I, 124, 178; III, 194.
— Boulangers (fraudes et manquements des), I, 285, 353-355; boulangers forains (visite du pain apporté par les), III, 7, 8.
— Capitaines : Philippe, comte de Saint-Pol, I, 237, 241; duc d'Exeter, II, 9, 17.
— Carmes (prieur des), I, 319.
— Carmes Billettes, I, 378.
— Ceinturiers de la ville, II, 361; de Saint-Marcel, II, 361.
— Célestins (collège des notaires du roi aux), II, 174, 175; (prieur des), II, 319.
— Chapelle Étienne Haudry, I, 378; chapelle de l'hôpital des Quinze-Vingts, II, 209, 210.
— Chapitres : de Notre-Dame, I, 358, 383; II, 8, 9, 124, 220, 235, 311, 338, 339; III, 32, 94, 153, 170; de Saint-Germain-l'Auxerrois, II, 198, 203, 204, 209, 215, 230; III, 138; de Saint-Honoré, II, 22; de Saint-Marcel (doyen du), II, 349; chapitres, III, 130.

Paris. Château du Louvre, I, 70, 75, 153, 325; II, 45, 50.
— Châtelet (prisonnier au), I, 295; (Petit), I, 130, 134.
— Cherté de la main-d'œuvre, II, 109; des vivres, I, 184-187, 206, 207, 347; II, 109; III, 166.
— Chevalier du guet, II, 253.
— Cimetières des églises, I, 137.
— Clerc de la Prévôté, I, 273, 274.
— Clergé (ambassadeurs au concile de Pavie délégués par le), II, 115.
— Cloître de Notre-Dame, III, 170; de Saint-Honoré, III, 138; de Saint-Merry, II, 337.
— Collèges : de Dormans ou de Beauvais, II, 2, 308, 363; III, 29, 30; Mignon, II, 3-5; III, 104; d'Harcourt, II, 136; de Lisieux, II, 347; de Reims, II, 285, 287, 288; des notaires du roi aux Célestins, II, 174, 175.
— Collèges, I, 232, 233; II, 25, 73; III, 104, 122, 123, 187.
— Conciergerie du Palais (geôlier de la), III, 184; (prisonniers en la), I, 9, 27, 46, 66, 67, 160, 163, 223, 264, 273, 274, 276, 284, 295, 296, 329, 377, 378, 381; II, 10, 12, 43, 46, 26, 46, 47, 214, 242, 250, 267, 331, 338, 353; III, 183, 185.
— Conspirations, I, 265; contre les Anglais, II, 336, 337; III, 65.
— Contribution de guerre, I, 57, 235, 268, 334, 335; sur les habitants pour les fortifications, I, 46.
— Cordeliers, II, 253, 268.
— Couture Saint-Martin, I, 137.
— Couvents : des Augustins,

I, 265, 276; des Jacobins, II, 46, 47; (prieur des), II, 319.
Paris. Cures : de Saint-André-des-Arts (fermiers de la), II, 319; de Saint-André-des-Arts, I, 66; de Saint-Étienne-du-Mont, II, 130; de Saint-Innocent, II, 319.
— Démolitions de maisons, II, 236.
— Diocèse, II, 8.
— Drapiers (procès des fripiers avec les), III, 7, 9.
— Écoles de décret, II, 207, 208, 280.
— Églises : des Carmes, II, 285; des Célestins, II, 175; III, 80; des Cordeliers, II, 268; des Grands-Augustins, I, 207; des Innocents, III, 109; (curé de l'), II, 319; de Notre-Dame, I, 188, 192, 202, 209, 289, 306, 346, 377, 380, 381, 383; II, 14, 20, 24, 25, 33, 39, 40, 42, 44, 50, 53-55, 67, 71, 99, 104, 105, 123, 124, 141, 142, 161, 183, 234-236, 264, 279, 283, 285, 306, 339; III, 38, 153, 161, 194, 195; (chapelains et clercs de matines de l'), III, 48, 50, 51; chapelle de Saint-Eustache, III, 162; enfants de chœur, III, 161; (obsèques d'Isabeau de Bavière en l'), III, 167, 168; (statue de Notre-Dame en l'), I, 377, 381; de Saint-André-des-Arts, III, 126; de Saint-Antoine, III, 144; de Saint-Benoît, II, 18; de Saint-Benoît-le-Bien-Tourné, III, 162; de Saint-Denis-de-la-Chartre, II, 359, 360; III, 108; de Saint-Denis-du-Pas, I, 296; de Saint-Germain-l'Auxerrois, I, 289; II, 105, 181, 235; de Saint-Gervais, III, 155; de Saint-Jean-en-Grève, I, 39, 209; III, 126; de Saint-Laurent (curé de l'), I, 319; de Saint-Lazare, III, 142; de Saint - Martin - des-Champs, II, 360; de Saint-Médard (curé de l'), II, 319; de Saint-Merry, III, 32; de Saint - Nicolas - des - Champs (curé de l'), II, 319; de Saint-Severin, II, 160, 162; de Sainte-Catherine-du-Val-des-Écoliers, I, 207, 289, 306, 346; II, 14, 44, 53, 99, 104, 123, 183; III, 58, 80; de Sainte-Croix (curé de l'), II, 319; de Sainte-Geneviève, I, 307, 380; II, 25, 44, 55, 234, 236, 280, 339; de Sainte-Opportune, III, 109; du Sépulcre, II, 357, 361, 362; III, 122.
Paris. Églises, I, 190, 232; II, 88, 89, 283, 320, 324.
— Émotion populaire, I, 295; II, 18; III, 175-177, 181, 185.
— Entrée de Henri V, roi d'Angleterre, I, 389; II, 19; de Henri VI, roi d'Angleterre, II, 342, 345, 346; III, 21-26; d'Isabeau de Bavière et de sa fille, I, 388; du cardinal d'Exeter, II, 316, 326; du comte de Stafford, II, 368; du duc et de la duchesse de Bedford, III, 142, 143; du duc de Bourgogne en 1429, II, 326; en 1435, III, 152.
— Épidémies, I, 175, 184, 188, 189; II, 20, 53.
— Évêché, II, 7-9, 72, 78, 220, 235; III, 51.
— Évêques : Gérard de Montaigu, I, 4, 5, 16, 18, 21, 26, 44, 47, 48, 52, 53, 105-107, 132, 133, 143, 180, 188, 189, 363; II, 7; Jean Courtecuisse, II, 24; Jean de la Rochetaillée, II, 72, 73, 75, 78, 88, 89, 92, 94, 98, 102, 110, 111, 124, 130, 160, 162, 187, 206, 209, 210, 214; Jacques du Châtelier, II, 219, 234, 235, 239, 243, 244, 253, 268, 271, 275, 284, 290, 306, 311, 319, 324, 329, 331, 332, 338, 339, 372;

III, 5, 6, 27, 31, 46, 49-51, 88, 108, 109, 126, 137-139, 145, 148, 177-179, 181, 182, 189.
Paris. Exécutions capitales aux Halles, II, 49, 336.
— Facultés : de décret, II, 207, 208, 242 ; de médecine, II, 223 ; de théologie, III, 88.
— Fauxbourgs : Saint-Germain-des-Prés, I, 168 ; Saint-Laurent, I, 312.
— Feux de joie, I, 306 ; II, 143, 339.
— Foire Saint-Laurent, I, 312.
— Forteresses voisines occupées par les Anglais, II, 311 ; par les gens de guerre de Charles VII, II, 318, 320, 322.
— Fortifications, I, 24, 46.
— Four Saint-Éloi, rue Saint-Antoine, III, 7.
— Fripières étalagistes, II, 359, 360.
— Fripiers (procès des drapiers et taillandiers avec les), III, 7, 9.
— Froid rigoureux en 1423, II, 83.
— Grande confrérie aux bourgeois, I, 383.
— Habitants, II, 18, 73, 75 ; III, 195.
— Halle des basses merceries, III, 31, 32, 41, 63, 64, 149, 188.
— Halles, I, 156, 378 ; II, 79 ; III, 31 ; tombant en ruine, III, 49 ; (fripières étalagistes aux), II, 360 ; (exécutions capitales aux), II, 49, 336.
— Hôpital des Quinze-Vingts, II, 209, 210 ; Saint-Antoine, III, 122 ; du Saint-Esprit-en-Grève, I, 378.
— Hôtel-Dieu, I, 285, 378 ; II, 11, 140 ; III, 98 ; (dîner des nouveaux docteurs en décret à l'), II, 207 ; prisonnier malade y transporté, II, 267.
— Hôtel-Dieu de Saint-Gervais, II, 132, 180.

Paris. Hôtels : d'Anjou, rue de la Verrerie, III, 154 ; de Bourbon, III, 72 ; des Célestins, II, 174, 175 ; de Nesle, II, 50, 51 ; de l'Ours à la porte Baudoyer, III, 194 ; du Porc-Épic, I, 182 ; du Poulain, II, 336, 337 ; de Saint-Pol, I, 28, 126, 193, 197 ; II, 58, 59, 67, 70, 71 ; III, 165, 167 ; des Tournelles, II, 79, 158 ; III, 36, 64, 80, 81.
— Hôtel-de-Ville, I, 187, 224, 244, 320 ; II, 102 ; III, 181.
— Lieutenants de la Prévôté, I, 117, 124, 140, 225, 232, 244, 274, 323, 348, 354, 355 ; II, 12, 135, 153.
— Maisons tombant en ruine (démolition de), II, 236, 250.
— Marchands amenant des vins à Rouen, II, 244.
— Marché (bœufs de Savoie amenés au), II, 54.
— Merciers (visite des), II, 121 ; merciers du Palais (visite des), II, 302, 304.
— Monnaies (hôtel des), I, 298, 313-315.
— Montagne-Sainte-Geneviève, II, 347.
— Moulin à vent entre la Chapelle et Saint-Lazare, III, 25.
— Mystère de saint Georges y représenté en 1422, II, 50, 51.
— Neige et gelée extraordinaire en 1424, II, 124.
— Ordres mendiants, I, 378.
— Orfèvres, II, 302-306.
— Palais (assemblée au), I, 214 ; chapelle de la grande salle, II, 141, 218, 251 ; (concierge du), II, 302 ; (cour du), I, 378 ; départ du Parlement se portant à la rencontre du roi Henri VI d'Angleterre, III, 25 ; (dîner en l'honneur de nouveaux docteurs en décret au), II, 280 ; (enclos du), I, 65 ; (logis du duc de Bedford au), II, 128 ; (grande salle du), II, 143 ; III, 118 ; salle sur la

TABLE ALPHABÉTIQUE.

Seine, II, 185; (grosse tour du), I, 134, 135; III, 160; (réparations du), I, 6-8, 26; (venue de Henri VI, roi d'Angleterre, au), III, 53.

Paris. Pelletiers, III, 31, 41, 63, 64.
— Places : de Grève, I, 378; Maubert, I, 378; de Saint-Denis-de-la-Chartre, III, 108; aux Pourceaux, II, 322, 323.
— Police de la ville, I, 221, 226, 239, 245, 248, 250; III, 166.
— Grand-Pont, I, 377, 381; pont Notre-Dame, I, 377, 381.
— Port Saint-Landry, III, 168.
— Portes : Barbette, II, 336; Baudoyer, I, 131; II, 350; III, 194; de Bordelles, I, 136; Saint-Antoine, I, 120, 131; Saint-Denis, I, 311, 312; Saint-Germain-des-Prés, I, 126; Saint-Honoré, II, 322; (réparation des fossés de la), II, 351; Saint-Jacques, III, 193.
— Portes, I, 153, 311.
— Prévôt, I, 181, 183, 189, 193, 205-207, 212, 221, 240, 242-244, 246, 247, 249, 255, 261, 266, 268, 269, 274, 275, 283, 295, 297, 304, 319, 323-325, 331, 334, 337, 342, 346-349, 354, 355, 358, 359, 366, 368, 371, 374, 376, 387, 390; II, 11, 12, 18, 20, 37, 73, 109, 175, 215, 250, 319; III, 5, 8, 27, 57, 124, 177, 178, 182, 186.
— Prévôt des marchands et échevins, I, 24, 45, 46, 53, 54, 57, 88, 100, 117, 177, 181, 183, 185, 187, 189, 192-194, 203, 206, 207, 210, 212, 216, 217, 220-222, 225, 226, 229, 231-234, 239, 240, 242, 243, 245, 254, 256, 259, 262, 263, 268, 269, 275, 277, 287, 295-298, 302-304, 319, 320, 322-325, 327, 331, 334, 337, 338, 341, 342, 346, 349, 358, 359, 366, 371, 372; II, 18, 20, 73,

75, 210, 211, 234, 315, 326, 327, 344, 351, 352; III, 27, 61, 111, 112, 130, 166, 175, 177, 178, 181, 183, 186, 187, 195, 196.

Paris. Prieurs : de Saint-Denis-de-la-Chartre, III, 5, 108, 129; de Saint-Martin-des-Champs (Jacques Seguin), III, 189; de Sainte-Catherine-du-Val-des-Ecoliers, II, 319.
— Prieurés : de Saint-Eloi, III, 108, 183, 184; de Saint-Lazare, I, 311, 312; III, 142; de Saint-Martin-des-Champs, I, 300, 348; II, 54; III, 8, 9, 129; de Sainte-Croix-de-la-Bretonnerie, I, 378.
— Prisonniers (pain aumôné aux), I, 378.
— Prisons : du Châtelet, I, 136, 153; II, 344; du Palais, I, 136; de Saint-Eloy, I, 136; de Saint-Magloire, I, 136; de Saint-Martin-des-Champs, I, 136; du Temple, I, 136.
— Prisons de l'évêque, II, 262, 264.
— Quartier de Saint-Marcel, I, 135.
— Receveur de la ville, I, 205, 335, 336; III, 150.
— Rentes de la ville (aliénation de), I, 24.
— Rues : du Clos-Bruneau, II, 308; de Jouy, I, 182; des Rosiers, II, 336, 337; Saint-Antoine, III, 7, 38; Saint-Honoré, I, 126; du Temple, II, 337; de la Verrerie, III, 154; Vieille-du-Temple, II, 336, 337.
— Saint-Antoine (commandeur de), II, 319.
— Saint-Jacques-de-l'Hôpital (trésorier de), II, 319.
— Sainte-Chapelle (chanoine de la), III, 145; (collège de la), I, 116, 202, 289, 307; II, 59, 88, 90, 107, 139; (procession à Saint-Magloire de la), II,

294; (procession à Sainte-Catherine-du-Val-des-Écoliers de la), III, 58; (reliquaires de la), II, 283; (réponse du duc de Bedford au cardinal de Sainte-Croix à la), III, 44; (trésor de la), II, 159; (trésorier de la), II, 60, 61, 63, 320, 350; III, 1, 198.

Paris. Sceaux de la ville dérobés, I, 50, 51.
— Taillandiers (procès des fripiers avec les), III, 7, 9.
— Tempête violente en 1434, III, 136.

Parlement de Bourgogne (tenue du), II, 294.

Parlement de Paris :
— Absence du président de Chancey, III, 30, 44.
— Accords (règlement pour la passation des), I, 316; III, 62.
— Ambassadeurs envoyés au concile de Pavie, II, 115.
— Amendes, I, 195, 196, 228; II, 188; (parchemin payé sur le produit des), II, 159, 350; III, 1, 2.
— Appel des jugements des réformateurs, I, 372.
— Avis y donné par les officiers du Châtelet, III, 119.
— Avocat du Roi, I, 36; II, 38.
— Avocats, I, 22, 36; II, 160; (heure de présence fixée aux), II, 160.
— Bénéfices (collation de), I, 383; II, 5, 23.
— Blâme infligé à des auditeurs du Châtelet, II, 221, 354; infligé à des conseillers, II, 184; III, 21.
— Chambre des Enquêtes (amende affectée aux besoins de la), I, 373; (conflit soulevé par le président de la), II, 99, 100; (jugement de procès en la), I, 214, 252; III, 30, 88, 89, 97, 109.
— Comparution de l'abbé Saint-Corneille de Compiègne, II, 228.

Parlement. Congés : à un conseiller pour aller en Savoie, son pays, II, 228; à un autre pour aller en Bourgogne près de sa femme malade, I, 146; à un autre pour visiter ses biens et ses bénéfices, I, 180; à un président envoyé en mission, I, 187; à des procureurs, I, 305; II, 190.
— Conseiller (arrestation d'un), II, 324; (congé refusé à un), III, 116; (huissiers envoyés comme garnisaires chez un), III, 20, 21; (injures et excès contre un), I, 273, 274; absent depuis six mois, I, 304; âgé et infirme (administration des biens d'un), III, 152; délégué du chapitre de Notre-Dame au concile de Bâle, III, 94; envoyé à Rome (somme allouée à un), III, 128; injurié par un sergent à verge du Châtelet, II, 16; invité à traiter convenablement sa femme, I, 308; malade (gages conservés à un), I, 300; presque aveugle, maintenu en fonctions, I, 267.
— Conseillers, I, 36; II, 38, 48, 189; (augmentation du nombre des), II, 219; III, 144; clercs (collation de bénéfices aux), II, 5; (indigence des), II, 335, 369; III, 57; (insuffisance du nombre des), III, 144; (récusation de), III, 12; (réduction du nombre des), III, 86; démissionnaires partis pour Poitiers, I, 328.
— Contribution de guerre contre les Anglais, I, 14, 15, 22, 24; pour le secours de Rouen assiégé, I, 214.
— Décès de Jean Aguenin, président, II, 318; de Simon de Champluisant, président, II, 220.
— Délibérations (divulgation de), II, 195.

Parlement. Démission de l'avocat et du procureur général du Roi, III, 39.
— Dépôts (emprunt par le trésorier des guerres de l'argent des), II, 164-167; au greffe prêtés au Roi, I, 23, 24; II, 324.
— Députations : auprès de Charles VI à Lagny, I, 231; à Meulan, I, 360; à Pontoise, I, 216, 218; à Provins, I, 284, 288; auprès du duc de Bourgogne à Beauvais, I, 220, 224, 227, 228; à Rouen auprès du roi d'Angleterre, II, 367-371; III, 24.
— Enquête (vacations pour une), II, 129; confiée à deux conseillers, I, 386; entravée par l'épidémie, II, 22.
— Exemption d'aide levée par les Anglais (demande d'), II, 292.
— Exil de conseillers et officiers, I, 39, 40.
— Gages, I, 41, 55, 56, 196, 227, 228, 241, 247, 267, 300, 304, 313, 322, 337, 338, 356, 364, 369, 383, 387; II, 75-77, 106, 121, 137, 138, 150, 178, 181, 182, 194, 206, 216, 224, 228, 232, 236, 240, 251, 257, 259, 260, 263, 271, 272, 282, 291, 292, 305, 309, 310, 333-335, 364-367, 369, 370; III, 3, 4, 10, 11, 13, 15-18, 20, 22-24, 35-37, 40, 50, 52-56, 58, 64, 68-72, 75-78, 81-83, 85, 86, 95, 97, 135, 138, 144, 169, 170.
— Gages des avocat et procureur général du Roi, III, 38-40, 150.
— Garnisaires en l'hôtel d'un général des finances, I, 321, 322; chez un conseiller, III, 20, 21.
— Grand'Chambre (conseil tenu en la), I, 211, 212.
— Greffe civil (union du greffe des présentations au), III, 114, 173; greffe des présentations (union au greffe civil du), III, 114, 173.
Parlement. Greffier civil, I, 1, 2, 147, 296; (départ du), III, 169.
— Greffier criminel, I, 12, 24, 58, 60, 247, 273; II, 2; chargé du greffe civil, III, 169, 171-174.
— Greffier des présentations, I, 163, 170.
— Greffier des Requêtes du Palais, II, 263.
— Greffiers, I, 35, 316; (achat de parchemin par les), I, 2; (allocation aux), III, 87.
— Huissier (premier), II, 33; (visite des boulangers par un boulanger assisté d'un), III, 7.
— Huissiers, I, 35, 316, 328-330; II, 15, 26, 186.
— Interrogatoire des clercs de la Prévôté, I, 274; II, 86, 87; des officiers de la maison de Charles VI, II, 81; d'un régent de la faculté de médecine, II, 237.
— Interruption projetée des séances, III, 3, 4, 13, 16, 17, 53, 72, 77-79, 82, 83, 86.
— Langage arrogant du maître général des Monnaies, I, 313, 314.
— Lettres closes envoyées aux ducs de Bourgogne et de Glocester, II, 242; lettres closes de conseillers envoyés à Rouen, II, 370, 371.
— Maladie du président de Longueil, II, 249.
— Messes en l'église des Cordeliers à l'intention des membres de la Cour, II, 268.
— Missions envoyées à Rouen auprès du roi d'Angleterre, II, 364, 365, 367, 370, 371; III, 24.
— Notaire (office de), I, 370.
— Notaires, I, 35.
— Obsèques du président de Champluisant, II, 220; du

président Aguenin, II, 318; de Jean de la Marche, maître des Requêtes de l'Hôtel, II, 18.
Parlement. Offices (renouvellement des lettres des), II, 80.
— Ordonnances y publiées, II, 19.
— Parquet (maître des Requêtes de l'Hôtel injurié au), II, 218.
— Plaidoiries (interruption des), I, 44, 77, 160, 175, 176, 188, 209; II, 98; III, 87.
— Préséance, II, 99, 100, 222.
— Président (disgrâce du premier), III, 84; (élection d'un), I, 169, 389; II, 77; III, 31; chargé de tenir le parlement de Bourgogne, II, 294; obligé de prononcer un arrêt concernant son fils, III, 135; retenu prisonnier par le duc de Bourgogne, I, 69.
— Présidents de la Chambre des enquêtes, I, 148, 149.
— Procès jugé avec les commissaires de la réformation, I, 336, 337.
— Procès (multitude des), III, 144; du bailliage d'Amiens, I, 338; criminels (jugement des), I, 321; par écrit (jugement des), I, 349; des prisonniers de Melun, II, 12-15.
— Processions générales (présence de la Cour aux), I, 179, 207, 289, 307, 346; II, 24, 55, 88, 91, 99, 104, 105, 123, 139, 141, 164, 180, 236, 282, 294, 339.
— Procureur général, I, 45, 122; II, 11, 39.
— Procureurs, I, 22, 36; II, 160; (exactions des), II, 158; et praticiens (heure de présence fixée aux), II, 160.
— Récusation de conseillers dans un procès, III, 42.
— Registres (manque de parchemin pour les), II, 159, 350; III, 1, 2, 26, 60, 173; des Plaidoiries et du Conseil (clerc principal du greffier chargé de la tenue des), III, 169.
Parlement. Remontrances au Chancelier, I, 344.
— Réparations à la Grand'-Chambre, I, 42.
— Requête injurieuse pour un conseiller, II, 308, 309.
— Requêtes du Palais, I, 209; II, 156, 176, 247, 248, 353; (dépôts des), II, 165.
— Rôle porté en cour de Rome, III, 131-134.
— Salle (grande), II, 19, 319, 325, 327; (chapelle du bout de la grande), III, 241.
— Serment prêté à Henri VI, roi d'Angleterre, III, 28.
— Style, I, 348; II, 83, 84; III, 2, 5.
— Taxe de salaire à l'avocat du roi, III, 188.
— (testaments soumis au), I, 14, 139.
— Tournelle civile, III, 172, 173.
— Tournelle criminelle, I, 20, 197, 324; II, 216, 239, 281; III, 30, 31.
— Vacance en raison des incursions des gens de guerre, I, 129; II, 321, 325.
— Vin offert par le Chancelier, III, 18.
— Visite de J. du Châtelier, évêque de Paris, II, 234, 335; de Jean de Nanton, archevêque de Sens, II, 295.
Parois (Jean de), écuyer, II, 331.
Pasqueux (frère Thomas), prétendant au prieuré de Saint-Éloi, III, 183.
Passart (Guillaume), prêtre, II, 132.
Patay (bataille de), II, 313.
Paulmier (P.), avocat au Parlement, I, 36.
Pauvres (pain distribué dans la cour du Palais aux), I, 378; (pain faible de poids distribué aux), II, 15; de l'Hôtel-Dieu (amende au profit des), II, 11.

Pauvreté du peuple (tolérance accordée aux fripières à raison de la), II, 360.
Paynel (Jacqueline), dame de Chantilly, II, 129.
Péage de Conflans et Maisons-sur-Seine, II, 258.
Pelaut (Jacques), religieux Augustin, I, 264, 276.
Pelerin (Andry), religieux, prieur de l'abbaye de Saint-Denis, II, 130, 229, 274.
Pelletiers (étaux des), III, 31, 41, 63, 64.
Peluchot (Jean), conseiller au Parlement, I, 328.
Perche, comté, III, 29.
Perdriau (Guillaume), couturier à Paris, II, 336.
Pernes (Jean de), écuyer, III, 89.
Péronne (gouverneur de), II, 68.
— (officiers du duc de Bourgogne à), II, 69.
Perreuse (Jean de la), greffier des présentations du Parlement, I, 142, 163, 166.
Perrière (Gérard), conseiller au Parlement, I, 5, 15, 19, 20, 35, 40; II, 35, 40, 149, 187, 192, 217, 249, 252, 258, 270, 272, 290, 331, 334, 364; III, 3, 11, 12, 32, 60, 72, 77; délégué du chapitre de Notre-Dame au concile de Bâle, III, 94.
Perron (Jean), maître des Requêtes de l'Hôtel, I, 143.
Petit (Jean), religieux Cordelier, I, 281.
— (Jean), notaire de la Chancellerie, III, 192.
— (Thomas), procureur au Parlement, I, 36; II, 285; III, 191.
Petitbreton (Etienne), procureur au Parlement, I, 36.
Petit-Sayne (Gaillart), conseiller au Parlement, I, 4, 6, 15, 16, 20, 35, 40, 141, 145, 160; II, 72, 111, 124, 149, 158, 187, 217, 249, 252, 260, 290, 329; III, 4, 73, 76, 77.

Peyre (sire de), I, 126.
Pezenas (Hérault) (ville et château de), I, 10.
Philippe (Guillaume), chevalier, III, 27.
— (Jacques), secrétaire du roi, I, 35, 79, 256, 370, 386; II, 25, 150, 189.
— de Valois, roi de France (libéralités de) envers l'Église, III, 104.
Picardie. Forteresses conquises par les Anglais, II, 145.
— (comte de Saint-Pol, lieutenant du roi en), I, 241.
— Maitres des Eaux et Forêts : Colart et Martelet du Mesnil, I, 185.
— Passage du duc de Bedford, II, 225.
Pichon (P.), clerc de notaire du Parlement, I, 37.
Pidalet (Benoît), procureur au Parlement, I, 96, 141.
Pidoue (Regnault), changeur à Paris, I, 117.
Piedefer (Jean), fils du président, avocat en Parlement, III, 19, 135, 191.
— (Robert), conseiller, puis président au Parlement : prête serment en 1417 en qualité de conseiller en la Chambre des Enquêtes, I, 35 ; prête serment, le 25 juillet 1418, comme président des Requêtes du Palais, I, 142 ; assiste à la lecture d'une requête du Saint-Siège pour la révocation de l'ordonnance relative aux libertés de l'Église de France, I, 145 ; fait partie de la commission chargée de pourvoir à la police de la ville de Paris, I, 227 ; est reçu maître des Requêtes de l'Hôtel et est remplacé par Hugues Rapiout, II, 52 ; rentre au Parlement, II, 111 ; est chargé, comme président des Requêtes du Palais, de rédiger des instructions destinées au Conseil

assemblé à Amiens, II, 120; assiste à la rentrée du Parlement en novembre 1424, II, 149; en novembre 1425, II, 187; en novembre 1426, II, 217; en novembre 1427, II, 252; en novembre 1428, II, 290; en novembre 1434, III, 137; est présent à l'élaboration du règlement pour les officiers du Châtelet, II, 157; est envoyé en députation auprès du Chancelier, II, 199; prend part à une délibération relative à l'exécution testamentaire de Thomas Raart, huissier de la Cour, II, 264; fait partie d'une députation auprès du Chancelier au sujet des gages du Parlement, II, 270; III, 17; assiste à une délibération touchant des bulles relatives à la juridiction ecclésiastique, II, 284; envoyé auprès du duc de Bedford au sujet du payement des gages de la Cour, II, 309; l'un des présidents chargés de conférer avec l'Échevinage, II, 316; est chargé de régler la participation du Parlement à la réception du roi d'Angleterre, II, 340; prend part à une délibération sur la question des gages, II, 364; à une délibération concernant la prorogation du Parlement, III, 3; chargé de la rédaction d'instructions pour les présidents du Parlement envoyés à Rouen, III, 18; participe à une délibération relative aux gages arriérés, III, 72; assiste à l'exposé fait au Parlement par le Chancelier sur cette question, II, 75; figure parmi ceux qui seront payés de leurs gages, III, 76; présent à la signification de la résolution de la Cour au Chancelier faite par le premier président, III, 78, 81, 86; est institué président au lieu et place de Philippe de Morvilliers, III, 85; assiste au jugement de procès de la Chambre des enquêtes, III, 88, 96, 97; d'un procès concernant l'abbaye d'Auchy-en-Bray, III, 91; d'une appellation interjetée du bailli de Rouen par l'Université de Paris, III, 93; d'un procès entre la même Université et le clergé de France, III, 99, 105; prononce les derniers arrêts du Parlement en septembre 1433, III, 109; du Parlement de 1434, III, 135; du Parlement de 1435, III, 164; assiste aux débats provoqués par des lettres d'amortissement du domaine royal, III, 112; au renvoi aux gens du roi de lettres et pièces d'un procès, III, 117; entend l'avis des gens du roi du Châtelet sur la coutume de la prévôté de Paris, III, 119; prend part au jugement d'un procès relatif à la collation d'un bénéfice par le cardinal de Sainte-Croix, III, 120; d'un autre procès entre l'hôpital Saint-Antoine et l'église du Sépulcre, III, 121; chargé de conférer avec le Chancelier au sujet d'un conflit de juridiction avec le Conseil de Rouen, III, 123; assiste au jugement d'un procès ordonnant l'élargissement d'un prisonnier, sous la condition du serment, III, 127; au jugement du procès du prieur de Saint-Denis-de-la-Chartre, prisonnier, III, 129; au jugement d'un procès entre l'Échevinage et les églises de Paris concernant des moulins, III, 130; est envoyé auprès du Chancelier pour la question des gages, III, 138, 143, 144; pour des lettres d'amortissement, III, 140; assiste au jugement d'un procès intéressant le chapitre de Notre-Dame, III, 153 ; d'un autre intenté par les marguilliers de Saint-Gervais, III, 155 ; présent à la remise d'un procès à Gilles de Clamecy, pris pour arbitre, III, 156 ; au jugement d'un procès intéressant les enfants de Philippe de Corbie, III, 157 ; aux poursuites contre Jean de Troyes, sergent à verge, incarcéré en la tour du Palais, III, 160 ; aux débats d'un procès touchant une rente amortie et non rachetable, II, 162 ; envoyé de nouveau auprès du Chancelier au sujet des gages, III, 170 ; assiste aux conseils tenus à l'occasion de la situation périlleuse de Paris, III, 175, 176, 179 ; à la lecture de la minute de lettres à l'adresse du duc de Bourgogne, III, 182 ; prend part à la délibération décidant le transfèrement de Guillaume de la Haie de la Conciergerie au Grand Châtelet, III, 185 ; à la délibération sur la réponse envoyée par le duc de Bourgogne, III, 187 ; prête de nouveau serment de fidélité aux Anglais, III, 190 ; reçoit le serment de dix membres du Parlement, III, 193 ; assiste à la réunion du Parlement après l'expulsion des Anglais, III, 196 ; envoyé auprès du connétable de Richemont, III, 197.

Pigon (Henry), plaideur, II, 291.

Pilory (Pierre de), avocat au Parlement, I, 36 ; conseiller au Parlement, I, 380 ; II, 249 ; III, 31, 42, 74, 77, 97, 162, 177, 179, 190, 196.

Pinart (Jean), avocat au Parlement, III, 191.

Pinçon (Jean), postulant une prébende, I, 338, 339.

Pipre (Martin Le), plaideur, II, 214.

Piquet (Jean), plaideur, I, 375.

Piri (Robert), maître en théologie, II, 153.

Pise (Alamanno Adimari, cardinal, archevêque de), I, 88-90, 101, 102.

Plaisance (Branda Castiglioni, cardinal, évêque de), I, 90.

Platon (citation de préceptes de), II, 329.

Pleiz (Luquin du), échevin de Paris, III, 180, 192.

Plessebois (N.), procureur au Parlement, I, 36.

Ploich (Galois du), procureur au Parlement, I, 37, 297 ; II, 158 ; III, 191.

Pluies continuelles en 1427, II, 235, 236.

Plumetot (Simon de), avocat au Parlement, I, 36 ; conseiller au Parlement, I, 197, 200, 346 ; II, 150, 187, 223, 249, 264, 278, 309, 333, 334, 347, 350, 363 ; III, 4, 5, 52, 55, 60, 77, 109, 137, 144, 162, 166, 176, 179, 190, 196-198.

Pocaire (Richard), bailli de Montargis, I, 43.

Pochart (Hervé), maître en décrets, I, 68, 107.

Poinçon des orfèvres à la fleur de lis couronnée, II, 306.

Poinçonnage des ceintures d'orfèvrerie, II, 302, 303.

Poitiers. Conseil du Dauphin, I, 328.

— Évêque : Ytier du Martreuil, I, 73.

— (huissier au Parlement de), I, 329.

— Parlement, I, 329, 330.

Poitou. Bailli : Bertrand de Remeneuil, I, 191.

— (comté de), I, 18.

Poix (Pierre de), dit le Baudrain, III, 153.

Pologne (Ladislas Jagellon, roi de), III, 47.

Pommeraye (forêt de la) (Oise), I, 204, 208.
Pompée, cité, III, 102.
Ponce (Gautier), conseiller au Parlement, I, 4, 20, 35, 42, 43, 144, 145, 160, 304.
Poncin (Raoul), grènetier de Noyon, II, 240.
Pont (Bernard du), I, 10.
— (Colin du), bourgeois de Paris, I, 294.
— (frère Jean du), II, 120.
Ponthieu (comté de), I, 9.
— comté, II, 138.
— sénéchaussée, II, 255; III, 148.
— sénéchal (Florimond de Brimeu), III, 147, 148.
Pontoise, bailli, III, 127.
— députation du Parlement y envoyée auprès de Charles VI, I, 216, 218, 219, 226, 260.
— lettres de Charles VI y données, I, 210, 385.
— prévôt, III, 127.
— prise par les Anglais, I, 309, 312.
— projet de voyage de Charles VI, I, 298.
— séjour de Charles VI, I, 299.
— séjour du duc de Bourgogne, I, 306.
— séjour du roi Henri V d'Angleterre, I, 362; II, 20.
— (siège de), I, 252.
— (traité de), I, 290, 308.
Pont-sur-Seine (prise par les Anglais de), II, 98.
Popincourt (Jean de), dit Soullart, frère du premier président, II, 274.
— (Perrenelle, veuve de Guillaume de), II, 274.
Porchier (Étienne), bourgeois de Paris, I, 117; II, 195.
— (Guillaume), plaideur, II, 267-270.
— (Jean), conseiller aux Requêtes du Palais, I, 35, 78, 155, 227; II, 111, 188, 195, 311.
Poret (Germain), suppôt de l'Université de Paris, II, 153.

Porte (Enguerrand de la), huissier du Parlement, I, 36.
— (Jean de la), conseiller au Parlement, I, 197, 200, 394; II, 109, 148, 206, 300, 305, 308, 309, 336; III, 77, 89, 149, 154.
— (Raoul de la), docteur régent en la Faculté de théologie, I, 62-67.
Portes (Dreux des), notaire du Roi au Parlement, II, 188, 252, 330; III, 74.
— (Étienne des), conseiller au Parlement, I, 15, 20, 35, 40, 142, 145, 200, 244, 304, 316; II, 110, 111, 129, 188, 228, 231, 236, 240, 243, 249, 257, 270, 272, 305, 309, 333, 352; III, 8, 60, 71, 162.
— (Jean des), licencié en droit, notaire du Roi, I, 12, 41, 42; conseiller aux Requêtes du Palais, I, 142, 145; II, 178.
Portier (Guillaume), chevalier anglais, III, 27.
Portugal (Isabelle de), duchesse de Bourgogne, II, 328.
Postel (Jean), suppôt de l'Université de Paris, II, 153.
Pot (Renier), chevalier, seigneur de la Roche, I, 142; II, 9, 12, 79, 119.
Poterne (veuve d'Evrart de la), II, 11.
— (Jean de la), échevin de Paris, III, 180, 182, 192.
— (Roger de la), bourgeois de Paris, I, 117.
Potin (Nicolas), conseiller au Parlement, I, 35.
— (Henriet du Bos, dit), marchand de Lille, II, 283.
Pourbail (Guillaume de), lieutenant criminel du prévôt de Paris, I, 244; bailli de Chartres, I, 297; conseiller au Parlement, I, 328; bailli de Melun, I, 390; II, 4, 26.
Poutrel (Jean), plaideur, III, 124.
Pré (Jean du), épicier, échevin de Paris, I, 117.

Préaux (Pierre de Bourbon, seigneur de), I, 28, 79.
Precy ou Pressy (Jean de), trésorier de France, gouverneur des finances, I, 185, 239, 245; II, 63, 64, 164-167; III, 27, 50, 53, 55, 56, 58, 86, 93, 105, 110, 135, 137, 148, 157, 181, 187.
Prés (Guillaume des), grand fauconnier de France, II, 81.
— (Nicolas des), maître en la Chambre des comptes, I, 117, 185.
Pressy (Jean de), notaire de la Chancellerie, III, 192.
Preudefemme (Jeannette la), nourrice, I, 307.
Preudomme (Barthélemy), prieur de Saint-Denis-de-la-Chartre, III, 129.
Prévost (Guillaume), brodeur de Charles VI, II, 85.
Prières pour le repos de l'âme de Nicole de Savigny (portion d'héritage affectée à des), II, 286, 288.
Prison au pain et à l'eau (condamnation à la), I, 381; (couturier condamné à un mois de), II, 309.
Prisonnier malade (transport à l'Hôtel-Dieu d'un), II, 267.
— malade de la Conciergerie (mise en liberté provisoire d'un), II, 40.
Prisonniers (aumône de pain aux), I, 378; complices de l'assassinat du duc de Bourgogne, II, 7, 9, 10; de la Bastille Saint-Antoine, I, 150; de la garnison de la Chasse (exécution de), II, 351; de la garnison de Meaux, amenés au château du Louvre, I, 153; II, 45, 49; de Melun (envoi et jugement à Paris des), I, 387, 388; II, 2, 3, 12-14, 16; à merci capturés sur la Seine, II, 345.
— de la Conciergerie du Palais (quête pour les), III, 183.
Prisons du Châtelet, I, 136, 151;
de l'évêque de Paris, II, 264; de Paris, I, 136.
Privilèges des ouvriers et monnoyers du serment de France, II, 225, 340; de la ville de Gand, II, 297-299; de l'Université de Paris, voir Université.
Procès des complices de l'assassinat du duc de Bourgogne, II, 7, 9, 10; de Jeanne d'Arc, III, 14; des prisonniers de Meaux, II, 49; des prisonniers de Melun, II, 2, 3, 12-14, 16; touchant les libertés de l'Église de France, II, 34, 35.
— traînés en longueur au Châtelet, II, 224.
Procession aux Carmes, II, 285; aux Grands-Augustins, I, 207; à Notre-Dame, I, 188, 202, 209; II, 24, 33, 39, 55, 105, 141, 161, 183, 264; à Saint-Germain-l'Auxerrois pour la victoire de Cravant, II, 105, 181; pour les biens de la terre compromis par les inondations, II, 235; à Saint-Jean-en-Grève pour le salut du Roi et du royaume, I, 209; à Saint-Magloire pour la paix, I, 116; II, 294; à Saint-Martin-des-Champs pour la paix, I, 300; II, 54; à Saint-Victor à cause de la mortalité, I, 179; à Sainte-Catherine-du-Val-des-Écoliers en l'honneur du traité entre le Dauphin et le duc de Bourgogne, II, 307; à la Sainte-Chapelle, II, 107, 139; à Sainte-Geneviève pour la reddition du marché de Meaux, II, 44; des laboureurs de Villejuif à Notre-Dame, II, 279; à Sainte-Catherine-du-Val-des-Écoliers, I, 207, 289, 306, 346; II, 14, 44, 53, 99, 104, 123, 183; III, 58; à Sainte-Geneviève, I, 307, 380; II, 25, 55, 236, 280, 339; de l'Université de Paris pour la santé du roi d'Angleterre, II,

TABLE ALPHABÉTIQUE.

52 ; dans toutes les églises de Paris, II, 88-90 ; III, 181 ; en raison du temps froid et pluvieux, II, 280, 283, 285 ; pour la santé de la duchesse de Bedford, III, 71.

Processions générales, I, 265, 289, 300, 306, 307, 328, 346, 380 ; II, 14, 24, 25, 33, 39, 44, 45, 53-56, 99, 104, 105, 123, 139, 142, 161, 180, 183, 235, 236, 264, 279, 282, 285, 339 ; III, 71.

Procureurs du Châtelet (règlement pour les), II, 186.
— du Parlement (exactions des), II, 158 ; du Parlement et du Châtelet (règlement pour les), II, 255.

Profanation de la chapelle de l'hôpital des Quinze-Vingts, II, 209, 210.

Propos outrageants tenus par un lieutenant de la Prévôté, II, 247, 248.

Provence (Jean Louvet, président de), I, 55.

Provins, archidiaconé en l'église de Sens, III, 147.
— biens y laissés par un prisonnier, III, 128.
— (séjour de Charles VI et du duc de Bourgogne à), I, 236, 237, 256-258, 280, 284, 288, 289, 292, 293, 298, 300.

Prumery (Denis de), bourgeois de Paris, III, 192.

Pucelle (Jeanne d'Arc, dite la) (bataille de Patay, gagnée par la), II, 313 ; (attaque de Paris et blessure reçue à l'assaut de la porte Saint-Honoré par la), II, 323 ; (prise de la bastille des Tourelles à Orléans par la), II, 307, 312, 313, 343 ; (prise de Jargeau par la), II, 312, 313, 343 ; (prise par les Bourguignons de la), II, 307, 343 ; III, 13.

Puis (Jaquet du), bourgeois de Paris, II, 363.

Puiz ou Puy (Philippe du), conseiller au Parlement, I, 35, 42, 43, 96, 120, 140.

Puy (évêque du), Hélie de Lestranges, I, 23.

Pyart (Regnault), orfèvre à Paris, II, 302.

Q

Quango (Jean), procureur au Parlement, III, 191.

Quart (Jean), marchand au cloître Saint-Merry, II, 337.

Quartier (Jean), receveur des aides à Reims, II, 210, 216, 243, 249, 289, 291, 292, 296.

Quatrebarbes (Jean de Straufort, dit), II, 283.

Quatremares (Jean de), président des Requêtes du Palais, I, 35, 78, 119.

Queniat (Husson), receveur des aides à Langres, II, 296, 333.
— (Jean), conseiller au Châtelet, puis au Parlement, II, 219, 223, 249, 250 ; III, 8, 71, 77, 144, 170, 177, 179, 190, 196.

Quentin (Bertrand), conseiller au Parlement, I, 35, 42, 43.
— (Jean), sergent en la prévôté de Beauquesne, I, 330.
— ou Cointin (Jean), plaideur, II, 237-239.

Quête pour les prisonniers de la Conciergerie, III, 183.

Queue-en-Brie (Seine-et-Oise) (la), forteresse, II, 368.

Queux (Pierre de), procureur et écolier du collège de Mignon, II, 5.

Quintin (Guillaume), procureur au Parlement, I, 37, 144.

R

Raart (Thomas), huissier du Parlement, I, 40 ; II, 264.

Raat (Thomas), mercier au Palais, II, 302.

Rabassier (G.), avocat au Parlement, I, 36.
Rabateau (J.), avocat au Parlement, I, 36.
Rabay (Renaud), conseiller au Parlement, I, 4, 5, 18, 35, 42, 43, 120.
Raguier (Hémonnet), trésorier des guerres, I, 7, 55, 117.
— (Raymond), trésorier des guerres, I, 16, 17, 55, 195.
Raillart (Gaucher), chevalier, I, 351.
Rambert (Étienne de), procureur au Parlement, I, 37.
Ramé (Thomas), bourgeois de Paris, I, 294.
Rameiz (J. de), avocat au Parlement, I, 36, 117; II, 211.
Rameston (Thomas de), capitaine anglais, II, 312, 313.
Rance (Pierre de Fontenay, seigneur de), chambellan de Charles VI, II, 60, 61, 129.
Rançon de prisonniers capturés sur des bateaux de blés, II, 345, 352.
Raoulin ou Rolin (Nicolas), avocat au Parlement, I, 36, 284, 285, 373, 385; II, 3, 4; avocat du Roi au Parlement, II, 21.
Rapan (Bastien de), fermier des moulins de la Tannerie, I, 377, 378.
Rapine (Germain), lieutenant de la prévôté de Paris, I, 357; II, 21; avocat au Châtelet, III, 119.
Rapiout (Hugues), lieutenant civil de la Prévôté, I, 153, 154, 227, 241, 245, 371; avocat du Roi au Châtelet, II, 21, 52; président des Requêtes du Palais, II, 52; maître des Requêtes de l'Hôtel, II, 102, 103, 111, 112, 149, 157, 178, 187, 211, 217, 219, 252, 257, 329, 333; III, 27, 73, 110, 120, 137, 148, 179, 182, 190.

Rapiout (Hugues), conseiller en la Chambre du Trésor, III, 184.
— (Jean), président au Parlement, I, 141, 152, 160, 171, 179, 187, 191, 275, 289, 313, 320, 333, 340, 382; II, 38; bailli de Sens, II, 38; avocat du Roi au Parlement, II, 38, 43, 90, 157, 338, 342; III, 38, 179, 182, 188, 191.
Rassoncamp (Gilles de), habitant de Tournai, I, 9.
Rat ou Raat (Jaquet), huissier du Parlement, I, 147, 331, 336, 387; III, 20; portier de la grande porte du Palais, I, 147.
Raymon ou Remon (Jean), conseiller au Parlement, I, 12, 15, 35, 78.
Rébellion des habitants de Carcassonne, I, 57, 58.
Rebours (Jean), plaideur, I, 357.
Reclusion (femme de mœurs légères condamnée à la), I, 38.
Récoltes perdues par les pluies et le froid, II, 235.
Réformateurs (révocation des pouvoirs des), I, 125; charges de poursuites contre les Armagnacs, I, 164.
Regale, II, 209, 267, 269, 270; III, 124.
Régent (titre de) pris par le Dauphin, I, 278.
Registre des testaments, II, 330.
Registres du Parlement (manque de parchemin pour les), II, 159, 350; III, 1, 26, 60, 173.
Regnart (Thibaut), habitant du Mesnil-Aubry, II, 355.
Reigny (Antoine de Vergy, seigneur de), II, 36.
Reims, abbaye de Saint-Denis, II, 266, 276, 277.
— archevêque : Renaud de Chartres, I, 54, 68, 127; II, 326.
— habitant, II, 276, 277.
— occupation par l'armée de Charles VII, II, 317.
— receveur des aides, II, 210,

216, 243, 249, 289, 291, 292, 296.
Reims, sacre de Charles VII en la cathédrale, II, 315.
— (trésorier de), II, 118.
Reliquaires de l'abbaye de Saint-Denis, II, 113, 114, 116-118; III, 41; de Notre-Dame et de la Sainte-Chapelle portés en procession, II, 283.
Reliques du prophète Isaïe, II, 117; de saint Cloud, II, 306; de saint Pantaleon, II, 117.
Remeneuil (Bertrand de), bailli de Touraine, I, 191.
Remon (Gilles), maître en théologie, portier de l'abbaye de Saint-Denis, II, 118.
— (Marguerite, veuve de Jean), I, 307.
Renart (Jossequin), mouleur de bûche à Paris, I, 233.
Rentes (obligation imposée aux détenteurs d'héritages chargés de), III, 119, 120; (ordonnances sur le rachat des), II, 175; III, 122; des églises (amortissements des), III, 66, 67, 101, 102.
Renvoisié (Jaquet), mercier au Palais, II, 302.
Requêtes de l'Hôtel, I, 203, 210, 212, 277; II, 73, 75, 119, 160, 372; (gages des maitres des), I, 195, 196; (mission confiée par le Chancelier aux maitres des), II, 199; (maitres des), leur adhésion à une conclusion du Parlement, II, 257; leur convocation par le Chancelier au Parlement, III, 18; leur présence à l'élection de conseillers du Parlement, II, 275; leur présence aux obsèques de Charles VI, II, 110.
Richemont (Arthur de Bretagne, comte de), II, 51, 89, 95, 107, 121, 123; III, 193, 196-198.
Richer (Jean), payeur des œuvres du Roi, I, 7, 8.

Richète (Claude), conseiller au Parlement, I, 147; II, 154.
Ries (Michel du), suppôt de l'Université de Paris, II, 153.
Rieux (Pierre de Rochefort, maréchal de), I, 39, 134.
Rigueux (Jean Le), boulanger à Paris, II, 336.
Rinel (Jean de), notaire du Roi, I, 358; II, 67, 97, 272.
Riom (habitants de), I, 161.
Rius (J. de), dit Dynadam, II, 319.
Rivière (Jean de la), conseiller au Parlement, I, 157.
Rivo (Michel de), promoteur de l'Université de Paris, II, 152.
Robelot (Jean), II, 226.
Robert (Jean), chanoine et chantre de Saint-Germain-l'Auxerrois, II, 205, 230; III, 137, 139.
Robillart, chevaucheur du Roi, III, 187.
Robouays (sire de). Robays (Jean de), membre du Grand Conseil, II, 2.
Roche (Guy de la), seigneur de Barbesil, sénéchal de Saintonge, I, 167.
— (Renier Pot, seigneur de la), II, 79; membre du Grand Conseil, II, 2.
Rochefort (sire de), III, 27.
Rochefoucault (sire de), I, 73.
Rochette (Claude), conseiller au parlement de Dijon, II, 156.
Rohez (Regnault), plaideur, III, 127.
Rolin (Nicolas), maître des Requêtes, puis chancelier du duc de Bourgogne, I, 280, 282, 284; II, 24.
— (N.), procureur au Parlement, I, 117.
Romain (Jean), conseiller au Parlement, I, 4, 15, 20, 35, 42, 141, 145, 160, 300.
Romains (Sigismond, roi des), I, 26, 82-84, 89, 94.
Rome (concile de), I, 87.
— (cour de), I, 95, 97, 111, 339,

379; II, 6, 93, 104, 144, 148, 169, 216, 230, 234, 298, 334; III, 91, 128, 131-134, 138.
Rommarin, héraut d'armes du Dauphin, I, 268, 269, 277, 287.
Roole (Jacquemin), marchand de Genève, II, 241.
Roqueys (Jean Le), II, 209.
Rose (Guillaume), avocat au Parlement, I, 36; II, 227; lieutenant du maitre des Eaux et Forêts, I, 207, 217, 221-223, 233, 234, 273, 279, 320; député auprès du roi d'Angleterre, I, 349; commissaire réformateur contre les Armagnacs, I, 164.
— (Jean de la), écuyer, I, 272.
— (Pierre de la), greffier des présentations du Parlement, I, 93; II, 188, 189, 252, 281, 282, 290, 330; III, 74, 87, 114.
— (P. La), procureur au Parlement, I, 36.
Rosimbos (Jean de), chevalier bourguignon, II, 178.
Roubaix ou Robays (Jean de), premier chambellan du duc de Bourgogne, II, 101, 102.
Rouen, archevêque : Jean de la Rochetaillée, II, 187, 217, 219; III, 89, 90, 93.
— baillis : Raoul de Gaucourt, I, 29; Gilbert Motier, seigneur de Lafayette, I, 29; Guillaume de Gamaches, I, 38, 39; en conflit avec l'archevêque, III, 89, 90, 93, 94.
— bateaux de blé capturés sur la Seine, II, 345.
— bateaux de vivres à destination de Paris, III, 2.
— bourgeois, I, 213, 215, 232.
— (Conseil de Normandie à), II, 66, 120, 171, 174, 179, 273, 291, 314; III, 11, 13, 15, 22, 24, 124, 125.
— départ et retour de Louis de Luxembourg, chancelier de France, II, 367; III, 11.
— gouverneurs, II, 212.
Rouen, habitants, II, 212.
— lettres de Henri VI, roi d'Angleterre, y données, II, 370.
— lettres de Jean sans Peur, duc de Bourgogne, y envoyées, I, 30.
— mission d'ambassadeurs du duc de Bourgogne, II, 156; de Louis de Luxembourg, chancelier de France, III, 10, 15; de Philippe de Morvilliers, premier président du Parlement de Paris, II, 155, 182; de Guillaume de Buymont, premier huissier du Parlement de Paris, III, 13-15; de conseillers du Parlement auprès du roi d'Angleterre, II, 364, 367, 369-371; III, 11, 18-24, 94.
— présence de l'évêque de Beauvais, III, 11.
— prêtres y retenus prisonniers, III, 90.
— procès relatif à une prébende d'Évreux y renvoyé, II, 269, 270.
— procureur de la ville, II, 214.
— séjour du duc de Bedford, II, 155; III, 2; de Henri VI, roi d'Angleterre, II, 357, 364, 367; III, 6.
— siège par les Anglais, I, 181, 186, 192-194, 199, 202, 203, 213, 215, 216, 219, 220, 229, 230, 232, 290; II, 63.
— supplice de Jeanne d'Arc, III, 13.
— venue du cardinal d'Exceter, II, 317; du duc de Bedford, III, 84.
— vins y amenés de Paris, II, 214.
Rouen (Girard de), clerc de la geôle du Châtelet, II, 250.
— (Jacquet de), commissaire sur le fait de la réformation, I, 198, 294.
Rouergue (sénéchal de), Jean de Foix, vicomte de Villemur, I, 224.

Roumain (Regnaut de), bourgeois de Paris, III, 192.
Rousseau (Mahiet), serviteur de Charles VI, II, 85.
— (Pierre), bourgeois de Paris, III, 192.
Roussel ou Rousseau (Erart), bourgeois de Paris, I, 227, 242, 245.
— (Henri), avocat au Parlement, I, 22; II, 257; III, 98, 160, 161, 191.
— (Jacques), clerc du Roi en la Chambre des comptes, II, 27; III, 190.
— (Jean), procureur au Parlement, I, 36; II, 154; III, 114, 115, 170, 191.
— (Raoul) plaidant pour une prébende à Évreux, II, 267-270.
Roussignol (J.), procureur au Parlement, I, 37.
Rouvre (traité dit de) entre les Armagnacs et les Bourguignons, I, 290.
Rouvres (Jean de), capitaine de la garnison de Meaux, II, 49.
Roy (Jean Le), procureur du Roi au Châtelet de Paris, II, 152.
— (Thierry Le), maître des Requêtes de l'Hôtel, I, 143, 171, 177, 185, 191.
Roye (Somme) (gouverneur de), II, 68.
— (officiers du duc de Bourgogne à), II, 69.
Roye (Jacques de), épicier, bourgeois de Paris, I, 294; III, 180, 182, 194.
Ru (Colin ou Nicolas du), huissier du Parlement, I, 36, 144, 147; II, 94, 178.
Rubis d'Alexandrie, II, 116.
Rueil (de), en procès avec Jean de Saint-Gile, II, 353.
Ruilly (Philippe de), conseiller au Parlement, I, 15, 20, 35, 42, 78, 141, 145, 216, 218, 227, 231, 299; II, 25, 72, 80, 111, 124, 149, 156, 170, 178,
187, 199, 200, 202, 211, 217, 219, 252, 257, 284, 290, 329; III, 27, 73, 75, 93, 105, 109, 110, 120, 137, 148, 179, 182, 190; gouverneur du collège de Beauvais, II, 2; trésorier de la Sainte-Chapelle, II, 60, 61, 63, 320; III, 109.
Ruppes (Gautier ou Gaucher de), chevalier, I, 142, 182.

S

Sac (Jean), marchand italien, bourgeois de Paris, I, 264; II, 116-118.
Sacre de Charles VII à Reims, II, 315.
Sage ou Saige (Raoul Le), maître des Requêtes de l'Hôtel, II, 51; III, 27.
Saiget (Pierre), conseiller au Parlement, I, 142.
Sailly (Jean de), bourgeois de Paris, I, 159.
Saint-Acheul-lez-Amiens, abbaye, II, 17.
Saint-Amand (Pierre de), bourgeois de Paris, III, 192.
Saint-Angle, lire Saint-Ange (Julien Cesarini, cardinal de), III, 33.
Saint-Augustin (citation empruntée à la *Cité de Dieu* de), II, 329.
Saint-Cloud (bois de), I, 253.
— (reliques de saint Cloud rapportées dans l'église de), II, 306.
Saint-Crespin (de Soissons) (abbé de), I, 68, 106.
Saint-Denis (abbaye de), I, 121, 122, 356; II, 22, 112-118, 130, 131, 222, 229, 274; III, 41.
— (abbés de), Philippe de Villette, I, 59, 68, 106, 127, 349; Jean de Bourbon, II, 110, 112, 113, 130, 131, 217, 229, 252, 274, 290, 372; Guillaume de Farrechal, III, 35, 73, 137, 189.

TABLE ALPHABÉTIQUE.

Saint-Denis, ambassade y envoyée par Charles VII, II, 326.
— arrivée de Henri VI, roi d'Angleterre, III, 25.
— bateaux de vivres venant de Rouen y arrivés, III, 3.
— (église de), II, 58, 68, 71, 110, 274; III, 167, 168.
— grand prieuré de l'abbaye, II, 229.
— incursions des gens de guerre, III, 168.
— moulins de l'abbaye, I, 356.
— occupation par l'armée de Charles VII, II, 322, 325.
— passage du roi et de la reine d'Angleterre, II, 51.
— (présence des Anglais autour de), I, 312.
— prieur et prieuré, II, 229, 274.
— (reliquaires et trésor de l'abbaye de), II, 113, 114, 116-118; III, 41.
— séjour du duc et de la duchesse de Bedford, II, 328.
— surprise par les capitaines de Melun et de Lagny, III, 156.
— tombeaux de Charles VI et d'Isabeau de Bavière, III, 168.
— (ville de), I, 232, 236; II, 113; III, 168.
Saint-Denis (Roger de), procureur au Parlement, I, 37.
Saint-Donat de Bruges (prévôt de), Raoul Le Maire, II, 101.
Saint-Faron-lez-Meaux, lettres de Charles VI y données, II, 52.
Saint-Gengoux (Saône-et-Loire), baillis : Philibert de Saint-Léger, II, 150; Louis de Luru, III, 116, 117, 132, 133.
Saint-George (Guillaume de Vienne, sire de), I, 160, 317.
Saint-Germain (Philippe de), procureur au Parlement, I, 36, 117; III, 98, 191.
Saint-Gile (Jaquemart de), receveur de Vermandois, II, 206, 216.

Saint-Gile (Jean de), plaideur, II, 353.
Saint-Helier (Nicole de), conseiller au Parlement, I, 157.
Saint-Jean-d'Angély (capitaine de la ville et du château de), I, 167.
Saint-Léger (Philibert de), bailli de Saint-Gengoux, sénéchal de Lyon, II, 150, 151.
— (Robert de), en procès avec Clément de Fauquembergue, II, 93.
Saint-Liébaud (Jean de Courcelles, seigneur de), II, 196.
Saint-Loup (Denis de), procureur au Parlement, I, 36.
Saint-Marc (Guillaume Fillastre, cardinal de), I, 124, 128, 132, 133.
Saint-Maur-des-Fossés (abbaye et abbé de), I, 188; III, 107, 129, 179, 182, 189.
— (traité de), I, 290.
— voyage d'un procureur du Parlement, II, 190.
Saintonge, sénéchaux : Olivier du Chastel, I, 167; Guy de la Roche, I, 167.
Saint-Ouen (présence des Anglais à), I, 312.
Saint-Père-en-Vallée (Pierre II Chuart, abbé de), I, 68, 96, 106.
Saint-Pierre-le-Moutier (Nièvre), baillis : Jean, seigneur de Neufville, I, 175; François de Surienne, dit l'Aragonnais, II, 266.
Saint-Pol (Philippe de Bourgogne, comte de), capitaine de Paris, I, 237, 240-246, 254, 260, 261, 269, 276, 277, 279, 280, 284-288, 297, 298, 318-320, 323-325, 331, 332, 334, 335, 341, 343, 344, 346, 349, 352, 358, 359.
— (Jean de Luxembourg, bâtard de), III, 29.
Saint-Quentin (monnaie de), I, 257; II, 63.

Saint-Riquier (levée du siège de), II, 24.
— prévôté (sergenterie de la), II, 220.
Saint-Romain (Jean de), conseiller au Parlement, I, 15, 20, 35, 40, 78, 142, 145; II, 110, 111, 149, 150, 188, 248, 249, 333, 334; III, 70, 73, 77, 135, 137, 147, 176, 179, 183, 190, 196.
Saint-Savin (Jean de), sénéchal du Limousin, I, 173.
Saint-Simon (sire de), II, 195.
Saint-Valéry (défaite du Dauphin à), II, 24.
Saint-Yon (Garnier ou Garnot de), échevin de Paris, I, 243, 294; III, 180.
— (Jean de), échevin de Paris, I, 349; grènetier de Paris, III, 149, 179, 190, 194.
Sainte-Croix (Nicolas Albergati, cardinal de), légat du Saint-Siège, III, 37, 42-44, 50, 121.
Saintes (évêché de), I, 74.
Saintines (Oise) (forteresse de), II, 127.
Saintot (Colin), sommelier de Charles VI, II, 85.
Saints (Jean), évêque de Meaux, II, 227.
Salaire de l'avocat du Roi au Parlement, III, 188; d'un commissaire pour le bois de chauffage, I, 223.
Salaires des ouvriers (réglementation des), II, 28.
Saligny (Lourdin de), chevalier, chambellan de Charles VI, I, 358; II, 9, 12, 60, 65, 92.
Saliou (Jean), procureur de l'Église de France, III, 95, 96.
Salisbury (Richard Nevill, comte de), III, 27.
— (Thomas de Montagu, comte de), II, 98, 105, 123, 142, 182, 183, 284, 285, 348.
Salluste (citation empruntée à la *Conjuration de Catilina* de), II, 329.

Sambrin (Simon), marchand de joyaux, II, 293.
Sancerre (Louis de), connétable de France, I, 179.
Sanguin (Guillaume), changeur parisien, prévôt des marchands, I, 243, 264, 340; II, 152, 334; III, 27, 181, 187.
Saphir d'Orient, II, 117.
Sarasin (Jean), vicaire du prieur du couvent des Jacobins, II, 46.
Sardon (Jean), conseiller au Parlement, I, 142.
Saubertier (Hugues de), premier valet de chambre de Charles VI, II, 85.
Saulx (Guillaume de), conseiller au Parlement, I, 35, 141, 145, 154, 160.
— (Guillaume de), prisonnier en la Conciergerie, I, 46.
— (Jean de), conseiller au Parlement, I, 192; II, 139, 278, 334; III, 161.
— (Philibert de), maître des Requêtes de l'Hôtel, I, 177.
— (Robert de), conseiller au Parlement, I, 157.
Sauvage (Jean), lieutenant civil de la Prévôté, II, 238, 247.
Saveuses (Philippe de), chevalier, III, 148.
Savigny (Nicole de), avocat au Parlement, doyen de Lisieux, I, 36, 117, 227, 245, 275; II, 3-5, 211, 253, 260, 261, 265, 266, 269, 276, 285, 287, 288.
— (famille Begars, dite de), II, 286.
Savin (Jean), procureur au Parlement, III, 191.
— (Regnault), procureur au Châtelet, II, 336.
Savoie (bétail amené de), II, 53, 54.
— (comte de), I, 162.
— (voyage d'un conseiller du Parlement en), II, 228.
Savoie, cordonnier et valet de chambre de Charles VI, II, 85.

Savoisy (Charles de), chambellan de Charles VI, II, 60.
— (Henri de), archevêque de Sens, I, 142, 191; II, 8, 9, 59, 68, 106, 120, 142, 161, 170, 245, 365, 367.
Sceau secret du Roi (lettres scellées du), I, 134, 165.
— (conseillers chargés de la garde du petit), I, 308.
— d'un testament (rupture par mégarde du), II, 254.
— de l'archevêque de Sens, II, 8, 9; du bailliage de Sens (bris du), I, 140; du Parlement de Paris, 8, 9; de la prévôté des marchands, I, 332, 333; de la prévôté de Paris en cire blanche, II, 70, 94; de la prévôté de Paris (profits du), II, 164.
Sceaux de la Chancellerie (perte des), I, 128, 130, 134; d'argent du roi de Navarre, I, 375; de la ville de Paris (vol des), I, 50, 51.
Scel du bailliage de Mâcon (émoluments du), I, 225.
Schisme de l'Église, I, 84.
Secale (P.), bourgeois de Paris, I, 221.
Sédition à Paris (craintes de), I, 225, 265, 295; III, 185.
Segneur (Jean), clerc non marié, III, 90.
Seignet (Guillaume), secrétaire du Dauphin, I, 270; sénéchal de Beaucaire, I, 16.
Seillot (Guillaume du), mouleur de bûche à Paris, I, 233.
Seine, bateaux de blés capturés, II, 345.
— bateaux de vivres arrivés de Rouen à Saint-Denis, III, 3.
— (débordement de la) en 1427, II, 235, 236.
— (trèves entre la Loire et la), I, 270.
Senart (forêt de), I, 204, 208.
Sempy (Jean de), écuyer, III, 19, 135.

Senèque (citation empruntée à), II, 372.
Senlis (bailliage de), II, 27, 126, 190.
— baillis : Guillaume de Han, I, 124; Jean, bâtard de Thian, I, 254; II, 125, 126; Jean Montjou, II, 27; Guillaume Buffet, II, 27, 125, 126.
— bœufs y amenés au marché, II, 54.
— évêque : Jean d'Achéry, I, 106, 137.
— négociations y projetées, I, 21.
— (receveur de), I, 205.
— séjour de Charles VI et d'Isabeau de Bavière, II, 58.
— (siège de) par le connétable d'Armagnac, I, 120.
Sens, archevêques : Henri de Savoisy, I, 142, 191, 365, 367; II, 8, 9, 59, 68, 106, 161, 170, 245; Jean de Norry, I, 270; II, 8, 9, 46, 161, 170, 245; Jean de Nanton, II, 295, 296.
— archidiaconé de Provins, III, 147.
— baillis : Guy d'Aigreville, I, 140; Jean Rapiout, II, 38; Thomas Facier, II, 39; Guy de Bar, II, 130.
— concile provincial, II, 295, 296.
— conférence y proposée par le duc de Bedford, III, 43.
— diocèse, II, 9, 27, 295, 296.
— épidémie dans le diocèse, I, 373.
— lettres de Charles VI y données, I, 374.
— procès en appel de l'évêque de Paris, III, 145.
— siège et reddition aux Anglais, I, 370.
— vicaire de l'inquisiteur de la foi, II, 46.
Sens (Jeanne de), fille du premier président Guillaume de Sens, II, 293.
Sergent (Pierre Le), mouleur de bûche à Paris, I, 233.
Sergents du For-l'Évêque ins-

tallés comme garnisaires, II, 332.
Sergy (N. de), procureur au Parlement, I, 37.
Serisay (P. de), procureur au Parlement, I, 36.
Seriz (Guillaume de), conseiller au Parlement, I, 4, 15, 20, 35, 40.
Serment prêté en 1431 à Henri VI, roi d'Angleterre, III, 28; au comte de Saint-Pol, I, 319; par l'amiral de France, I, 147; par les baillis, I, 29, 48, 173, 225, 251, 391; II, 1, 27, 43, 52, 126, 151, 266, 368; III, 117, 132, 133; par les bourgeois de Paris, I, 157; II, 319; III, 192; par le concierge de l'hôtel du Roi à Gouvieux, I, 337; par les conseillers et officiers du Parlement, I, 2, 35-37, 45, 141, 147, 148, 155, 157, 169, 171, 192, 200, 326; II, 77, 90, 290; III, 40, 85, 190, 191; par le duc de Bourgogne, I, 157; par l'évêque de Coutances, II, 213; par l'évêque d'Évreux, membre du Grand Conseil, II, 294; par J. du Châtelier, nouvel évêque de Paris, II, 235; par un exécuteur testamentaire, I, 139; par le garde des foires de Champagne, II, 180; par les généraux des finances, I, 181, 229; par les gens des Comptes, III, 190; par les gens d'église, III, 189; par le grand maître des arbalétriers, II, 37; par le grand panetier de France, I, 146; par le grand veneur de France, I, 139; par le greffier civil du Parlement, I, 147; par le greffier criminel du Parlement, I, 247; III, 190; par le greffier des Requêtes du Palais, II, 263; par les huissiers du Parlement, I, 147, 330; II, 186; III, 191; par le maître des Eaux et Forêts de Picardie et de Normandie, I, 3, 185; par les maîtres des Requêtes de l'Hôtel, I, 11, 143; II, 213; III, 190; par les maréchaux de France, I, 140, 165, 166; II, 36; III, 57; par les membres du Grand Conseil, II, 1, 37, 182; III, 28, 35, 190; par les notaires de la Chancellerie, III, 191, 192; par le président des Requêtes du Palais, II, 52; par le prévôt de Paris, I, 181, 247, 390; II, 12, 17, 37, 76; par le sénéchal de Carcassonne, I, 272, 273; par le sénéchal de Gascogne, II, 186; par le sénéchal du Limousin, I, 173; par le sénéchal de Ponthieu, III, 148; par le sénéchal de Saintonge, I, 167; par le sénéchal de Toulouse, I, 179; par les sergents du Châtelet, II, 87, 97; par un trésorier de France, II, 229; par un tuteur, I, 284.
Serment d'observer le traité de Saint-Maur, I, 197, 199; d'observer le traité de Troyes, I, 368, 369; II, 4, 74, 75; III, 188, 189.
— de fidélité (prisonnier refusant de prêter le), III, 128; de fidélité aux Anglais prêté par le clergé de Paris, II, 319, 320; III, 189.
— de la paix prêté par des Génois, II, 213.
— de ne pas divulguer une enquête, III, 156.
Sermoises (Jean de), procureur au Parlement, III, 191.
Sermon du cordelier Pierre aux Bœufs à Notre-Dame, I, 188.
Serrat (François, Jacques-Barthélemy et Manuel), frères, génois, II, 213.
Sicile (Louis II, duc d'Anjou, roi de), I, 85, 98.
Siège de Chartres par le Dauphin, II, 19, 20; de Cravant par Charles VII, II, 105, 106;

du Crotoy par le duc de Bedford, II, 122; d'Ivry-la-Chaussée par le duc de Bedford, II, 139-141; du Mans par les Anglais, II, 182; de Meaux par les Anglais, II, 27, 35, 36, 39-41, 49; de Melun par les Anglais, I, 383, 387, 389; de Montargis par les Anglais (levée du), II, 247; d'Orléans par les Anglais (levée du), II, 307, 312, 313; de Pontoise par les Anglais, I, 252; de Rouen par les Anglais, I, 181, 186, 192-194, 199, 202, 203, 213, 215, 216, 219, 220, 229, 230, 232, 290; II, 63; de Saint-Riquier par le duc de Bourgogne, II, 24; de Senlis par le connétable d'Armagnac, I, 120; de Sens par les Anglais, I, 370; de Villeneuve-sur-Yonne par les Anglais, II, 27.

Sigismond, roi de Hongrie et des Romains, I, 26, 27, 82, 83, 89, 94.

Soissons (abbé de Saint-Crespin de), II, 110.

— diocèse, II, 308.

— receveur des aides, II, 216.

Solier (Philippe du), procureur au Parlement, I, 37; III, 191; exécuteur testamentaire de Henri de Savoisy, II, 170.

Somme d'Ostiense, commentaires sur les décrétales, II, 128.

Soulas (P.), procureur au Parlement, I, 36, 37.

Soullart (Jean de Popincourt, dit), frère du premier président, II, 274.

Souris (Jean), garde de la Monnaie de Paris, I, 235.

Spifame (Ysabeau de Gamaches, veuve de Barthélemy), II, 258.

— (Jean), commissaire pour le fait des emprunts du Roi, I, 41; II, 269, 270; III, 57.

Stafford (Humphrey, comte de), connétable de France, II, 360, 368; III, 27, 29.

Stafford (Robert), écuyer anglais, II, 348, 349.

Straufort (Jean de), dit Quatrebarbes, II, 283.

Style du Parlement, I, 348; II, 83, 84; III, 2, 5.

Subside imposé par les Anglais pour le recouvrement de forteresses, II, 127.

Suèvres (Loir-et-Cher), prévôté de l'église Saint-Martin de Tours, III, 68.

Suffolk (William Pole, comte de), II, 247, 312.

Suicidé mis dans un tonneau plein de chaux, III, 6.

Surreau (Nicolas), conseiller au Parlement, I, 142, 231, 265, 276; II, 1, 275, 279; lieutenant criminel provisoire de la prévôté de Paris, I, 200, 217; bailli de Chartres, II, 1.

T

Talbot (Jean), capitaine anglais, II, 313, 349.

Taillandiers de Paris (procès des fripiers contre les), III, 7, 9.

Talence (Jean), secrétaire du Roi, II, 319.

Tannerie (Jacques de la), membre du Conseil du duc de Bourgogne, II, 101.

Taranne ou Tarenne (Jean), changeur et bourgeois de Paris, I, 42, 117, 151.

Tardif (Arnoul Le), II, 244.

— (Robin Le), écolier en la Faculté de décret, prisonnier en la Conciergerie, II, 242, 243.

Tarenne (Jean), conseiller au Parlement, I, 20, 35, 42, 56, 77; maître des Comptes, I, 59, 117.

Tartier (Pierre), conseiller au Parlement, I, 141, 145.

Taxation de salaire à l'avocat

du Roi au Parlement, III, 188.
Témoins (examen de), II, 334; (style du Parlement en matière de reproches de), I, 348.
Tempête violente à Paris en 1434, III, 136.
Templeuve (Jacques de), chapelain du duc de Bourgogne, I, 338, 339; II, 35.
Temporel de l'abbaye de Saint-Denis (séquestre du), II, 112-114, 130, 131, 222, 274; de l'abbaye de Saint-Maur-des-Fossés (séquestre du), III, 107, 108; de l'évêché de Paris (dénombrement du), II, 78.
Temps froid et pluvieux en 1428, II, 279, 280, 283, 285.
Ternant (Philippe, seigneur de), chambellan du duc de Bourgogne, III, 193; prévôt de Paris, III, 195.
Testament (perte ou recel de), II, 285.
— de Jean d'Arsonval, évêque de Chalon, III, 44; de Guillaume d'Aunoy (exécution du), I, 39; de Nicolas de Baye, ex-greffier du Parlement, I, 310, 315, 316, 383; II, 34; de la duchesse de Bedford (absence de), III, 74; de Jean Bertault, notaire du Roi, II, 363; de Mahieu du Bosc, conseiller au Parlement, I, 176, 310; de Charles VI, roi de France, II, 60, 80, 82, 84, 85; de Bernard de Chevenon, évêque de Beauvais, II, 22; d'Arnaud de Corbie, chancelier de France, I, 139; de Mahieu de Herleville, chanoine de Cambrai, III, 141; de Guillaume Intrant, avocat au Parlement, III, 146, 150, 154, 154, 155, 159, 161, 170; d'Alexandre Nacart, procureur au Parlement, II, 330-332; de Pierre l'Orfèvre, chancelier du duc d'Orléans, II, 253, 254; de Philippe Paillard, archidiacre de Noyon, II, 57; de Thomas Raart, huissier du Parlement, II, 264, 265; de Louis de Sancerre, connétable de France, I, 179; de Nicolas de Savigny, avocat au Parlement, II, 261, 285, 286; de Henri de Savoisy, archevêque de Sens, II, 161; de Nicolas Viaud, évêque de Limoges, I, 311; de Philippe de Vitry, chanoine de Saint-Germain-l'Auxerrois, III, 138, 139, 156, 157; d'Augustin Ysebarre, maître de la Monnaie de Tournai, II, 193.
Testaments en cour ecclésiastique (maître des), II, 265.
Testart (Marcellet), échevin de Paris, I, 294, 297; III, 60, 180.
Thérouanne (Louis de Luxembourg, évêque de), I, 145, 160, 171; membre du Grand Conseil, II, 2, 26, 35, 39-41, 51, 59, 60, 63, 65, 72, 98, 110, 111, 137, 138; chancelier de France, II, 159, 161, 171, 182, 187, 202, 217, 219, 259, 275, 284, 310, 318, 342, 352, 367, 372; III, 10, 11, 15, 27, 30, 73, 75, 143, 193, 196; président en la Chambre des comptes, II, 63.
Thian (Jean, bâtard de), bailli de Senlis, I, 250; II, 125, 126; bailli de Meaux, III, 163, 164.
Thibert (Jean), en procès avec Jeanne de Calonne, III, 96.
— (Micheli), boucher, échevin de Paris, I, 294, 297; III, 60.
Thierache (Marc de Foras, archidiacre de), II, 320; III, 182, 190.
Thierry (Blancardin), sommelier de Charles VI, II, 85.
Thiessart (Jacques), avocat au Parlement, II, 253; III, 170, 193.
— (Jean), huissier du Parlement, II, 186.

Thiessart, notaire de la Chancellerie, III, 192.
Thoet (Geoffroy), suicidé, III, 5, 6, 49.
Thorode (Geffrin), bourgeois de Paris, I, 294.
Thouroude (Colin), garde des halles des basses merceries, III, 149, 150.
Thumery (Regnault de), maitre particulier de la Monnaie de Paris, I, 235, 297; III, 192.
Tiboul, lire Tibout (Nicolas), suppôt de l'Université de Paris, II, 153.
Tiessart (Thibaut), conseiller au Parlement, I, 4, 15, 20, 35, 42, 43; II, 60, 72, 141, 122, 149, 187.
Tillart (Jean), clerc criminel de la prévôté de Paris, I, 273, 274; II, 86, 87, 109, 350.
Tiptoft (Jean de), sénéchal d'Aquitaine, III, 27.
Tixier (Perrin Le), III, 193.
Toreau (Guillaume), maître des Requêtes de l'Hôtel, I, 106.
Torpes (Jean de Thoraise, seigneur de), I, 341.
Toty (Michel), changeur à Paris, II, 10.
Touillart (Jacques), procureur au Parlement, I, 36; II, 330; III, 191; exécuteur testamentaire de Jean d'Arsonval, évêque de Chalon, III, 44.
Toulongeon (Jean de la Trémoille, seigneur de), chevalier, I, 339.
Toulouse (juge mage de), I, 179.
— (sénéchal de), Arnaud, vicomte de Caramaing, I, 179.
— (viguier de), I, 179.
Tour (Henri de la), écuyer, bailli de Vitry, II, 147, 148.
Touraine, baillis : Renaud de Montejan, I, 120; Guillaume d'Avaugour, I, 120; Bertrand de Remeneuil, I, 194.
— (Arthur de Richemont, duc de), II, 95.

Touraine (Jean, duc de), dauphin, I, 32.
— (Jacques de), III, 95, 98.
Tournay, évêque : Jean de Thoisy, I, 8, 359, 388; II, 101.
— (monnaie de), I, 257, 273.
— maître particulier de la Monnaie, II, 44, 62-64.
— official, II, 298.
— (prévôts et jurés de), I, 9, 13.
— (receveur de), I, 9, 364.
— visiteurs des monnaies, I, 13.
Tourneboule (Jean de), plaideur, II, 331.
Tours, archevêque : Jacques Gelu, I, 115, 116, 127.
— église Saint-Martin, III, 68.
Traduction d'une procédure flamande (prix de la), III, 161.
Traité d'Arras entre les Armagnacs et les Bourguignons, I, 290.
— d'Auxerre entre les ducs de Bourgogne et d'Orléans, I, 290.
— de Chartres entre les princes, I, 290.
— de Pontoise entre le Dauphin et le duc de Bourgogne, I, 306-308, 316, 317.
— de Saint-Maur, I, 169, 174, 194, 195, 197, 199.
— de Troyes, I, 361, 362, 364, 369, 374; II, 55, 74, 89, 174, 320.
— d'alliance d'Amiens entre les ducs de Bedford et de Bretagne, II, 97.
— de la reddition du marché de Meaux, II, 45.
Tramblay (Jean de), marchand à Meaux, II, 228.
Tremblay (Seine-et-Oise) (tour forte du), I, 354.
Trente (Gauvain), marchand lucquois à Paris, I, 23, 41, 74, 227, 242, 243, 275, 294, 371, 372.
Trésor (difficulté pour le jugement d'un procès en la Chambre du), III, 184 ; (scellés ap-

TABLE ALPHABÉTIQUE. 293

posés par l'huissier de la Chambre du), III, 137-139.

Trésor de l'abbaye de Saint-Denis, II, 113, 114, 116-118; III, 41; du prieuré de Saint-Éloi, III, 184; de la Sainte-Chapelle, II, 159.

Trésoriers de France, I, 3, 6-8.

Tresselin (M.), procureur au Parlement, I, 37.

Trêves entre le Dauphin et Henri V, roi d'Angleterre, I, 270, 299, 300, 349-351.

Tripoli (Pierre de Lusignan, comte de), I, 128, 132.

Trotet (Jean), bourgeois de Paris, I, 221, 227, 242, 243; II, 232; III, 179, 182.

Trousseau (Jacquelin), chevalier, I, 151.

Troyes. Baillis : Simon de Bourmont, I, 46; Pierre de Beloy, dit le Beaudrain, I, 46.
— église de Saint-Pierre, I, 365, 367.
— lettres de Charles VI y données, I, 359.
— lettres de Henri V, roi d'Angleterre, y données, I, 366.
— marchand, II, 245, 246, 249, 250.
— (négociations et conclusion du traité de), I, 340, 343, 359-361, 364-369, 374.
— occupation par l'armée de Charles VII, II, 317.
— (séjour de Philippe le Bon, duc de Bourgogne, à), I, 359.

Troyes (Guillaume de), échevin de Paris, III, 180, 182.
— (Jean de), chirurgien juré, commissaire sur le fait de la réformation, I, 198.
— (Jean de), sergent à verge au Châtelet, III, 160.

Trucart ou Truquant (Jacquet), boulanger au four Saint-Éloi, III, 7, 8, 192.

Tudert (Jean), doyen de Paris, I, 59, 79, 96, 105, 106, 117, 118, 270.

Tueleu (Quentin), procureur au Parlement, III, 191.

Tur (Guillaume Le), avocat du Roi au Parlement, I, 36, 63, 67, 68, 107; procureur général par intérim du Parlement, I, 45, 80, 122, 123, 143, 144.

Turpin (Guy), seigneur de Laval, I, 27, 28.

U

Ully (Charlot d'), capitaine lorrain, I, 186.

Université de Paris (ambassadeurs envoyés au concile de Bâle par l'), III, 134 (assemblées de l'), III, 96; (collèges de l'), II, 136; III, 104, 122, 123; (écoliers et étudiants de l'), I, 178; III, 104, 122; faux écoliers, II, 244; (maîtres et docteurs de l'), I, 53, 60-63, 65-67, 69-71, 73, 75, 77-79, 81, 84, 88, 95-97, 102, 109, 133, 135, 189, 211, 230, 234, 240, 243, 245, 254, 262, 263, 281, 282, 301-305, 327, 342, 343, 358, 363, 366; II, 24, 73, 75, 152, 153, 223, 262; III, 66, 67, 88, 92, 95, 96, 98, 99, 101-104, 111, 112, 122-125, 170; maîtres détenus au château du Louvre, I, 70, 71, 75, 76; nation de Picardie, II, 287; (privilèges de l'), I, 215, 226, 251, 262, 301-305, 327; II, 136, 151, 153, 230, 242-244; III, 124, 125; (processions de l'), II, 52; (recteur de l'), Pierre Forget, I, 65, 66, 70, 75; (recteurs de l'), I, 60, 62, 119, 177, 178, 183, 188, 193, 203, 210, 212, 215, 229, 232, 240, 251, 256, 259, 269, 277, 280, 301, 303-305, 327, 331, 342, 343, 358, 363, 366; II, 3, 4, 24, 46, 47, 73, 75, 142, 151-153, 223, 286, 287; théologiens et juristes appelés au procès de Jeanne d'Arc, III, 14.

Urbain V, pape, I, 190.
Urbain VI, pape, I, 84.
Ursins (Jourdain, cardinal des), I, 270-272.
Utenhove (Henry), conseiller et avocat de l'échevinage de Gand, II, 296, 297, 299.

V

Vailly (Jean de), président au Parlement, I, 3, 5, 11, 35, 117-119, 270.
Vaisselle d'or (défenses aux orfèvres de faire), II, 233.
Val (Guillaume du), maître ès arts, I, 68, 107.
— (Jean du), plaideur, III, 127.
Valier (Maclo), orfèvre à Paris, II, 357.
Vallée (Henri), chevalier, chambellan du duc de Bourgogne, II, 156.
Valins (Andrieu de), chevalier, chambellan du duc de Bourgogne, I, 252, 264, 341.
Valois (duché de), bailli : Pierre Le Calus, II, 52.
— bailliage, II, 190.
— (Charles de), nom donné à Charles VII, II, 315, 317, 320, 322, 323, 325-327, 337, 343.
— (Pierre Le), marchand de bétail, II, 53.
Vannes, évêque : Amaury de la Motte, II, 54.
Varenne (Hugues de la), plaideur, II, 259.
Vaubelon (Aimery de), procureur au Parlement, I, 117.
Vaudetar (Charles de), conseiller au Parlement, I, 4, 35.
— (Jeannin de), écolier, fils de Pierre, I, 385.
— (Pierre de), I, 385.
Vaulz (G. de), procureur au Parlement, I, 37.
Vauricher (Jean de), écuyer, valet de chambre du duc de Guyenne, I, 140.
Vautier (Andriet) en procès avec les valets de chambre de Charles VI, II, 92.
Vauvert (G. de), avocat au Parlement, I, 36.
Vaux (Guillaume de), clerc des Requêtes du Palais, I, 142.
— (Pasquier de), docteur en décret, II, 197, 204, 205, 207, 209, 216, 230, 319.
Vavasseur (Guillaume Le), meunier à Paris, I, 376-378.
Veau (Gilles), clerc des Comptes, II, 107; III, 60, 121, 179, 182, 190.
— (J.), procureur au Parlement, I, 36.
— lire Viaud (Nicolas), évêque de Limoges, I, 311.
Veau à huit pieds et une tête (naissance d'un), II, 311.
Verdelet (Charlot), valet de garde-robe de Charles VI, II, 85.
Vergy (Antoine de), seigneur de Reigny, I, 240, 241, 243, 245, 256, 317; II, 36.
— (Jean de), seigneur d'Autrey, I, 182, 229.
Verines (M. de), procureur au Parlement, I, 37.
Vermandois, Baillis : Morard d'Esquiens, I, 391 ; Geoffroy de Villiers, II, 191, 192 ; Colart de Mailly, II, 191-193, 281.
— (bailliage de), II, 169, 372.
— (jours de), I, 180; II, 248, 286, 361.
— receveurs, II, 206, 216, 289, 290.
Verneuil (bataille de), II, 140-142.
Vernon : conseil y tenu, II, 167.
— (place de), I, 239, 241.
Verrat (Pierre Le), écuyer, III, 75, 180.
Verrier (Maciot Le), quêteur pour les prisonniers de la Conciergerie, III, 183.
Vertus (Philippe d'Orléans, comte de), I, 249.

Vesperies des licenciés en décret, II, 207.
Vezines (P. de), avocat au Parlement, I, 36.
Viard (Amiot), hostile à un conseiller du Parlement, I, 159.
— (Audry), propriétaire de vins vieux de Bourgogne, II, 193.
Vie de saint Georges, mystère représenté à Paris, II, 50.
Viefville (Jacques de la), lire Viesville, chambellan du duc de Bourgogne, I, 185.
Vienne (Jacques de), chevalier, I, 142.
Viezville (Ancel de la), conseiller au Parlement, I, 142, 145.
Vignes (Adam des), huissier du Parlement, I, 147; II, 227, 248, 353.
Vignier (Guillaume), secrétaire de Philippe le Bon, duc de Bourgogne, II, 100, 102.
— notaire de la Chancellerie, III, 192.
— (Jean), plaideur, II, 286.
Viguier (G.), trésorier des guerres, I, 239; secrétaire du Roi, I, 353.
Vilête (Perrenelle de), veuve d'Anceau de L'Isle, II, 119.
Villars (Charles de), chevalier, I, 142.
Villebresme (Jean de), secrétaire du Dauphin, I, 270.
Villejuif. Laboureurs (procession des), II, 279.
Villemur (Jean de Foix, vicomte de), I, 224.
Villeneuve-sur-Yonne (siège de) par les Anglais, II, 27.
Villiers (Geoffroy de), bailli de Vermandois, II, 191, 192.
— (Guillaume de), conseiller au Parlement, I, 15, 20, 22; président de la Chambre des enquêtes, I, 35.
— (Jean de), seigneur de l'Isle-Adam, maître des Eaux et Forêts de Normandie, I, 3, 126; maréchal de France, I, 139, 140, 165-167, 174; II, 47, 358, 362; III, 57, 193.
Villiers (Jean de), député de l'Université de Paris, II, 287.
— (Pierre de), conseiller au Parlement, I, 15, 35, 78.
Vimeu (prévôté de), II, 58.
Vin (rente de) due aux chapelains de Notre-Dame, III, 48, 49, 51.
— offert au Parlement par le Chancelier, III, 18.
Vincence (Nicole de), cordelier, prisonnier en la Conciergerie, II, 267.
Vincennes (bois de), I, 253, 336.
— château du bois, I, 151, 169, 171, 232, 236, 278, 298; II, 21, 49, 50, 53, 56, 58, 179, 193.
Vins amenés à Rouen par les marchands de Paris, II, 211.
— vieux de Bourgogne (vente aux enchères de), II, 193.
Vipart (Jean), conseiller au Parlement, I, 328.
Virgile (citations empruntées à l'*Énéide* de), II, 187, 217, 372; III, 136.
Virgile (J.), procureur au Parlement, I, 36.
Visite des boulangeries par les huissiers du Parlement, II, 15; III, 7; des boulangers de Paris et des boulangers forains par un commissaire du Parlement, III, 7, 8; de la halle des basses merceries, III, 32.
Vissac (Jean de), conseiller au Parlement, I, 142, 144.
Viste (Barthélemy Le), conseiller au Parlement, I, 117, 160, 265, 276, 284, 293; II, 132, 149, 217, 222, 249, 252, 272, 275, 329, 331, 333; III, 15, 18, 32, 42, 77, 112, 117, 137, 176, 179, 190, 196.
Vitry. Baillis : Henri de la Tour, II, 147, 148; Jean de Chevry, II, 147.
Vitry (J. de), conseiller au Par-

lement, I, 4, 35, 42, 43, 119, 125, 138; maître des Requêtes de l'hôtel du Dauphin, I, 26, 27.

Vitry (Philippe de), avocat au Parlement, I, 36; II, 218; chanoine de Saint-Germain-l'Auxerrois, II, 230; III, 137-139, 156, 157; envoyé à Rome par le Parlement, III, 128, 131-134.

— (Thibaud de), conseiller au Parlement, I, 35, 78.

Vivian (Germain, *alias* Colin), bourgeois de Paris, I, 243, 245.

— (Jacquet), propriétaire d'une maison à Saint-Germain-des-Prés, II, 321.

Vivien (Jean), conseiller puis président au Parlement : figure parmi les conseillers, I, 15; est du nombre de ceux chargés de rédiger une cédule sur les fautes du gouvernement pour le Grand Conseil, I, 16; chargé de l'examen de cahiers déposés par les généraux des finances, I, 18; prête le serment de fidélité en 1417, I, 35; assiste à l'entérinement des lettres portant nomination de Pierre Le Bequot en qualité de conseiller, I, 42; à la réception du nouveau bailli de Montargis, I, 43; participe à la rédaction de certains avis remis au Dauphin, I, 78; désigné pour assister au Conseil convoqué par le Dauphin en vue des négociations avec Jean sans Peur, I, 120; envoyé en ambassade auprès d'Isabeau de Bavière et du Dauphin, I, 135; assiste à la rentrée du Parlement en juillet 1418, I, 142; est élu président en la Chambre des enquêtes, I, 149; est remplacé comme conseiller par Jean Forme, I, 155; siège en novembre 1418, I, 197; fait partie du Conseil chargé de l'administration et police de Paris, I, 227; assiste au débat soulevé entre l'échevinage d'Amiens et le clergé de cette ville, II, 103; présent à la rentrée du Parlement en novembre 1423, II, 111; en novembre 1424, II, 149; en novembre 1425, II, 187; en novembre 1426, II, 217; en novembre 1428, II, 290; en novembre 1429, II, 329; en novembre 1434, III, 137; assiste à la délibération concernant le nouveau règlement des officiers du Châtelet, II, 157; aux débats du procès entre J. Branlard, archiprêtre de Saint-Séverin, et les marguilliers de cette église, II, 161; mis en cause par Thibaut du Vivier pour une décision prise en qualité de commissaire de la Cour, II, 214; prend part à une délibération relative à des bulles concernant les juridictions ecclésiastique et temporelle, II, 284; chargé de préparer les lettres envoyées par le Parlement en cour de Rome, II, 334; assiste à une délibération touchant la réclamation des gages arriérés de la Cour, II, 364; délibère au sujet de la prorogation du Parlement, III, 3; fait partie d'une députation auprès du Chancelier pour la question des gages, III, 17; assiste aux débats du procès entre les propriétaires des basses merceries et les pelletiers, III, 40; à ceux du procès entre le chapitre de Chalon et les héritiers de l'évêque Jean d'Arsonval, III, 41, 44; délibère sur la question des gages, III, 72; entend l'exposé du Chancelier à ce sujet, III, 75; figure parmi les membres clercs du Parlement nommés dans une cédule, III, 77 ; est chargé d'accompagner le premier président envoyé auprès du Chancelier, III, 78 ; entend la réponse du Chancelier, III, 81 ; participe à l'examen de procès jugés à l'instar de ceux de la Chambre des enquêtes, III, 89, 96 ; d'un autre procès touchant l'abbaye de Saint-Martin d'Auchy, III, 91 ; siège au Conseil, III, 92 ; décide de surseoir au prononcé des arrêts à cause du défaut de payement des gages, III, 97 ; assiste aux débats d'un procès entre l'Université et le clergé de France, III, 99 ; à la publication de l'alternative, III, 105 ; au jugement d'un procès entre le curé et les marguilliers de l'église des Innocents et le chapitre de Sainte-Opportune, III, 109 ; à des délibérations concernant les amortissements du domaine royal, III, 112, 149 ; à une délibération touchant l'élargissement d'un prisonnier du Châtelet, III, 117 ; aux questions posées aux gens du Roi du Châtelet sur la coutume de la prévôté de Paris, III, 119 ; aux débats d'un procès entre l'hôpital de Saint-Antoine et l'église du Sépulcre, III, 121 ; fait partie d'une députation auprès du Chancelier au sujet des causes évoquées par le Conseil de Rouen, III, 124 ; prend part à la décision du Parlement relative au payement des gages arriérés, III, 135 ; figure, en qualité de doyen du chapitre de Saint-Germain-l'Auxerrois, parmi les exécuteurs testamentaires du chanoine Philippe de Vitry, III, 137, 139 ; fait partie d'une députation auprès du duc de Bedford et du Chancelier pour représenter le nombre insuffisant des conseillers, III, 143, 144 ; assiste aux débats d'un procès concernant les marguilliers de l'église de Saint-Gervais, III, 155 ; à la remise d'un procès à Gilles de Clamecy pris comme arbitre par les parties, III, 156 ; au jugement d'un procès concernant les enfants de feu Philippe de Corbie, III, 157 ; à un jugement ordonnant l'incarcération de Jean de Troyes, sergent à verge, III, 160 ; aux débats d'un procès relatif à une rente réclamée par un chapelain de Notre-Dame, III, 162 ; à des délibérations touchant l'agitation populaire en janvier 1436, III, 176, 179 ; entend la lecture de la minute de lettres à l'adresse du duc de Bourgogne, III, 182 ; délibère au sujet du transfèrement au Châtelet de Guillaume de la Haie, prisonnier en la Conciergerie, III, 185 ; prend part à la délibération relative à la réponse reçue du duc de Bourgogne, III, 187 ; prête de nouveau serment aux Anglais, III, 190.

Vivien (Jean), procureur du Roi en cour de Rome, II, 197, 204, 205, 209, 215, 230.

Vivier (Thibaut du), plaideur, II, 214.

Vivres (envoi de Rouen à Saint-Denis de bateaux de), III, 3.
— (pénurie à Rouen des), I, 213.
— (renchérissement à Paris des), II, 42, 109, 184, 186, 206, 207.

Vol des sceaux de la ville de Paris, I, 50, 51.

Voulton ou Voton (Jean de), conseiller au Parlement, I, 142, 165 ; II, 106, 109-111, 188, 228, 249, 309, 316, 333 ; III, 20, 21, 50, 52, 55, 56, 62, 64, 71, 77, 78, 137, 149,

166, 176, 179, 187, 188, 190, 196.
Voyer (Mathieu Le), chanoine de Meaux, II, 227.
— (Pierre Le), échevin de Paris, I, 300; III, 61.
Vuke (Gervais Le), huissier du Parlement, I, 147; III, 181.

W

Waleheurne (Hennequin de), serviteur de Charles VI, II, 85.
Walfin (Jean de la Baume, seigneur de), prévôt de Paris, II, 12, 36.
Warvick (Richard de Beauchamp, comte de), III, 27, 29.
Wary (J. de), procureur au Parlement, I, 36; II, 43; exécuteur testamentaire de Henri de Savoisy, II, 170; procureur du clergé de France, III, 99, 100.
Wautier (Andriet), aide de garde-robe de Charles VI, II, 85.
Wautignet (Jean), sergent en la prévôté de Beauquesne, I, 330.
— (Rifflart), père de Jean Wautignet, I, 330.
Willoughby (Robert de), capitaine anglais, II, 344, 351; III, 178, 179, 182, 194.

Wlre (Gervais Le), notaire du Roi, III, 161. Voy. Vuke (Gervais Le).

X

Xandrin (Guillaume), notaire au Châtelet de Paris, II, 169.

Y

Yenville, lire Janville (Eure-et-Loir), défaite des Anglais entre cette ville et Beaugency, II, 313.
Ypres (bailli d'), II, 134.
— (échevinage d'), II, 132-134, 171-173.
— (Grand Conseil de la ville d'), II, 132.
Ysebarre (Augustin), maître particulier de la monnaie de Tournai, II, 44, 62, 63, 193, 251.
Ysembart (Jean), chapelain de Notre-Dame, prisonnier au Châtelet, II, 339.

Z

Zeman (Guillaume), dit Coq, III, 120.
Zenon [(Zano) de Castiglione], évêque de Lisieux, II, 350.

Nogent-le-Rotrou, imprimerie DAUPELEY-GOUVERNEUR.

Ouvrages publiés par la Société de l'Histoire de France
depuis sa fondation en 1834.

In-octavo à 9 francs le volume, 7 francs pour les Membres de la Société.

Ouvrages épuisés.

L'Ystoire de li Normant, 1 vol.
Lettres de Mazarin, 1 vol.
Villehardouin, 1 vol.
Histoire des Ducs de Normandie, 1 vol.
Grégoire de Tours, Histoire ecclésiast. des Francs, 4 v.
Beaumanoir, Coutumes de Beauvoisis, 2 vol.
Mém. de Coligny-Saligny, 1 v.
Mémoires et Lettres de Marguerite de Valois, 1 vol.
Comptes de l'Argenterie des rois de France, 1 vol.
Mémoires de Cosnac, 2 vol.
Journal d'un Bourgeois de Paris sous François Iᵉʳ, 1 v.
Chron. des Comtes d'Anjou, 1 v.
Lettres de Marguerite d'Angoulême, 2 vol.
Joinville, Hist. de saint Louis, 1 vol.
Chronique des Quatre Premiers Valois, 1 vol.
Guillaume de Nangis, 2 vol.
Mém. de P. de Fenin, 1 vol.
Œuvres de Suger, 1 vol.
Histoire de Bayart, 1 vol.
Procès de Jeanne d'Arc, 5 v.
Chronique de Morée, 1 vol.
Introduction aux Chroniques des Comtes d'Anjou, 1 vol.

Ouvrages épuisés en partie.

Œuvres d'Éginhard, 2 vol.
Barbier, Journal du règne de Louis XV, 4 vol.
Mémoires de Ph. de Commynes, 3 vol.
Registres de l'Hôtel de Ville pendant la Fronde, 3 vol.
Choix de Mazarinades, 2 vol.
Hist. de Charles VII et de Louis XI, par Th. Basin, 4 v.
Grégoire de Tours, Œuvres diverses, 4 vol.
Chron. de Monstrelet, 6 vol.
Chron. de J. de Wavrin, 3 vol.
Journal et Mémoires du marquis d'Argenson, 9 vol.
Œuvres de Brantôme, 11 v.
Commentaires et Lettres de Blaise de Monluc, 5 vol.
Mém. de Bassompierre, 4 vol.
Bibliographie des Mazarinades, 3 vol.
Chanson de la Croisade contre les Albigeois, 2 vol.
L'Histoire de Guillaume le Maréchal, 3 vol.
Mémoires de Souvigny, 3 vol.

Ouvrages non épuisés.

Orderic Vital, 5 vol.
Corresp. de Maximilien et de Marguerite, 2 vol.
Richer, Hist. des Francs, 2 v.
Le Nain de Tillemont, Vie de saint Louis, 6 vol.
Mém. de Mathieu Molé, 4 v.
Miracles de S. Benoît, 1 vol.
Mém. de Beauvais-Nangis, 1 v.
Chronique de Mathieu d'Escouchy, 3 vol.
Pièces inédites du règne de Charles VI, 2 vol.
Comptes de l'Hôtel, 1 vol.
Rouleaux des morts, 1 vol.
Mém. et corresp. de Mᵐᵉ du Plessis-Mornay, 2 vol.
Chron. des églises d'Anjou, 1v.
Chroniques de J. Froissart, T. I à XI, 13 vol.
Chroniques d'Ernoul et de Bernard le Trésorier, 1 v.
Annales de S.-Bertin et de S.-Vaast d'Arras, 1 vol.
Histoire de Béarn et de Navarre, 1 vol.
Chroniques de Saint-Martial de Limoges, 1 vol.
Nouveau recueil de Comptes de l'Argenterie, 1 vol.
Chronique du duc Louis II de Bourbon, 1 vol.
Chronique de J. Le Fèvre de Saint-Remy, 2 vol.
Récits d'un Ménestrel de Reims au XIIIᵉ siècle, 1 v.
Lettres d'Ant. de Bourbon et de Jeanne d'Albret, 1 vol.
Mém. de La Huguerye, 2 vol.
Anecdotes et apologues d'Étienne de Bourbon, 1 vol.
Extraits des auteurs grecs concern. les Gaules, 6 vol.
Mémoires de N. Goulas, 3 v.
Gestes des Évêques de Cambrai, 1 vol.
Établissements de Sᵗ Louis, 4 vol.
Chron. normande du XIVᵉ s., 1 v.
Relation de Spanheim, 1 vol.
Œuvres de Rigord et de Guillaume le Breton, 2 v.
Mém. d'Ol. de La Marche, 4 v.
Lettres de Louis XI, 11 vol.
Mémoires de Villars, 6 vol.
Notices et documents, 1884, 1 v.
Journal de Nic. de Baye, 2 v.
La Règle du Temple, 1 vol.
Hist. univ. d'Agrippa d'Aubigné, 10 vol.
Le Jouvencel, 2 vol.
Chron. de Jean d'Auton, 4 vol.

Chron. d'A. de Richemont, 1 v.
Chronographia Regum Francorum, 3 vol.
Mémoires de Du Plessis-Besançon, 1 vol.
Éphém. de La Huguerye, 1 vol.
Hist. de Gaston IV, comte de Foix, 2 vol.
Mémoires de Gouberville, 2 vol.
Journal de J. de Roye, 2 vol.
Chron. de Richard Lescot, 1 v.
Brantôme, vie et écrits, 1 vol.
Journal de J. Barrillon, 2 v.
Lettres de Charles VIII, 5 v.
Mém. du curé de Quincy, 3 v.
Chron. de Morosini, 4 vol.
Doc. sur l'Inquisition, 2 vol.
Mém. du Vic. de Turenne, 1 vol.
Chron. de Perceval de Cagny, 1 vol.
Journal de J. Vallier, T. I et II.
Mém. de Sᵗ-Hilaire, T. I à V.
Journal de Fauquembergue, 3 vol.
Chron. de Jean le Bel, 2 v.
Mémoriaux du Conseil, 3 vol.
Chron. de G. Le Muisit, 1 vol.
Rapports et Notices sur les Mém. de Richelieu, T. I et II.
Mém. de Richelieu, T. I à III.
Mémoires de M. et G. du Bellay, T. I à III.
Mém. du Mar. de Turenne, 2 v.
Grandes Chroniques de France, T. I.
Mém. du Mar. d'Estrées, 1 vol.
Corresp. de Vivonne relative à Candie, 1 vol.
Correspondance du chevalier de Sévigné, 1 vol.
Lettres du duc de Bourgogne, T. I.
Mém. de Beaulieu-Persac, 1 v.
Mém. de Florange, T. I.
Histoire de la Ligue, T. I.
Corr. de Vivonne relative à Messine, T. I.
Campagnes de Mercoyrol de Beaulieu, 1 vol.

SOUS PRESSE :

Lettres du duc de Bourgogne, T. II.
Mém. de Florange, T. II.
Mém. de Richelieu, T. IV.
Mém. de Du Bellay, T. IV.
Mém. du comte de Brienne, T. I.

ANNUAIRES, BULLETINS ET ANNUAIRES-BULLETINS (1834-1914).
In-18 et in-8°, à 2 et 5 francs.
(Pour la liste détaillée, voir à la fin de l'Annuaire-Bulletin de chaque année.)

Nogent-le-Rotrou, imprimerie Daupeley-Gouverneur.

www.ingramcontent.com/pod-product-compliance
Lightning Source LLC
Chambersburg PA
CBHW071347150426
43191CB00007B/880